BARBADOS · ST. LUCIA
ST. VINCENT · GRENADA

REISE-
TASCHENBUCH

> Vordere Umschlagklappe: Barbados, Überblick Kleine Antillen

< Hintere Umschlagklappe: St. Lucia, St. Vincent >

Axel Pinck

BARBADOS · ST. LUCIA
ST. VINCENT · GRENADA

DuMONT

Titelbild: Bar vor Young Island im Süden von St. Vincent
Umschlagklappe vorne: Blick aus luftiger Höhe auf die Marigot Bay an der Westküste von St. Lucia
Umschlagklappe hinten: In St. George's, der Hauptstadt von Grenada, schmiegen sich die Häuser wie in einem Amphitheater an den Berghang
Umschlagrückseite: Gemüseverkäuferinnen am Strand von St. George's, Grenada (oben); Segeln zwischen den Grenadineninseln (Mitte); Delikate Cocktails mit Rum gehören in der Karibik einfach dazu (unten)
Vignette S. 1: Surfer nahe der Crane Beach an der Südküste von Barbados
S. 2/3: Segler in den Gewässern vor Union Island, nördliche Grenadinen
S. 8: Sonnenuntergang auf Bequia, nördliche Grenadinen
S. 52: In der tropischen Pflanzenwelt der Montreal Gardens auf St. Vincent

Über den Autor: Axel Pinck, geboren 1948 in Hamburg, Diplom-Volkswirt, arbeitet im Medien- und Touristikbereich mit Schwerpunkt auf Nordamerika und der Karibik. Verschiedene Veröffentlichungen als Buchautor und Verfasser von Beiträgen in Zeitschriften, Zeitungen und im Rundfunk. Bei DuMont erschienen von ihm die Richtig Reisen-Bände »Florida« und »USA – Die Südstaaten«, die Reise-Taschenbücher »Bahamas« und »Jamaika« sowie der Band DuMont Extra: Florida«.

© DuMont Buchverlag, Köln
2., aktualisierte Auflage 2001
Alle Rechte vorbehalten
Umschlaggestaltung: Groschwitz, Hamburg
Satz und Druck: Rasch, Bramsche
Buchbinderische Verarbeitung: Bramscher Buchbinder Betriebe

Printed in Germany   ISBN 3-7701-4699-9

INHALT

LAND & LEUTE

Natur, Umwelt, Wirtschaft

Geschichte, Gesellschaft und Kultur

UNTERWEGS
AUF DEN INSELN

Barbados

St. Lucia

St. Vincent und die nördlichen Grenadinen

Grenada und die südlichen Grenadinen

TIPS & ADRESSEN

Verzeichnis der Karten und Pläne

LAND & LEUTE

...nach Kakao duftet ihr Fleisch, ihr Atem nach Ingwer, ihre Tressen duften wie das Grün der Süß- kartoffel im scharfen Sonnengeruch der Furchen. Er schlief den Schlaf, der Geschichte löscht, er schlief wie die Inseln am Busen der See, in ihrem Sternapfelreich ist er wieder ein Kind.

Derek Walcott

Natur
Umwelt
Wirtschaft

Geographie und Klima

Pflanzen- und Tierwelt

Wirtschaft und Finanzen

Gemüseverkäuferinnen am Strand
von St. George's, Grenada

Geographie

Der Inselbogen der Kleinen Antillen grenzt die Karibische See zwischen Puerto Rico und Venezuela nach Osten zum Atlantik ab. Die Gruppe der Großen Antillen – Kuba, Jamaika, Hispaniola und Puerto Rico – markiert die Trennungslinie zum nördlichen Golf von Mexiko. Die legendäre Insel ›Antilia‹, zu der portugiesische Flüchtlinge beim Angriff der Muslime auf die iberische Halbinsel im 8. Jh. entkommen sein sollen, vermuteten Gelehrte am spanischen Hofe dort im Atlantik, wo Kolumbus tatsächlich bisher unbekanntes Land aufspürte. Der große Entdecker taufte die sich über 4000 km erstreckende Inselwelt zwischen Florida und Südamerika auf den Namen ›Westindische Inseln‹. Damit dokumentierte er seinen Irrtum, daß sich unmittelbar jenseits dieser vorgelagerten Eilande die asiatischen Reiche Indien und China befänden.

Die Kleinen Antillen ordnen sich wiederum in zwei Inselketten. Dem östlichen Inselbogen von den Virgin Islands bis Grenada verhalf der Regen bringende Nordostpassat zum Namen *Windward Islands,* Inseln über dem Winde. Die vor der venezolanischen Küste im Windschatten liegenden Inseln zwischen Aruba im Westen und der Isla de Margarita im Osten nannten die frühen Seefahrer *Leeward Islands,* Inseln unter dem Winde. Später setzten sich die in der Kolonialzeit von den Briten eingeführten Verwaltungsbezeichnungen durch: So heißen die Kleinen Antillen zwischen den Virgin Islands und Guadeloupe heute im allgemeinen *Leeward Islands;* die südlich davon liegenden Inseln Dominica, Martinique, St. Lucia, St. Vincent, die Grenadinen sowie Grenada zählen zu den *Windward Islands.*

Tobago und Trinidad, die schon in Sichtweite des südamerikanischen Festlands liegen, werden ebenso wie das weit in den Atlantik vorgeschobene Barbados gewöhnlich nicht den *Windward Islands* zugeschlagen. Karibik und Karibische Inseln verdanken ihren Namen dem Volksstamm der Kariben, der bei Ankunft der europäischen Eroberer die Kleinen Antillen besiedelte.

Barbados, St. Lucia, St. Vincent und Grenada sind zusammen mit einer Landfläche von etwa 1800 km^2 nur wenig größer als Hamburg, ihre gemeinsame Einwohnerzahl von etwa 650 000 Menschen entspricht etwa der von Frankfurt. Die Inselgruppe der Grenadinen mit acht größeren und einigen Dutzend kleineren Inseln teilen sich St. Vincent im Norden und Grenada im Süden untereinander auf. Die See zwischen den tropischen Robinson-Inseln gilt als ein Traumrevier für Segler.

St. Lucia, St. Vincent und Grenada verdanken ihre Existenz Vulkanen, die seit etwa einer Million Jahren glühende Magma an die Erdoberfläche befördert und aufgetürmt haben. Die erdgeschichtliche Entwicklung der drei gebirgigen Inseln läßt sich heute noch vielerorts beobachten. Schwaden schwefelhaltiger

Der Passat schafft ideale Segelbedingungen, das tropische Klima eine üppige Kulisse in Grün – die Marigot Bay, St. Lucia

Luft bei Soufrière auf St. Lucia stellen den Geruchssinn der Besucher auf eine harte Probe. Nicht weit entfernt ragen die Magmakegel der beiden Pitons malerisch knapp 800 m in die Höhe. Auf Grenada zeugen der erloschene 840 m hohe Mount St. Catherine sowie die Kraterseen des Lake Antoine und des Grand Etang von vergangenen explosiven Zeiten. Der 1234 m hohe Soufrière im Norden von St. Vincent gehört mit sechs Ausbrüchen in den letzten 300 Jahren – 1718, 1812, 1902, 1971, 1978 und 1979 – zu den aktivsten Vulkanen der Karibik. Ebenen erstrecken sich ausschließlich entlang der Flußufer oder in Küstennähe.

Barbados zeigt dagegen mit einer aus Sedimentgesteinen und Kalkablagerungen entstandenen, vergleichsweise ebenen Landschaft ein völlig anderes Bild. Hier haben nicht Vulkane, sondern Ablagerungen auf prähistorischen, angehobenen Meeresböden und eine fast 100 m dicke Kalkschicht von Muscheln und Korallen die Insel geschaffen. Bescheidene 340 m machen den Mount Hillaby schon zur höchsten Erhebung der Insel. Eine Vielzahl kleiner, nicht schiffbarer Flüsse und Bäche entspringt im Inselinneren und mündet nach kurzem, schnellen Lauf ins Meer. Die wichtigsten Städte und Häfen, auch die Touristenorte mit hellen Sandstränden oder – auf den Vulkaninseln – mit Buchten aus schwarzem Lavasand liegen überwiegend an den Westküsten, geschützt vor Wind und Wellen des rauhen Atlantiks.

Am Rande der Karibischen Platte

Die Vulkane der Windward Islands

Beobachtungsstationen registrieren kleinste Veränderungen, Vibrationen der Erdoberfläche, Variationen in der Zusammensetzung aus der Erde austretender Gase. Als der Soufrière auf St. Vincent das letzte Mal Aschewolken in den Himmel schickte, waren die Menschen längst aus der Gefahrenzone evakuiert. Zu Beginn des 20. Jh. war das noch nicht so. Am frühen Morgen des 8. Mai 1902 hatte sich das Grummeln des Mont Pelée auf Martinique nördlich von St. Lucia dramatisch verstärkt. Eine grauviolette Wolke aus superheißen Gasen und glühenden Ascheteilchen schoß den Hang des Vulkans herab und auf die Inselhauptstadt Saint-Pierre zu. Innerhalb weniger Minuten erstickten und verbrannten 30 000 Menschen, nur zwei Bewohner überlebten mit starken Verbrennungen. Bereits zwei Tage vorher war der Soufrière auf St. Vincent ausgebrochen und hatte 2000 Menschen in den Tod gerissen.

Noch vor wenigen Jahren gingen Geowissenschaftler von drei aktiven Vulkanen im Bogen der Kleinen Antillen aus: den jeweils La Soufrière genannten Kegeln auf St. Vincent und Guadeloupe sowie dem Mont Pelée auf Martinique. Als 1995 der Chances Peak in den Soufrière Hills auf Montserrat geräuschvoll und überraschend aus einem 400 Jahre währenden Schlaf erwachte, war ein vierter hinzugekommen. Ein Unterwasservulkan mit dem respektlosen Namen Kick 'em Jenny, der ab und an nördlich von Grenada für Wasserturbulenzen sorgt, sowie die nach Schwefel stinkenden Fumarolen und die heißen Quellen der Sulphur Springs von St. Lucia werden von Geologen als Nachklingen erloschener vulkanischer Aktivitäten gewertet – zumindest gegenwärtig.

Klima

Jahreszeiten wie in Mitteleuropa sind hier unbekannt, Frost und Schnee kennen die meisten Inselbewohner nur aus Büchern oder dem Fernsehen. Der Unterschied zwischen dem wärmsten und dem kältesten Monat des Jahres beträgt nur etwa drei bis vier Grad Celsius. Die mittlere Tagestemperatur auf Barbados und den Windward Islands liegt bei etwa 28° Celsius. Im August und September kann das Thermometer zuweilen auf mehr als 30° Celsius klettern. Die Wassertemperaturen schwanken zwischen 24° und 28° Celsius. Die Passatwinde, Luftströme aus Nordost von den subtropischen

Der Inselbogen der Vulkanantillen liegt am östlichen Rand der Karibischen Platte, einer der bis zu einigen Dutzend Kilometer dicken Erdschollen, die den gesamten Globus bedecken. Angetrieben von Rotationskräften der flüssigen Glut im Erdinnern, verschieben sie sich permanent gegeneinander. Die recht kleine Karibische Platte wird von anderen Schollen bedrängt: von der Nordamerikanischen Platte, die südlich von Kuba und den Bahamas abbricht, von der Cocos-Platte, die vor der pazifischen Küste Mittelamerikas nach Osten driftet, sowie von der Südamerikanischen Platte, die etwa dem Verlauf des venezolanischen Küstengebirges folgt und dann nach Nordosten in den Atlantik verläuft. Die Südamerikanische Platte schiebt sich langsam nach Westen. Ihre dünnere Kruste taucht mit einer Geschwindigkeit von 4–5 cm pro Jahr unter den karibischen Plattenrand. Auf dem Weg in die heiße Tiefe beginnt das Gestein zu brechen und zu schmelzen. Als flüssiges Magma drängt es wieder nach oben und gelangt, sofern es nicht auf dem Wege bereits erstarrt, am instabilen östlichen Rand der Karibischen Platte durch Vulkanschlote zur Erdoberfläche. So entstanden St. Lucia, St. Vincent und Grenada durch vulkanische Aktivitäten in wenig mehr als einer Million Jahre. Barbados hingegen liegt außerhalb dieser vulkanischen Bruchzone und weist daher eine völlig andere geologische Beschaffenheit auf.

Heute kann man ohne einen überraschenden Ausbruch befürchten zu müssen, den Kraterrand des Soufrière von St. Vincent besteigen oder mit dem Auto direkt zwischen die Solfataren in der Nähe von Soufrière auf St. Lucia fahren. Die nicht weit entfernten, wie zwei Zuckerhüte geformten Pitons, die sich direkt an der Westküste steil aus dem Meer erheben und eigentlich nichts anderes als Staudome zähflüssiger Lavaströme darstellen, gelten als rätselhaft faszinierendes Symbol für den vulkanischen Ursprung der Inseln.

Hochdruckgebieten zum Äquator, sind zwischen Januar und April am deutlichsten zu spüren. Sie bringen moderate Temperaturen und nehmen die Luftfeuchtigkeit auf. Kein Wunder, daß britische Kolonisten Barbados »Insel des ewigen Frühlings« nannten. Selten hüllen ›kühle‹ Winde von Norden die Inseln für einige Tage in milchige Nebelbänke.

Auch wenn die gleichbleibenden Temperaturen keine Aufteilung in Jahreszeiten erlauben, lassen sich bei den Niederschlägen Unterschiede ausmachen. Von Ende April bis November muß man mehrfach am Tag mit heftigen kurzen Regenschauern rechnen. Auch an den Küsten, vor allem aber im gebirgigen Inselinneren der Windward Islands entledigen sich die Wolken ihrer Feuchtigkeit und versorgen die tropischen Regenwälder mit dem notwendigen Naß. Ein (warmer) tropischer Regenguß durchnäßt Menschen und Landschaft in Sekunden. Wenn kurz darauf die Sonne wieder erscheint und alles zu trocknen beginnt, dampft die Erde wie in einem türkischen Bad.

»June too soon, July stand by, August it must, September remember, October all over.« Den Reim kennt auf den Inseln jedes Kind, denn im Spätsommer beginnt die Hurrikan-Saison. *Hurakan,* »böser Geist des Windes«, nannten die Arawak-Indianer einst die zerstörerischen Wirbelstürme, deren Urgewalt die paradiesischen Eilande in ein Inferno verwandeln können. Orkanartige Stürme, Wolkenbrüche und Gewitter, meterhohe Brecher und Flutwellen fegen über die Inseln hinweg. Das National Hurricane Center von Miami mit seinen Wetterstationen, Flugzeugen und Satelliten gibt rechtzeitig Warnungen für die betroffenen Gebiete heraus. Wird ein Hurrikan angekündigt, empfiehlt es sich, öffentliche Schutzräume aufzusuchen. Wer auf einem Segler gerade auf offener See kreuzt, sollte schnellstmöglich einen Hafen oder zumindest einen Ankerplatz im Mangrovengestrüpp der Küsten ansteuern.

Die urgewaltigen tropischen Zyklone entstehen, wenn sich das Wasser des Atlantiks vor der afrikanischen Küste im Sommer auf mindestens 26° Celsius erhitzt hat. Die feuchtwarme Luft steigt auf, kühlt

sich dabei ab und bildet riesige Wolkengebirge. Die Drehung der Erde versetzt die Luftströme in Rotation. Auf seinem Weg nach Westen gewinnt der Wirbelsturm zusätzlich Energie aus den aufsteigenden Luftmassen des warmen Ozeans. Überschreitet er Windgeschwindigkeiten von 120 km/h, wird aus dem Wirbelsturm ein Hurrikan. Einzelne Windstöße können über 300 km/h erreichen. Absolut windstill ist es dagegen im ›Auge‹ eines solchen Wirbelsturms, dessen Wolkenwirbel auf bis zu 500 km Durchmesser anwachsen kann. Doch nicht jedes tropische Tiefdruckgebiet wächst sich zu einem Hurrikan aus, und in der Hauptreisezeit ab November laufen Besucher kaum Gefahr, mit einem zerstörerischen Orkan auf Barbados oder den Windward Islands Bekanntschaft zu schließen.

Pflanzenwelt

Wer sich den Windward Islands mit dem Flugzeug nähert, erkennt an den Hängen der Berge dichte Wälder, in den Tälern und entlang der Küstenebenen sind Plantagen mit Bananenpflanzen sowie Palmen auszumachen. Barbados sieht anders aus – auf ausgedehnten Feldern wiegt sich Zuckerrohr im Wind, Kühe ziehen grasend über Weideland, aus den Tälern von Flußläufen schimmert dunkles Grün tropischer Bäume und Pflanzen. Die Märkte in den Städten offenbaren eine Überfülle tropischer Früchte, von Gemüse und Gewürzen, die meist auf kleinen Feldern angebaut werden.

Sonne und genügend Feuchtigkeit begünstigen den üppigen Wuchs unterschiedlicher Pflanzen. In den Bergen, an denen sich die Wolken abregnen, formen die Blätter der Bäume ein dichtes Dach. In mehreren Stockwerken streben alle Gewächse dem Licht entgegen: Mahagoni, Palisander und andere Baumarten, Schlingpflanzen, wie die Würgefeige, Epiphyten, wie verschiedene wilde Orchideenarten, und Farne, wie die mehrere Meter großen Baumfarne. Die Bärten ähnlichen Luftwurzeln des Feigenbau-

Wichtige Nutzpflanze der Inseln: Kakao

mes sollen einst Barbados zu seinem Namen verholfen haben. Baumrinden sind von Moos bewachsen, der tropische Regenwald präsentiert sich als Komposition aller möglichen Grüntöne. An den talnahen Westhängen, die sich im Regenschatten der Insel befinden, wachsen Dornbüsche, Agaven, Opuntien und Kakteen.

An den Stränden spenden Palmen willkommenen Schatten. Die hohen Strandkasuarinen, die auf vielen Inseln der Karibik gedeihen, sind wie viele andere Pflanzen aus Asien eingeführt. Unter dem Blätterdach des Manzanillobaumes sollte man bei einem Schauer an der Küste jedoch keinen Schutz suchen – Regentropfen, die mit seinen Blättern in Berührung kommen, können auf der Haut unangenehme Reizungen hervorrufen. Diese Gefahr droht von der

Brotfrucht für die Karibik

Captain Bligh und die Fahrt der HMS Bounty

Vielleicht wäre alles anders gekommen, wenn Leutnant William Bligh in Lucea, im Westen der karibischen Zuckerinsel Jamaika, nicht Verwandte besucht hätte. Bei verschiedenen Zusammenkünften in der Messe von Fort Charlotte fiel ihm ein lebhafter, ehrgeiziger Seeoffizier namens Fletcher Christian auf. Es dauerte nicht lange und beide waren sich einig, die nächste Fahrt gemeinsam zu unternehmen.

Die Zahl der Sklaven, die unter der Glut der Tropensonne auf den Zuckerrohrplantagen der britischen Kolonien in der Karibik schuften mußten, hatte im Laufe der Jahre weiter immens zugenommen. Der Bedarf an energiereicher Nahrung für die Feldarbeiter wuchs gleichermaßen. Die britische Admiralität erinnerte sich an die Berichte des Weltumseglers Captain James Cook von einem Brotfruchtbaum. Seine großen, oval geformten Früchte waren – gebacken, gebraten oder zu Mehl verarbeitet – als sättigende, kohlehydratreiche Kost in den pazifischen Inseln weit verbreitet.

Leutnant Bligh, einst Steuermann auf dem Schiff von James Cook, erhielt 1787 sein Kapitänspatent und das Kommando über den Dreimaster HMS Bounty sowie den Auftrag, möglichst viele Setzlinge vom Pazifik heil in die Karibik zu transportieren. Die Seereise in die Südsee war nicht einfach – schlechtes Wetter, dann wieder Windstille, dazu ein Kapitän, der die Mannschaft hart anfaßte und die Offiziere, auch seinen Obermaat Fletcher Christian, oft genug brüskierte.

Nach zehn Monaten warf die Bounty endlich vor Tahiti Anker. Ein halbes Jahr später, am 4. April 1789, neigte sich die idyllische Zeit auf der Südseeinsel dem Ende entgegen. 1015 junge Pflanzen waren in Kajüten, im Schiffsrumpf und an Deck verstaut, Captain Bligh ließ Segel setzen. Die mißmutige Mannschaft sehnte sich nach dem heiteren Leben auf Tahiti zurück, neidete den empfindlichen Pflanzen das Süßwasser und verfluchte den tyrannischen Kapitän. Nur 24 Tage später war es soweit. Unter ihrem Anführer Fletcher Christian übernahm eine Gruppe von 25 Meuterern die Bounty. Bligh und 18 loyale Mitglieder der Besatzung erhielten Proviant und wurden in einem Rettungsboot sich selbst überlassen. Auch die Reise der Baumsetzlinge war zu Ende. Über Bord geworfen trieben sie noch kurze Zeit an der Oberfläche des Ozeans, um dann im Pazifik zu versinken.

Einige der Verschwörer kehrten nach Tahiti zurück. Andere, unter ihnen Fletcher Christian, suchten mit den Gefährtinnen, die sie während des langen Aufenthaltes in der Südsee liebgewonnen hatten, ein unbekanntes Eiland als Zufluchtsort. Captain Bligh hingegen schaffte das Unmögliche. Nach einer 50tägigen Seereise von 5800 km lief das offene Rettungsboot in den Hafen von Timor ein. Die britische Admiralität ließ nicht lange Zeit verstreichen. Die Fregatte HMS Pandora segelte im November 1790 los, um die Meuterer dingfest zu machen. Parallel erhielt Captain Bligh 1791 das Kommando über die HMS Providence – der zweite Versuch sollte der Karibik endlich die Brotfrucht bringen. Der überwiegende Teil der Aufrührer ging den Häschern der HMS Pandora ins Netz. Einige ertranken, als der Segler auf das Barrier Reef vor der australischen Küste lief, andere endeten in London am Galgen, nur wenige wurden begnadigt. Das Schicksal von Fletcher Christian, acht seiner Gefährten sowie ihrer Freundinnen und Kinder blieb lange unklar. Erst viele Jahre später entdeckte ein britisches Schiff die Abkömmlinge der legendären Meuterer auf dem pazifischen Eiland Pitcairn, auf dem noch heute viele ihrer Nachkommen leben.

Ein Brotfruchtbaum steht heute in Vorgärten vieler karibischer Familien. Seine Früchte werden ähnlich wie Kartoffeln gekocht und zu Püree oder Salat verarbeitet. Es gibt sie auf allen großen Märkten, wie in St. George's, Kingstown oder Castries. Als Hauptnahrungsmittel konnte sich die Brotfrucht jedoch weder auf Barbados noch in den anderen Kolonien durchsetzen. Im Botanischen Garten von Kingstown auf St. Vincent wird den Besuchern stolz ein mächtiger Brotfruchtbaum gezeigt, der von den Setzlingen abstammen soll, die 1793 schließlich die britischen Kolonien in der Karibik erreichten.

William Bligh starb 1817 im Alter von 61 Jahren in London als Admiral seiner Majestät. Trotz seiner letztlich erfolgreichen Mission und einer steilen militärischen Karriere gilt die Sympathie der Nachwelt jedoch seinem ersten Schiffsmaat und Widersacher Fletcher Christian und dessen Gefolgsleuten. Von Lord Byrons »The Island, or Christian and his Comrades« bis heute sind mehr als 2000 Bücher und Artikel erschienen. Fünf Spielfilme brachten die legendäre Meuterei auf die Leinwand. Dabei glänzten als Kontrahenten Charles Laughton und Clark Gable (1935), später Trevor Howard und Marlon Brando (1961). Seit einiger Zeit gibt es sogar einen Bounty Club Deutschland e. V., der sich bemüht, die deutschsprachige Welt über die einstigen Rebellen und die heutigen Bewohner von Pitcairn aufzuklären. Und auf St. Lucia mixen Barkeeper einen stilechten Cocktail am liebsten mit dem inseleigenen Rum Bounty.

Meerstrandwinde nicht, deren mit großen rosa Blüten dekorierte Triebe Sand und Kies der Küsten besseren Halt geben.

An sumpfigen Küstenabschnitten und im Mündungsbereich von Bächen und Flüssen beeindrucken Mangrovenkolonien, die mit ihren Stelzwurzeln aus dem Wasser ragen. Unübersehbar leuchten Hibiskus, Heliconie, Bougainvillea und Flamboyantbaum mit roten, violetten und rosa Blüten in den Vorgärten vieler Häuser und am Wegesrand. Der Afrikanische Tulpenbaum lockt mit orangeroten Blütenkelchen die Aufmerksamkeit auf sich, der Jasminbaum versucht es mit angeneh-

Eine der über 150 Heliconien-Arten

mem Duft ebenso wie der Nelkenbaum, dessen weiß und zartrosa gefärbte Blüten sich zusätzlich als Augenweide darbieten.

Schon vor der Kolonisierung durch die europäischen Mächte haben die Kariben die Früchte wildwachsender Pflanzen geerntet oder selbst angebaut. Sie kannten Maniokwurzeln, Mais, Bohnen, Seebaumwolle, Tabak, Ananas, die Früchte des Kaschubaums, Cashewnüsse, Äpfel, stärkehaltigen Pfeilwurz sowie vitaminreiche Guaven, die heute zu wohlschmeckender Marmelade verarbeitet werden.

Europäer machten zusätzlich Gewächse aus Asien und Afrika auf den Karibischen Inseln heimisch: Kokospalmen und Gewürze, Muskat und Zuckerrohr, Yamswurzel, den Brotfruchtbaum, den immergrünen Avocadobaum und Mango, deren vitaminreiches, aprikosenähnliches Fruchtfleisch köstlich herbsüß schmeckt. Dazu gedeihen Papayafrüchte, deren weiches Fruchtfleisch sich häufig in Salaten wiederfindet, und Maracujas mit geleeartigem pikanten Fruchtfleisch, das meist zu leckerem Saft gepreßt wird. Kakao sowie Gewürze, vor allem Muskatnuß, Ingwer, Nelkenpfeffer oder Vanille, werden auf mehreren Inseln, besonders aber auf Grenada kultiviert. Der profitträchtige Anbau von Zuckerrohr hat die Geschichte der letzten 300 Jahre auf Barbados geprägt. Bananen gehören auf St. Lucia, St. Vincent und Grenada noch heute zu den wichtigsten Exportgütern.

Tierwelt

Die vom südamerikanischen Festland isolierten Inseln konnten keine
vergleichbar artenreiche Tierwelt
entwickeln. Manicou, ein Insel-
opossum, verschiedene Fleder-
mausarten sowie Agouti, ein kleiner
Nager mit bräunlichem Fell, gehören zu den wenigen heimischen
Säugetieren. Einige in den Wäldern
wild lebende Schweine und Ziegen
sind einst frühen Kolonisten entwi-
chen, genauso wie die langschwänzigen Mona-Affen auf Grenada und
die Green Monkeys auf Barbados.
Mungos, einst von Plantagenbesitzern zur Bekämpfung der Rattenpla-
ge eingeführt, haben sich längst
selbst zum unkontrollierten Ärgernis
auf Barbados und anderen Inseln
entwickelt und bedrohen mit ihrem
Appetit inzwischen sogar Geflügel-
zuchtbetriebe.

Ara im Grand Etang Forest, Grenada

Einige Schlangen, die bis auf die
scheue Lanzenotter in den Bergwäl-
dern von St. Lucia harmlos sind,
Geckos, Landkrebse, die in Erdhöh-
len leben, sowie die vom Ausster-
ben bedrohten, kleinen drachen-
ähnlichen Iguanas gehören neben
anderen Eidechsenarten zu den heimischen Reptilien und Krustentieren. Spatzen und verschiedene Tau-
benarten kann man auch in den
Ortschaften beobachten; eher scheu
sind die winzigen, schillernd bunten
Kolibris, die mit kaum wahrnehmbarem Flügelschlag von Blüte zu
Blüte fliegen. Amseln, Schwarzfin-
ken und Pirole leben in den Wäl-

dern ebenso wie der in seinem Bestand bedrohte, dunkelgrüne St. Lu-
cia-Papagei, der Nationalvogel des
Inselstaates.

Vor den Küsten, unter der Wasseroberfläche, öffnet sich eine eigene,
außergewöhnliche Welt. Im warmen Wasser der Karibik arbeiten seit
vielen tausend Jahren unermüdliche
Korallentierchen daran, eines der
schönsten Tauchreviere der Welt zu
schaffen. Planktonreiches, sauberes
und sonnendurchflutetes Wasser haben optimale Bedingungen für das
Wachstum vieler Korallenarten geschaffen. Ihre vielgestaltigen Kalk-
skelette bieten wiederum Wasser-
pflanzen, tropischen Fischen und

Krebsen einen besonderen Lebensraum. Im Meer zwischen den Inselstaaten leben Fliegende Fische, Schwert- und Thunfische, Marlin und Hai, die sich nicht selten appetitlich zubereitet auf den Tellern von Restaurants wiederfinden.

Wirtschaft und Finanzen

Noch immer erzielen St. Vincent und St. Lucia mehr als die Hälfte ihrer Exporterlöse mit Bananen; ein Viertel aller Beschäftigten arbeitet auf den Bananenplantagen der beiden Inseln. Grenada erzielt derzeit 30 % seiner Einnahmen durch die Bananenausfuhr. Doch als ›grünes Gold‹ gelten die Bananen schon lange nicht mehr. Instabile Märkte

und Preise sowie die sich verschlechternden Absatzbedingungen in Europa haben die Exporte reduziert und lassen Winban, die Windward Islands Banana Association, pessimistisch in die Zukunft blicken.

Vor allem die USA stellen eine existentielle Bedrohung für die 15 000 kleinen Farmer der Inseln dar. Sie drängen mit Macht darauf, daß die Produkte ihrer Nahrungsmultis den lukrativen europäischen Markt zu vorteilhaften Bedingungen und ohne Quotenbeschränkungen für ›Dollar-Bananen‹ beliefern können. Dabei kontrollieren die Konzerne ohnehin schon 70 % des weltweiten Bananenhandels und besitzen riesige Anbauflächen in mehreren lateinamerikanischen Ländern.

Die Inselstaaten setzen zum Ausgleich auf die weitere Zunahme des Tourismus, auf sonnenhungrige Amerikaner und Europäer, und versuchen den Verlust der Arbeitsplätze in der Landwirtschaft mit einem Zuwachs im Fremdenverkehr wettzumachen. Das Bild vom Bananenfarmer, der morgen statt dessen Bananendaiquiris an einer Hotelbar mixt, scheint nicht völlig überzogen.

Auch auf Barbados ist die Bedeutung der Landwirtschaft für Beschäftigung und volkswirtschaftliche Erträge in den letzten Jahren zurückgegangen. Die Anbauflächen für Zuckerrohr, das einst als ›weißes Gold‹ der britischen *Planteocracy* märchenhaften Reichtum bescherte, mußten der weltweiten Nachfrage nach Zuckerrohr und Rum angepaßt und kontinuierlich reduziert werden.

Der Weg ist das Ziel

Mit dem Luxuskreuzer durch die Karibik

In der Karibik gibt es keine Eisberge. Der weltweit in den Kinosälen beweinte Untergang der Titanic hat nicht zum Sinken der Teilnehmerzahlen an Kreuzfahrten geführt. Im Gegenteil, die Liebesgeschichte an Bord des Katastrophenschiffes scheint der Branche sogar neuen Rückenwind verschafft zu haben. Barbados, St. Lucia und Grenada liegen auf der Standardroute der meisten Hotelschiffe, die durch die südliche Karibik kreuzen. Carriacou in den südlichen Grenadinen und St. Vincent gehören zu den nur gelegentlich angesteuerten Zielen. Reiseveranstalter und Reedereien werben mit abwechslungsreichen karibischen Erlebnissen ohne Grenzprobleme oder überbuchte, unpünktliche Flugzeuge beim Inselhüpfen. Sie preisen die natürliche Art der Fortbewegung durch die Gewässer der Inselwelt, das luxuriöse Ambiente, die ausgelassene Stimmung an Bord der Fun Cruises.

Mehr als 6,5 Mio. Passagiere allein aus den USA, Großbritannien und Deutschland werden pro Jahr an Bord der schwimmenden Hotelpaläste begrüßt. Royal Caribbean, die Norwegian Cruise Line oder Carnival Cruises mit Fünf- und Sechs-Sterne-Schiffen, die 2000 Passagieren Platz bieten, laufen die malerischen Häfen der Karibik zum Tagesausflug an. Hinzu kommt eine neue Generation von Mega-Linern, deren über 4000 Bordgäste in der Karibik sogar Schlittschuh laufen oder ihre Kraft und Geschicklichkeit an einer Kletterwand versuchen können. Außerdem gibt es Mittelklasseschiffe, bei denen eine 14-Tage-Kreuzfahrt schon unter 1550 € zu haben ist, oder schnittige moderne Drei- und Viermaster, die Segelromantik und Kreuzfahrtatmosphäre miteinander verbinden. Educational Entertainment heißt der aktuelle Trend im Kreuzfahrtgeschäft, von dem sich die Branche enorme Zuwächse verspricht. Schach-, Sprach- und Tanzkurse, eine Kurzausbildung zum Zirkusclown, Computer- und Video-Workshops, ja sogar Golf- und Basketball-Lehrgänge unter tropischer Sonne sprechen, verbunden mit einem ausgefeilten Betreuungsprogramm für jüngere Passagiere, nicht nur das klassische Kreuzfahrtpublikum, sondern auch jüngere Urlauber mit Kindern an.

Wenn eines der schwimmenden neunstöckigen Luxushotels am Cruise Ship Dock von St. George's auf Grenada zwischen dem alten Hafenbecken Carenage und der Lagune festgemacht hat, erscheinen der bunte, quirlige Hafen und die Bucht mit den wie in einem Amphitheater

ansteigenden und von rotbedachten Häusern gesprenkelten Hängen plötzlich als winzige Nebensache. Der mächtige, schneeweiße Cruise Liner ist die eigentliche Attraktion, die Insel und ihre Bewohner bleiben idyllische Kulisse. Am Anleger der Schiffe sind schnell Stände mit Bildern, geschnitzten Figuren, Geflochtenem oder anderen ›typischen‹ Andenken aufgebaut. Die Durchgangsstraße wird von wartenden Taxis verstopft, die sich für Ausflugsfahrten ebenfalls einige schnelle Touristendollars versprechen. Mit Ortsplan und Verhaltenstips für unaufdringliches Auftreten sowie Sicherheitshinweisen versorgt, dazu vom Bordrestaurant gut gesättigt, schreiten bunt gekleidete, hellhäutige Urlauber über die Schiffsbrücke für eine Stippvisite in eine andere Welt. Abends trifft man sich an einer der zahlreichen Schiffsbars wieder, zu einem raffiniert gemixten Rumpunsch in den lebhaften Farben der Inseln, kann Land- und Stranderlebnisse miteinander austauschen und sich auf einen gelungenen karibischen Tag zuprosten, während das Schiff bereits Kurs auf den nächsten Hafen nimmt.

Auch hier bestimmen umfangreiche Investitionen in Hotelneubauten, Verbesserungen im Transportsystem und von Serviceeinrichtungen das aktuelle wirtschaftliche Bild.

Handwerk und Industrie können in allen Inselstaaten nur einen bescheiden wachsenden Beitrag leisten. Vor allem Barbados hat sich mit gewissem Erfolg bemüht, Angebote für Offshore-Finanzdienstleistungen und Datenverarbeitung zu entwickeln. Mehr als drei Dutzend Unternehmen lassen ihre Datenerfassung in mehreren Works Data Processing Center auf der Karibikinsel abwickeln, um sie dann per Internet zu übermitteln – und verhelfen damit inzwischen zu mehr als 30 Mio. US-Dollar an Deviseneinnahmen. Wichtig scheint dabei die weitere Verbesserung der Telekommunikationssysteme. Sie werden gegenwärtig auf Barbados, St. Lucia, St. Vincent und Grenada vom britisch-amerikanischen Kommunikationsgiganten Cable & Wireless als Monopolunternehmen betrieben.

Schwierig scheint es, dauerhafte Arbeitsplätze im gewerblichen Bereich zu schaffen, im Textilbereich oder bei der Montage von Elektrogeräten und Spielzeugen. Einzelnen positiven Beispielen wie auf St. Lucia, wo bei Vieux Fort eine freie Industriezone eingerichtet wurde, steht der Verlust von 120 000 Arbeitsplätzen in der gesamten Kette der Karibikstaaten gegenüber. Verschiedene Textilunternehmen hatten ihre Produktion nach Mexiko verlagert, als Mitte der 90er Jahre mit der NAFTA ein gemeinsamer Markt mit Kanada, den USA und Mexiko geschaffen wurde. Eine drastische Reduzierung der US-Hilfen für die Inselstaaten nach Ende des Kalten Krieges von 225 Mio. Dollar (1985) auf 26 Mio. Dollar (1995) hat die wirtschaftlichen Rahmenbedingungen nicht gerade verbessert.

Eine regionale Wirtschaftsgemeinschaft der Karibikinseln, die Association of Caribbean States (ACS), wurde 1995 als Gegengewicht zur NAFTA sowie zu den südamerikanischen Wirtschaftsbünden Mercosur und Andenpakt ins Leben gerufen. Sie will die Kooperation in Handel, Transport und Tourismus zwischen fast allen karibischen Inselstaaten, darunter auch Kuba und den Karibikanrainern auf dem amerikanischen Festland, wie El Salvador, Kolumbien oder Guyana, verbessern. Zwischen den ›großen Brüdern‹ in Nord und Süd hat sie es jedoch nicht leicht, ökonomisches Profil und Gewicht zu entwickeln.

Tatsächlich scheint allein die enge Zusammenarbeit der kleinen Inselstaaten sowie ein Wirtschaftsmix die Chance auf einen konstruktiven Ausbau ihres Wirtschaftspotentials und dazu den Menschen mittelfristig die Aussicht auf mehr und besser bezahlte Arbeitsplätze zu bieten. Voraussetzung dafür ist eine Struktur, in der neben einer spezialisierten Landwirtschaft wie auch kleineren Gewerbe- und Dienstleistungsbetrieben die verantwortungsvolle Entwicklung des Tourismus ihren Platz haben wird.

Geschichte, Gesellschaft und Kultur

Daten zur Geschichte

Bevölkerung

Staat, Bildungs-
und Sozialsystem

Kunst und Kultur

Religion und Karneval

Kreolische Küche

Typische Kolonialarchitektur in Soufrière, St. Lucia

Daten zur Geschichte

um 5000 v. Chr.	Indianische Stämme aus dem nördlichen Südamerika erreichen als erste die Karibischen Inseln.
um 2000 v. Chr.	Aus dem gleichen Gebiet kommen indianische Gruppen der Ciboney. Die Fischer und Sammler kennen weder Landwirtschaft noch Keramikherstellung.
zur Zeitenwende	Arawak-Indianer aus dem Gebiet des heutigen Guyana drängen die ihnen unterlegenen Ciboney immer weiter nach Norden bis Kuba und Hispaniola zurück. Die kulturell höher stehenden Arawak betreiben Feldbau und entwickeln die Töpferei.
um 1300	Kriegerische Kariben aus dem Mündungsgebiet des Orinoco – im heutigen Venezuela – setzen mit ihren seetüchtigen Einbäumen zu den südlichen Karibikinseln über. Sie erobern die Kleinen Antillen und vernichten die Arawak.
1492	Christoph Kolumbus erkundet den westlichen Seeweg nach Asien und entdeckt die Bahamas, Kuba und Hispaniola. In der Vermutung, die Vorposten von Indien erreicht zu haben, werden die Einheimischen Indianer genannt, die Inseln als Westindien bezeichnet.
1493	Auf seiner zweiten Reise erreicht Kolumbus die nördlichen Inseln über dem Wind, Puerto Rico und Jamaika.
1498	Die dritte Reise von Kolumbus, die ihn bis an die Mündung des Orinoco bringt, führt an St. Vincent, den Grenadinen und Grenada vorbei.
1502	Kolumbus entdeckt zu Beginn seiner vierten und letzten Reise Martinique, möglicherweise auch St. Lucia, danach die Küste Mittelamerikas zwischen dem heutigen Panama und Honduras. Die Spanier gründen Kolonien auf den großen Karibischen Inseln und beuten deren Bodenschätze mit Hilfe von Sklavenarbeit aus. Dann wenden sie sich Mexiko und anderen Regionen des Festlandes zu. Die kleineren Inseln des südlichen Antillenbogens interessieren sie nicht. Dort nutzen andere europäische Mächte die Möglichkeit, in der Neuen Welt Fuß zu fassen – Frankreich, Großbritannien, die Niederlande und Dänemark. Sie sind am Aufbau einer Plantagenwirtschaft und an deren Erträgen interessiert.
1507	Der deutsche Kartograph Martin Waldseemüller nennt den neu entdeckten Kontinent ›America‹ nach dem Seefahrer

Die Kariben

Gefürchtete Eroberer der Inseln

Ihre schweren Kanus, in denen bis zu 100 Menschen Platz fanden, waren auf den Inseln gefürchtet, denn den Kariben ging der Ruf unerschrockener Grausamkeit voraus. Widerstand gegen die Aggressoren, ihre scharfkantigen Kriegskeulen und treffsicher geschossenen Pfeile schien zwecklos. Nur schnelle Flucht konnte das Leben bewahren. Männer überfallener Dörfer waren dem Tode geweiht, die Frauen gliederten sie in den eigenen Stammesverband ein. Nicht selten wurden besonders tapfere getötete Gegner über dem Feuer geröstet und verspeist. Die Krieger hofften, mit dem Fleisch ihrer Opfer auch deren Kraft und Mut in sich aufzunehmen. Das Wort *Barbecue* entstammt der Sprache der Kariben. Auch die Bezeichnung Kannibale wird auf den Namen des kriegerischen Stammes zurückgeführt.

Schon bevor 1492 die ersten spanischen Karavellen am Horizont auftauchten, waren die Antillen in mehreren Einwanderungswellen von Indianern des Festlandes besiedelt worden. Vom Nordosten Südamerikas – aus dem Orinoco-Delta und den Flußtälern im heutigen Guyana – brachen Gruppen von Indianern mit Einbäumen nach Norden auf. Sie drangen im Laufe vieler Jahre von Insel zu Insel vor, bauten Hütten und Dörfer.

Von den Ciboney, deren Name soviel wie Höhlenbewohner bedeutet, sind auf den Kleinen Antillen keine Spuren erhalten. Dieser Volksstamm hatte sich seit etwa 2000 v. Chr. wahrscheinlich von Süden über den Inselbogen ausgebreitet. Seine Herkunft ist noch nicht eindeutig geklärt. Zur Zeit der Eroberung durch die Spanier siedelten die letzten dieser Fischer und Sammler im äußersten Westen von Kuba und Hispaniola. Sie überlebten die Ankunft der Europäer nur um wenige Jahrzehnte.

Die Arawak brachen um die Zeitenwende nach Norden auf und drangen bis zu den Bahamas vor. Sie haben auf den südlichen Antillen zumindest einige Felszeichnungen hinterlassen. Die Arawak siedelten überwiegend auf den Großen Antillen, in Dörfern mit bis zu 3000 Einwohnern. Sie betrieben Landwirtschaft und entwickelten eine Töpferei mit typischen Mustern. Priesterhäuptlinge, die weltliche Belange regelten und Verbindungen zu den Göttern herstellten, standen den Gemeinschaften vor. Auch wenn ihre überlegene Kultur die Ciboney auf einige entlegene Gebiete zurückgedrängt hatte, gelten die Arawak als unkriegerisches Volk. Organisierte Feldzüge um Einflußgebiete und Nahrungsquellen waren ihnen fremd. In ihrer Sprache gab es nicht einmal ein Wort für Krieg.

Zum Ende des 13. Jh., zwei Jahrhunderte vor der Ankunft der Spanier, hatten sich die Kariben aus dem heutigen Venezuela aufgemacht, um neue Jagdgründe zu suchen. Über Trinidad waren bald Grenada, St. Vincent und St. Lucia sowie einige Inseln weiter im Norden erreicht. Barbados, weiter draußen im Atlantik einige Zeit lang von Arawak besiedelt, blieb von ihnen unbehelligt. Die Arawak waren zur Zeit der spanischen Eroberung auf den Kleinen Antillen bereits massakriert und vertrieben. Das plötzliche Auftauchen der Spanier, eines noch aggressiveren Gegners mit überlegener Kriegstechnik, der die Bewohner der Inseln tötete oder sie als Sklaven in Bergwerken zu Tode drangsalierte, trieb die Kariben nun unvermittelt in die Defensive. Dennoch dauerte es noch etwa 250 Jahre, bis Franzosen und Briten ihnen militärisch endgültig den Garaus bereiteten und die Überlebenden auf Inseln vor dem mittelamerikanischen Festland deportierten.

Einige wenige Mischlinge von Nachkommen der Kariben und afrikanischen Sklaven, die *Black Caribs,* leben noch heute im schlecht zugänglichen Norden von St. Vincent. Andere schützt ein kleines Reservat im Nordosten der Insel Domenica. Die Worte Karibik, Zigarre, Kanu und einige anderen Begriffe aus ihrer Sprache erinnern heute noch an den Stamm der Kariben, der einst die Inseln beherrschte.

	Amerigo Vespucci. Der in spanischen Diensten segelnde Italiener hatte 1499 Guyana und den Amazonas erreicht und als erster erkannt, daß nicht Indien, sondern ein neuer Erdteil entdeckt worden war.
1511	Auf offiziellen spanischen Karten taucht erstmalig eine Insel Los Barbados auf. Ihr Name rührt möglicherweise von den langen bartähnlichen Luftwurzeln des dort wachsenden Feigenbaumes.
1605	Ein Versuch britischer Kolonisten, auf St. Lucia zu siedeln, wird von den kriegerischen Kariben schnell unterbunden.
1609	200 britische Siedler versuchen auf Grenada Tabakplantagen aufzubauen. Sie können sich jedoch angesichts fortwährender Attacken der Kariben nicht halten.
1621	Gründung der Holländisch-Westindischen Kompanie, die sich durch den Handel mit afrikanischen Arbeitssklaven und Waren aus den neuen Kolonien schnell zum größten amerikanischen Handelsunternehmen entwickelt.

1625	Kapitän John Powell annektiert Barbados für die englische Krone. Zwei Jahre später erreichen die ersten britischen Siedler mit einigen afrikanischen Sklaven die Insel.
1635	Überlebende zweier schiffbrüchiger spanischer Sklavenschiffe retten sich bei St. Vincent an Land. Sie werden von den Kariben aufgenommen und vermischen sich mit ihnen zu *Black Caribs*.
1638	Ein zweiter Versuch von 400 britischen Siedlern, sich auf St. Lucia niederzulassen, endet mit einer Katastrophe. Der größte Teil fällt den Attacken der Kariben zum Opfer.
um 1650	Auf Barbados wird der erste Rum gebrannt. Die Besitzer großer Zuckerrohrplantagen gewinnen auch politisch dauerhaft die Oberhand.
1651	Flüchtende Kariben stürzen sich im Norden von Grenada lieber vom Leapers' Hill in den Tod, als in die Hände französischer Truppen zu fallen.
1660	Ein Abkommen mit den Kariben sichert den Franzosen nach langen Kämpfen die Kontrolle über St. Lucia.
1685	Der *Code Noir,* das französische Sklavengesetz, bestimmt deren Rechte und Pflichten. Ein Katalog grausamer Strafmaßnahmen ahndet ihre Vergehen. Sie können »als Mobiliar betrachtet« und demzufolge vererbt werden.
17./18. Jh.	Fortwährende Auseinandersetzungen zwischen den Kolonialmächten Frankreich und Großbritannien setzen sich

Ehemalige
Zuckermühle
auf Barbados

	auch in der Karibik fort. St. Lucia wechselt allein 14 Mal den Besitzer.
1756–1763	Der Siebenjährige Krieg zwischen Frankreich und Großbritannien wird in Europa, Indien und Nordamerika geführt. Er findet in der Auseinandersetzung um die Vorherrschaft in der Karibik seine Entsprechung.
1771	Nach zahlreichen Sklavenaufständen auf anderen Antilleninseln kommt es auf St. Vincent zur Revolte. Zwei Jahrzehnte später rebellieren auch die Sklaven auf Grenada (1795).
1782	In der *Battle of the Saints,* einer der größten Seeschlachten der Karibik bei der Inselgruppe der Îles des Saintes südlich von Guadeloupe, schlägt die britische Flotte unter Admiral Rodney die Franzosen.
1783	Im Frieden von Versailles erhält Großbritannien von Frankreich St. Vincent und Grenada zugesprochen. Die Engländer führen auf Grenada die Muskatnuß ein und machen es zur »Insel der Gewürze«.
1795–1797	Die *Black Caribs* auf St. Vincent setzen bei einem Aufstand britische Plantagen in Brand. Gleichzeitig revoltieren unter dem Eindruck der Französischen Revolution Sklaven auf Grenada und St. Lucia. Nach dem Sieg der Engländer werden einige Tausend von ihnen nach Süd- und Mittelamerika deportiert.
1807	Das britische Parlament verbietet den Sklavenhandel.
1812	Der Vulkan Soufrière auf St. Vincent bricht aus und zerstört einen großen Teil der Plantagen im Norden der Insel. Unter den dort lebenden Kariben gibt es viele Opfer.
1814	Der Vertrag von Paris nach Ende der Napoleonischen Kriege in Europa regelt auch die Übergabe von St. Lucia aus dem Kolonialreich Frankreichs an Großbritannien.
1834	Der Besitz von Sklaven und Sklavenarbeit werden mit einer vierjährigen Übergangszeit im britischen Weltreich abgeschafft *(Emancipation Act).*
1838	Alle Sklaven auf Barbados und den englischsprachigen Windward Islands erhalten die Freiheit. Einige Plantagen werden von den britischen Eigentümern geschlossen, da die Arbeitskraft bezahlter Landarbeiter bei sinkenden Zuckerpreisen zu teuer geworden ist. Da viele ehemalige Sklaven nicht auf den Plantagen weiterarbeiten wollen, werben die Briten in den indischen Kolonien Vertragsarbeiter an, die in die Karibik übersiedeln. St. Lucia wird Teil der britischen Kolonie der Windward Islands.

Emancipation
Monument in der
Nähe von Bridge-
town, Barbados

1848	In den französischen und dänischen Kolonien der Karibik wird die Sklaverei abgeschafft.
1863	Die Niederlande heben die Sklaverei in ihren Kolonien auf.
1871	St. Vincent wird den Windward Islands zugeschlagen.
1880	Als letzte Großmacht beendet Spanien in seinen Kolonien die Sklaverei.
1902	Der Ausbruch des Vulkans Soufrière auf St. Vincent kostet 2000 Tote. Der fast gleichzeitige Ausbruch des Mont Pelée auf Martinique vernichtet dessen Hauptstadt Saint-Pierre und tötet 30 000 Bewohner.
1924	Grenada erhält einige Rechte innerer Selbstverwaltung.
1944	Das Caribbean Regiment wird gegen Ende des Zweiten Weltkriegs aufgestellt und kämpft in Ägypten. Die Sondereinheit der britischen Armee rekrutiert Soldaten aus Barbados, St. Lucia, St. Vincent, Grenada, Trinidad und Tobago sowie British Guyana.
1958–1962	Die Engländer schließen eine Reihe ihrer Kolonien in der Karibik, darunter auch Barbados, St. Lucia, St. Vincent und Grenada, zu einer kurzlebigen Westindischen Föderation zusammen.
1966	Barbados wird unabhängig und Mitglied des britischen Commonwealth.
1967	Die karibischen Inselstaaten erhalten interne Selbstbestimmung. Grenada und St. Lucia schließen sich dem Commonwealth an.
1968	Die CARIFTA, die Caribbean Free Trade Area, wird als Freihandelszone karibischer Inselstaaten gegründet.
1969	St. Vincent tritt dem Commonwealth bei.
1973	Die CARIFTA erweitert sich zum gemeinsamen karibischen Markt CARICOM, dem Caribbean Common Market.

1974	Grenada wird ein unabhängiger Staat im britischen Commonwealth.
1975	In der Konvention von Lomé (Togo) vereinbart eine Gruppe afrikanischer, karibischer und pazifischer Staaten vorteilhafte Bedingungen der wirtschaftlichen Zusammenarbeit und des Handels mit der Europäischen Gemeinschaft als deren assoziierte Mitglieder.
1979	Auf Grenada stürzt die linksgerichtete New Jewel Movement unter Führung von Maurice Bishop in einem unblutigen Staatsstreich die alte Regierung und nimmt enge Beziehungen zu Kuba auf.
	St. Lucia und St. Vincent erklären ihre Unabhängigkeit.
	Sir William Arthur Lewis, Professor für Ökonomie aus St. Lucia, erhält den Nobelpreis für Wirtschaftswissenschaften.
	Der Ausbruch des Vulkans Soufrière auf St. Vincent zerstört Plantagen und Häuser, es kommen keine Menschen zu Schaden.
1980	Der Hurrikan Allen richtet auf seinem Zug durch die Karibik auch auf St. Lucia schwere Schäden an. Auf St. Vincent ist die gesamte Bananenernte vernichtet.
1982	Einer Organisation englischsprachiger East Caribbean States mit gemeinsamer Zentralbank und Währung (East Caribbean Dollar EC) treten auch St. Lucia, St. Vincent und Grenada bei.
1983	Nach einem Putsch gegen Maurice Bishop auf Grenada wird dieser ermordet. Die USA nehmen die Unruhen zum Anlaß, militärisch zu intervenieren und einer ihnen genehmen Regierung ins Amt zu verhelfen. Einige Einheiten aus Dominica und Barbados beteiligen sich an der militärischen Aktion der Amerikaner.
1991	Die Todesstrafe gegen die 14 Hauptverschwörer gegen Maurice Bishop auf Grenada wird in lebenslange Haft umgewandelt.
1992	Der 500. Jahrestag der Entdeckung der Neuen Welt durch Kolumbus wird auch in der südlichen Karibik gefeiert. Gleichzeitig gedenkt man der Folgen, die die Eroberung der Inseln durch europäische Nationen für die Indianer und die aus Afrika verschleppten Sklaven mit sich brachte.
	Derek Walcott, Lyriker und Dramatiker aus St. Lucia, erhält den Nobelpreis für Literatur.
1994	Der Hurrikan Debbie zerstört im September den größten Teil der Bananenernte auf St. Lucia.

1995   Eine Association of Caribbean States (ACS), der 25 karibische Staaten – darunter auch Barbados, St. Lucia, St. Vincent und Grenada – angehören, formiert sich als Wirtschaftsgemeinschaft Mittelamerikas und als Gegengewicht zur Nordamerikanischen Freihandelszone NAFTA sowie den südamerikanischen Wirtschaftsbündnissen Mercosur und Andenpakt.
Der Vulkan Chances Peak auf der Insel Montserrat nördlich von Guadeloupe erwacht nach 400 Jahren zu neuer Aktivität und begräbt Plymouth, die Hauptstadt der britischen Kolonie, unter einem Ascheregen.

1998   Die karibischen Inselstaaten Antigua, Barbados, Dominica, Montserrat, St. Kitts, St. Lucia und St. Vincent intensivieren ihre Zusammenarbeit im Justizwesen, der zivilen Luftfahrt, der Telekommunikation und der Seewirtschaft.

2000   Der Ministerpräsident von Grenada, Keith Mitchell, äußert die Absicht, sich mit Dominica in zwei Jahren um die Aufnahme in die Europäische Union zu bewerben.

Nationalhelden am Government Building in Bridgetown, Barbados

Bevölkerung

»Keep cool, man«, der gutgemeinte Rat des Fischers Robert zum Abschied nach einem Bootsausflug läßt sich zumindest doppelt interpretieren. In der Tat brennt die mittags hochstehende tropische Sonne gnadenlos herab. Da ist es sinnvoll, sich wie Robert zumindest mit einer Kappe auf dem Kopf zu schützen, besser noch, Schatten aufzusuchen und bei einem kühlen Fruchtcocktail eine Pause einzulegen.

Von exakten Zeitplanungen geprägte Mitteleuropäer sollten zudem einen anderen, ›cooleren‹ Gang einlegen, sich von nervöser Hektik umstellen auf einen entspannteren Rhythmus, dem tropischen Klima angepaßt. Eine geruhsame, ungezwungene Lebensart hat nichts mit Trägheit zu tun. Das zeigt ein Bummel über die geschäftigen Inselmärkte. Dort breiten Marktfrauen Bananen, Mangos, Okra, Maiskolben, Brotfrucht oder Yamswurzeln auf Ständen, Pappkartons und Tüchern aus, und Besucher drängen sich durch lebhaftes, quirliges Treiben.

Wenn auf Barbados Kinder in adretten Schuluniformen ordentlich nach dem Bus anstehen oder dunkelhäutige, in vornehmes Weiß gekleidete Sportler auf gepflegtem Rasen das Cricketspiel pflegen, zeigt sich ein anderes Gesicht der Inseln. Die britische Kolonialepoche hat nicht nur Plantagensitze und anglikanische Kirchen, sondern auch Lebensart und Traditionen der einst Herrschenden im Bewußtsein der Menschen hinterlassen.

Einige der knapp vier Prozent weißen Inselbewohner von heute stammen noch von den englischen und französischen Aristokraten und Plantagenbesitzern ab, die von Beginn des 17. Jh. an eine mehr als 300jährige Kolonialherrschaft begründeten. Andere zählen Engländer zu ihren Vorfahren, die sich in den Kolonien bessere Möglichkeiten erhofften als in der hierarchisch formierten Gesellschaft des fernen Mutterlandes oder die sich als arme Landarbeiter die Überfahrt mit dem Versprechen erkauft hatten, einige Jahre ohne Lohn auf den Plantagen zu schuften. Hinzu kamen Glaubensflüchtlinge oder Verbannte, wie die Anhänger der 1685 gescheiterten Rebellion des Herzogs Monmouth gegen den katholischen König Jakob II. von England. Nur der kleinere Teil der Weißen gehört nach wie vor mit zur vermögenden Oberschicht, die nicht geringen Einfluß in Wirtschaft und Politik ausübt. Heute geben jedoch nicht mehr die Besitzer der Zuckerrohrplantagen, sondern die der Handelsketten und großen Hotels den Ton an.

Von den Kariben, die den europäischen Kolonialmächten so lange und hartnäckig Widerstand entgegengesetzt hatten, leben nur noch auf St. Vincent und im Norden von Dominica wenige hundert Nachfahren. Die meisten wurden ausgerottet, deportiert oder sind an Krankheiten zugrunde gegangen, die aus Europa eingeschleppt worden wa-

Indischstämmiger Zuckerrohrarbeiter

ren. So sind auf Barbados und den Windward Islands knapp 96 % der Bevölkerung afrikanischer Abstammung, Nachkommen von Millionen afrikanischer Arbeitssklaven. Der Menschenhandel von Afrika in die Kolonien ließ die Weißen rasch zu einer Minderheit werden. Bereits um 1700 standen in Grenada zwei schwarze Sklaven einem Weißen gegenüber, 13 Jahre später war daraus bereits ein Verhältnis von 25:1 geworden.

Erst 1834 verfügte das englische Parlament mit einer vierjährigen Übergangslösung die Aufhebung der Sklaverei. 1848 folgte Frank-

reich, nachdem von 1794 bis 1802 – kurz nach der Französischen Revolution – auch schwarze Sklaven in die Forderung nach Freiheit, Gleichheit und Brüderlichkeit einbezogen worden waren.

Da weiße Sklavenbesitzer sich neben ihren Ehefrauen nicht selten zusätzlich schwarze Mätressen hielten, wurden Mischlingskinder, Mulatten, geboren, die häufig Posten in der Plantagenverwaltung oder der Kolonialbürokratie erhielten. Nach dem Ende der Sklaverei verließen viele der schwarzen Zwangsarbeiter die Plantagen. Sie versuchten, sich auf einem selbst bewirtschafteten, kleinen Stück Land eine Existenz aufzubauen.

Um der Knappheit an Arbeitskräften zu begegnen, schwärmten britische Anwerber in die übrigen Kolonien aus. Sie heuerten Afrikaner, aber auch eine halbe Million Inder als Vertragsarbeiter an. Von ihnen gelangten 150 000 allein nach Trinidad, kleinere Gruppen auch nach Grenada und St. Lucia.

Nachdem die Sklaverei und ihre Beschränkungen auch für die Bewegungsfreiheit aufgehoben waren, suchten die Menschen auch jenseits des Horizonts ihrer Heimatinsel nach Möglichkeiten, ihre Lebenssituation zu verbessern. Zwischen 1881 und 1914 zogen mehr als 20 000 *Bajans*, knapp 40 % der damaligen erwachsenen Bevölkerung von Barbados, nach Panama. Dort fanden sie Arbeit beim Kanalbau zwischen Atlantik und Pazifik über die Landenge zwischen Colón und Panama City.

Nach dem Zweiten Weltkrieg, als billige Arbeitskräfte gesucht wurden, um die Produktion in der Nachkriegszeit schnell anzukurbeln, schwoll der Strom von Auswanderern aus den britischen Kolonien in der Karibik in das Mutterland Großbritannien mit seiner multikulturellen Hauptstadt London auf eine Viertel Million an. Auch *Bajans* sowie Emigranten aus St. Vincent, St. Lucia und Grenada bildeten kleinere Gemeinschaften in verschiedenen Londoner Vorstädten, aber auch in anderen Industrieregionen Englands, wie in Birmingham oder Manchester.

In den 50er und 60er Jahren übten Arbeitsmöglichkeiten bei der Erdölförderung auf Trinidad, Cu-

raçao und Aruba auf die Bewohner von Grenada große Anziehungskraft aus. Die französischen Überseedepartments Martinique und Guadeloupe gehören traditionell zu den attraktiven Auswanderungszielen von Arbeitssuchenden aus St. Lucia. Darüber hinaus gelten die USA, vor allem Miami und New York, wo sich die englischsprachigen karibischen Einwanderer im Stadtbezirk Brooklyn konzentrieren, sowie Toronto in Kanada als traditionelle Emigrationsziele.

Für viele Familien auf den Heimatinseln gehört die finanzielle Hilfe der Emigranten nach wie vor zum festen Bestandteil der Lebensplanung, denn die wirtschaftliche Lage in den Dörfern und Städten ist noch immer nicht rosig. Große Familien leben in einfachen, winzigen Holzhäusern eng beieinander, nicht weit von den Bananen- oder Gewürzfeldern, die häufig von landwirtschaftlichen Kooperativen bewirtschaftet werden. Auf Grenada oder St. Lucia bilden Kleinbauern nach wie vor eine große, auch politisch einflußreiche Gruppe.

Die Frauen spielen eine besondere, widersprüchliche Rolle in der Gesellschaft. Zum einen gelten sie als kraftvolle, autarke Persönlichkeiten: Sie bewirtschaften einen großen Teil der Äcker und Gärten, dominieren den Handel auf den Märkten, ziehen häufig Kinder allein auf und stellen im Tourismusgewerbe sowie anderen Dienstleistungsunternehmen den größten Teil der Beschäftigten. Auf der anderen Seite wird ihnen bei gleicher Leistung im Durchschnitt ein um 20 % niedrigerer Lohn gezahlt als ihren männlichen Kollegen. Die besonders bei ledigen Müttern weit verbreitete Heimarbeit ist besonders schlecht entlohnt. Frauen sind in Führungspositionen in Wirtschaft und Politik dünn gesät. Nur maximal ein Viertel der Abgeordneten in den Inselparlamenten ist weiblich. Frauen erhalten, da ihr Name nur selten auf Eigentumstiteln für Land steht, schwieriger Kredite von den Banken. Sie werden bei schlechterer Wirtschaftslage als erste von den Betrieben entlassen. Die Arbeitslosenrate bei Frauen liegt immer einige Prozentpunkte über der von Männern. Die festgefügten Rollenbilder werden nur langsam aufgebrochen. Möglicherweise liegt in der Ausbildung die Chance für einen allmählichen Wandel, da Mädchen durchgehend eine erheblich höhere Rate an qualifizierten Schul- und Hochschulabschlüssen vorweisen als ihre männlichen Mitschüler und -studenten.

Vielen jüngeren Bewohnern auf den Inseln erscheint das entbehrungsreiche Leben der Eltern nicht gerade erstrebenswert. Sie versuchen in den Städten oder großen Touristenhochburgen ihr Glück. Wer in einem All-Inclusive-Resort angelernt und eingestellt wurde und schließlich einen Lohn nach Hause tragen kann, der den des Vaters oder der Mutter um das Zehnfache übersteigt, wird die harte körperliche Arbeit eines Bauern oder Fischers wenig schätzen.

Madras-Kopfputz von St. Lucia, der den Familienstand signalisiert – den einfachen Knoten trägt nur eine ledige Frau

Für viele bedeutet die Landflucht die einzige Perspektive aus der Arbeitslosigkeit. In den Einzugsbereichen der Hauptstädte Castries auf St. Lucia oder Bridgetown auf Barbados lebt inzwischen knapp die Hälfte der Bevölkerung. Die Inseln St. Vincent und Grenada sind deutlich stärker ländlich geprägt. Luxus und einfaches Leben, auch Armut, liegen auf den Inseln oft eng beieinander. Soziales Elend, wie man es in Vororten lateinamerikanischer Metropolen findet, ist auf Barbados und den Windward Islands jedoch unbekannt.

Staat, Bildungs- und Sozialsystem

Barbados, St. Lucia, St. Vincent und Grenada sind konstitutionelle Monarchien im Commonwealth auf der Basis eines parlamentarischen Systems. Da die Verfassungen der Inselstaaten sich am Vorbild der langjährigen Kolonialmacht Großbritannien orientieren, spricht man auch von »Westminster Demokratien«. Als Staatsoberhaupt gilt die britische Königin, vertreten durch einen von ihr und in Übereinkunft mit der jeweiligen Regierung ernannten Generalgouverneur (in der

Freizeitidylle oder Arbeitslosigkeit?

Umgangssprache: Gee Gee). Bis auf St. Vincent, das mit einem House of Assembly von 21 Abgeordneten auskommt, ist in den anderen drei Staaten wie im Mutterland ein Zwei-Kammern-Parlament üblich. Es gibt ein Unterhaus mit gewählten Abgeordneten sowie ein Oberhaus, dessen Senatoren vom Generalgouverneur in Abstimmung mit den im Parlament vertretenen Parteien ernannt werden.

Das bis auf einige unruhige Jahre in Grenada stabile parlamentarische System der Inselstaaten basiert auf einer wirtschaftlichen Basis, die zwar nicht unkompliziert, aber weitaus solider erscheint als die vieler anderer Länder der sogenannten Dritten Welt. Das Bruttoinlandsprodukt pro Einwohner von Barbados, dem wirtschaftlich stärksten der vier Staaten, liegt fast gleichauf mit dem von Griechenland.

Knappe öffentliche Haushalte verschärfen jedoch häufig das Problem der Arbeitslosigkeit, die in den Volkswirtschaften von Barbados und den Windward Islands offiziell bis zu 20 % ausmacht und besonders bei Jüngeren meist noch weit darüber liegt. Bei ungenügender sozialer Sicherung können Familien schnell in die Armut gestoßen werden. Fehlende Berufs- und Zukunftsperspektiven bei Jugendlichen bergen die Gefahr von sozialen Spannungen in sich. Im Ballungsraum von Castries auf St. Lucia haben die Behörden mit Rauschgiftproblemen und daraus resultierenden Gesetzesverstößen zu kämpfen.

Der Tourismus, der die weltweiten Unterschiede von Arm und Reich deutlich zutage treten läßt, hat sich in anderen Regionen der Welt als Vorreiter für eine Schattenwirtschaft von Bettlern, kleinem Diebstahl und Drogenhandel erwiesen. Doch Kriminalität, vor allem Gewaltkriminalität, ist mit der genannten Ausnahme auf den vier karibischen Inselstaaten noch kein bedrängendes Problem. Es ist bekannt, daß in St. Vincent auf versteckten Lichtungen im dichten Wald des Inselinneren illegal Marihuana angebaut wird, aber eine wirkliche Gefahr für die Inseln besteht eher darin, daß sie für internationale Drogendealer als Umschlagplatz von Kokain an Bedeutung gewonnen haben. Daher wurden inzwischen Abkommen geschlossen, die US-amerikanischen Ermittlern der Drug Enforcement Agency die Arbeit auf Barbados und anderen Staaten erlauben, noch bevor die heiße Ware ihr Ziel in den USA erreicht hat.

Das Justizwesen auf den Inseln wird durch den Eastern Caribbean Supreme Court ergänzt, mit einem obersten Gerichtshof und einem Berufungsgericht. Als oberste Berufungsinstanz auch für viele andere Staaten im Commonwealth und in Großbritannien selbst gilt noch immer das Privy Council seiner Majestät in London.

Die englische Tradition wirkt auch im Bildungssystem nach. Ein öffentliches, kostenfreies Schulsystem hat fast die gesamte Bevölkerung Lesen, Schreiben und Rechnen gelehrt. Es gibt offiziell nur 2 % Analphabeten auf Barbados und 10 bis 15 % auf St. Lucia, St. Vincent und Grenada. Wer über die Insel fährt, sieht nachmittags Gruppen von Schülerinnen und Schülern in ihren Schuluniformen auf dem Nachhauseweg die Straßen entlang schlendern oder an einer Haltestelle auf den Bus warten. Da der Schulbesuch kostenlos ist, belasten allein die Ausgaben für Schulkleidung, Bücher und andere Lernmittel die Haushaltskasse der Familien.

Auf Barbados und auf St. Lucia herrscht Schulpflicht zwischen dem 6. und 16. Lebensjahr. Auf St. Lucia betreibt die römisch-katholische Kirche viele Grundschulen. Die University of the West Indies unterhält Einrichtungen auf beiden Inseln, das Codrington College auf Barbados bildet Priesternachwuchs der anglikanischen Kirche aus. Ein technisches College sowie eine pädagogische Hochschule bieten auf St. Lucia weiterführende Bildung an.

Auf St. Vincent und Grenada ist der Schulbesuch nicht verpflichtend. Weiterführende Schulen werden überwiegend von privaten, meist kirchlichen Organisationen getragen. Auf St. Vincent werden in einem Teacher's College Hauptschullehrer ausgebildet, in einem Technical College technische Berufe verschiedener Branchen gelehrt. Auf Grenada lassen sich an der St. George's University School of Medicine und einem Campus der University of the West Indies weiterführende Abschlüsse absolvieren. Als weiteres Überbleibsel des britischen Verwaltungssystems stehen auf allen Inseln öffentliche Büchereien zur Verfügung, deren Nutzung kostenfrei ist.

Englisch gilt auf Barbados und den Windward Islands als offizielle Landes- und Amtssprache. Das örtliche *Bajan-English* auf Barbados mit leicht karibischem Zungenschlag ist gut zu verstehen. Auf den anderen Inseln zeigt das lange zurückliegende französische Kolonialerbe eine erstaunliche Lebenskraft. Auf Grenada sprechen vor allem ältere Menschen untereinander in einem für Besucher kaum verständlichen *Patois,* einem Dialekt mit vielen Anleihen der französischen Sprache. Auf St. Lucia und St. Vincent gilt französisches *Créole* als übliche Umgangssprache.

Die medizinische Versorgung auf den südlichen Inseln mit öffentlichen Gesundheitszentren, mit privaten Ärzten und Hospitälern ist ausreichend. Patienten mit komplizierteren Erkrankungen oder Unfällen können nach Barbados und Trinidad, Caracas oder Miami ausgeflogen werden. Die Rate der gemeldeten AIDS-Infizierten auf St. Lucia, St. Vincent und Grenada ist etwa drei- bis viermal, auf Barbados mehr als zehnmal so hoch wie in Deutschland.

Die Lebenserwartung beträgt auf den Inseln bei Männern um die 70 Jahre, bei Frauen einige Jahre mehr. Die Sterblichkeitsrate von Neugeborenen liegt zwischen 0,9 % und 2 % und ist damit fast so niedrig wie in den USA.

Kultur der frühen Siedler

Auf den Inseln der Karibik hat die Kultur einen eigenen Ausdruck gefunden – mit kraftvoller Sprache, aber auch ohne Worte, voll mitreißender Musik, mit ausdrucksvollen Bildern. Die kreative Mischung speist sich aus vielen Wurzeln: aus der Geschichte der früheren indianischen Bewohner, den kulturellen Traditionen Westafrikas, europäischen Anschauungen und asiatischen Einflüssen. Daraus ist in Jahrhunderten etwas Neues gewachsen, und selbst viele der kleineren Inselstaaten haben eigene, oft erstaunliche Beiträge zu dieser Entwicklung beigesteuert.

Von der Kultur und den künstlerischen Ausdrucksformen der Arawak-Indianer oder der Kariben ist auf den Inseln nicht viel erhalten. Einige Petroglyphen (Felszeichnungen) und Reste keramischer Gefäße deuten vor allem bei den Arawak auf eine Zivilisation, die ein differenziertes Glaubenssystem, Musik, Tanz, auch Sport und Spiel kannte. Da bereits die Kariben Kultstätten der Arawak bei ihrer Eroberung der Inseln zerstört hatten, gilt der Pflege der wenigen Fundstätten besondere Aufmerksamkeit.

Die Region um die Doppelgipfel der Pitons auf St. Lucia galt den Arawak als heilig, das belegen Steinzeichnungen und mehrere Fundstätten. Umso größer war die Empörung vieler, als ausgerechnet im Küstenabschnitt zwischen den Kegelbergen, einem möglichen kultischen Zentrum der Arawak, Investoren der Bau eines Luxusresorts gestattet wurde. Derek Walcott, Literaturnobelpreisträger aus St. Lucia, verglich den Bau der Edelherberge an diesem heiligen Ort mit der Eröffnung eines Spielkasinos im Vatikan.

Das kleine, von außen unscheinbare Archäologische Museum in Kingstown auf St. Vincent birgt eine der besten Sammlungen zur Kultur der Arawak und der Kariben auf den gesamten Antilleninseln. Archäologische Funde im karibischen Raum und entlang der Nordküste des südamerikanischen Kontinents haben zu der Theorie geführt, daß bemannte Boote aus Afrika, geleitet von der äquatorialen Meeresströmung nach Westen, den amerikanischen Kontinent lange vor der Ankunft von Kolumbus entdeckt haben müssen. Nur hätten sie es, anders als Kolumbus, nicht vermocht, gegen die Strömungsrichtung des Ozeans und den Nordost-Passatwind den Weg wieder zurückzufinden, um die Kunde vom neuen Kontinent in der Heimat verbreiten zu können.

Die Besiedlung der südlichen Karibikinseln mit afrikanischen Zwangsarbeitern begann im 17. Jh. Von Sklavenjägern geraubte Menschen unterschiedlicher westafrikanischer Kulturen mußten auf den Zuckerrohrpflanzungen der britischen und französischen Plantagenbesitzer arbeiten. Es war ihnen verboten, lesen und schreiben zu lernen. Da sie zudem häufig selbst aus unterschiedli-

chen Regionen Afrikas stammten, war zunächst sogar die Verständigung untereinander schwierig. Aus Gesängen während der harten Feldarbeit, den Tänzen und Ritualen bei Zusammenkünften zu den Begräbnissen verstorbener Sklaven, aus überlieferten Sagen und Mythen, die den Kindern weitererzählt wurden, erwuchsen die Grundlagen einer karibischen Kultur, die eine eigenständige Musik, Dichtung und Malerei hervorbrachte.

Musik

Die Trommeln gehören zum afrikanischen Erbe, sie symbolisieren den Herzschlag, den Rhythmus des Lebens. Trommeln und andere Perkussionsinstrumente bilden die Basis afrikanischer Tänze. *Talking Drums* übermittelten bis zu deren Verbot durch die Plantagenbesitzer auch Nachrichten der Sklaven über weite Strecken in getrommelter, den Weißen nicht verständlicher Sprache. Zu den afrikanischen Traditionen fügten sich Elemente englischer und französischer Musikkultur, schließlich spielten nicht selten Orchester und Ensembles von Sklaven zur Unterhaltung ihrer Herrschaften auf. Später mischten sich andere Einflüsse hinein: südamerikanische Rhythmen, asiatische Klänge indischer Vertragsarbeiter, der Soul und der Jazz der Schwarzen Nordamerikas.

Calypso-Sound von Steelbands und andere heiße Karibikrhythmen erobern zunehmend die europäischen Hitparaden

Heute präsentiert sich eine Vielfalt unterschiedlicher, auf den Karibischen Inseln entstandener oder weiterentwickelter Musikstile – Calypso, Salsa, Reggae, Ragga, Dancehall, Rap oder Soca. Der *Soca,* abgekürzt für *Soul Calypso,* stürmte 1983 mit dem Hit »Hot, hot, hot« von Montserrat Arrow auf Trinidad erstmalig die Charts. *Chutney* heißt eine andere Variante des Calypso mit indischen Anklängen.

Ebenfalls auf Trinidad haben sich erstmals neben den traditionellen *Calypso Tuk Bands* mit Gitarre, Rassel und Trommel auch *Steelbands* formiert. Steelbands mit 10 bis zu 30

Musikern sind inzwischen auf Grenada und anderen südlichen Karibikinseln ebenso zu Hause wie auf Trinidad. Die *Pans,* leere, zu melodischen Trommeln gehämmerte Ölfässer, sind eine karibische Erfindung. Sie wurden entwickelt, nachdem die britische Kolonialverwaltung zunächst die afrikanische *Tamboo Bamboo,* eine Art Bambustrommel, verboten hatte.

Die melodischen, einer Mischung von Glockenspiel und Vibraphon ähnlichen Töne der *Bass Pan* mit drei bis vier Tönen, der *Cello Pan* mit fünf bis sechs Tönen, der *Guitar Pan* mit 14 und der *Tenor* oder *Ping Pong Pan* mit bis zu 32 Tönen füllen den Raum vollkommen aus. Virtuose *Pan Wizards* wagen sich an Symphonien von Beethoven ebenso wie an Volkslieder oder aktuelle Calypso-Hits.

Calypso

Im Rhythmus der Inseln

Eines ist sicher, die griechische Nymphe Calypso, Tochter des Atlas, die den von Troja heimfahrenden Odysseus mit ihren Reizen sieben Jahre auf ihrer Insel festhielt, hat nichts mit der faszinierenden Musik zu tun, die unter gleichem Namen in der südöstlichen Karibik ertönt. Wahrscheinlicher ist da schon, daß alte, *Kaiso* genannte westafrikanische Spottlieder mit den geraubten Sklaven in die Karibik gesegelt sind. »Gut gemacht, bravo«, bedeutet der Begriff für diese frechen und fröhlichen Gesänge. Heute noch bezeichnet man auf Trinidad als *Kai-so* die Tradition, mit Spottversen voll gesellschaftlicher und persönlicher Anspielungen Obrigkeiten und sich selbst durch den Kakao zu ziehen. Dies mag der unmittelbare Vorläufer des Calypso gewesen sein.

Die rhythmischen Lieder der schwarzen Feldarbeiter auf den Zuckerrohrplantagen entwickelten sich als Frage und Antwort oder im Wechsel von Text und Refrain mit einem Vorsänger, *Shatwell*. Mit unverblümter Sprache, aber im kreolischen Dialekt verhöhnten sie die Plantagenbesitzer. Sie gelten als eine der Wurzeln des Calypso, der auch musikalische Traditionen der Franzosen und anderer europäischer Kolonialmächte in sich aufnahm.

In den ersten Jahrzehnten des 20. Jh. entwickelte sich der Calypso aus rudimentären, improvisierten Formen zu einem eigenen Musikgenre, zunächst auf Trinidad, dann schnell in Grenada und anderen Inseln der südlichen Kleinen Antillen. Noch heute kann es passieren, daß bei einem Calypso-Konzert in einem Hotel auf St. Lucia der Sänger schnell einige Daten aus dem Leben eines Gastes abfragt, um sie sofort als Stegreif-Dichtung in einen Calypso einzuarbeiten. Auch wenn inzwischen ausgefeilte, mitreißende Kompositionen die langsameren, wenig variantenreichen Melodien der frühen Jahre ersetzt haben, sind die Texte noch immer wichtiger als bei vielen anderen Musikformen. Spott- und Ulklieder mit satirischen und derben Texten, die Politik, Sportereignisse oder die Sexualmoral mit Zweideutigkeiten aufs Korn nehmen, gehen weit über muntere Folkloredarbietungen für Touristen hinaus. Die Balladen im Zweiviertel- und Viervierteltakt aus achtzeiligen Strophentexten und vierzeiligem Refrain werden begleitet von der *Shak Shak*, einer Rassel, verschiedenen Gitarren sowie der *Tamboo Bamboo*, einer Art Trommel aus Bambusstämmen.

Erst nach dem Zweiten Weltkrieg, in den 50er Jahren, wurde der Calypso international bekannt. Harry Belafonte gelangen Welterfolge wie »Island in the Sun«, »Day-O« oder der »Banana Boat Song«. Auswanderer von Grenada, Trinidad und Barbados, die in London, New York oder Toronto lebten, machten den Calypso darüber hinaus auch in ihrer neuen Heimat populär. Als ›King‹ des Calypso gilt seit vielen Jahren Slinger Francisco aus Trinidad, bekannt unter seinem Künstlernamen »Mighty Sparrow«. Abenteuerliche Phantasienamen, z. B. »Attila the Hun« und »King Pharaoh«, gehören zum Image der meist männlichen Sänger. Sie kommen jedoch nicht alle aus der Calypso-Hochburg Trinidad: »President Lilly« stammt aus Grenada, »Becket« aus St. Vincent. Aus Barbados kommen »Mighty Gabby« und »Red Plastic Bag«, der sich jedoch bei seinen Auftritten nicht in einen roten Pastiksack, sondern in elegante, weiß gehaltene Gewänder hüllt.

Zum Crop Over Festival, dem mehrtägigen karnevalähnlichen Erntedankfest auf Barbados, reisen die besten Calpyso-Sänger und -Gruppen der Karibik an, um für Beifall, Ruhm und Preise anzutreten. Bei der Pic-o-de-Crop Monarch Competition im Sportstadion der Hauptstadt Bridgetown werden dann die Calypso-Könige des Jahres gekürt. Auf den ausgelassenen nächtlichen Feten in den Straßen der Stadt geben dann peppige Soca-Hits den Ton an – schnelle, gut zu tanzende Variationen aus Soul und Calypso, die in die Beine gehen.

Auf St. Lucia und Barbados hat inzwischen auch der nordamerikanische Jazz Fuß gefaßt. Bei Jazzfestivals spielen heimische und internationale Ensembles vor fachkundigem Publikum um die Wette. Natürlich hinterläßt ebenfalls die internationale Musikszene über etliche US-amerikanische Fernsehkanäle bis zur letzten Satellitenschüssel und in Inseldiscos ihre Wirkung. Umso erstaunlicher, daß aus den riesigen, dröhnenden Lautsprechertürmen von Straßendiscos unter freiem Himmel neben House und Hip Hop auch Rhythmen karibischer Musikstile schallen.

Literatur

Schriftsteller aus der südlichen Karibik, deren Wurzeln sich in der Tradition der afrikanischen Geschichtenerzähler gründet, überraschen die literarische Welt immer wieder mit kraftvoller, feinfühliger Poesie. Ihre geistreichen, kreativen Texte reichen weit über den Horizont der kleinen Inseln hinaus. Edouard Glissant aus dem frankophonen Martinique oder die Literaturnobelpreisträger von 1960 und 1992, Saint-John Perse aus Guadeloupe und Derek Walcott aus St. Lucia, sehen ihre karibische

Heimat unmittelbar mit der Welt vernetzt, als Drehscheibe kultureller Einflüsse aus Afrika, Europa und Amerika. Die Gewalt am Anfang der modernen Entwicklung auf den Inseln, die Ausrottung der Indianer und die Versklavung afrikanischer Zwangsarbeiter, wirkt ihrer Meinung nach umgekehrt wieder hinaus in die Metropolen und begründet eine dichte kulturelle Beziehung zwischen einem am Rande liegenden geographischen Raum und der internationalen Kulturszene. Sie verstehen einen kulturellen Prozeß als interkulturelle Entwicklung, die unterschiedliche Wurzeln und Traditionen produktiv verarbeitet. Aimé Césaire, Schriftsteller aus Martinique, begründete 1939 mit seiner Dichtung »Return to my native Land« eine Bewegung, die unter dem Schlagwort *Négritude* die Hinwendung zum kulturellen Erbe Afrikas und die Abkehr von der Alleingültigkeit europäischer Wertkategorien bedeutete.

Jede Insel hat einige international bekannte Dichter und Schriftsteller hervorgebracht, wie Merle Collins aus Grenada, Edward Kamau Brathwaite von Barbados, den Autor der »New World Triology«, sowie den 1927 geborenen George Lamming, der in »In the Castle of my Skin« seine Jugend im kolonialen, nach Unabhängigkeit strebenden Barbados beschreibt. Owen Campbell, 1929 auf St. Vincent geboren, ist durch seine Gedichtsammlung »Shango Drums« bekannt geworden. Vidiadhar S. Naipaul aus Trinidad, 1990

von Königin Elisabeth zum Ritter geschlagen, gilt mit seinen Romanen und Kurzgeschichten als einer der kunstvollsten Schriftsteller des englischsprachigen Kulturkreises. »Wide Sargasso Sea«, der bekannteste Roman der 1979 verstorbenen Autorin Jean Rhys aus Dominica, wurde in viele Sprachen übersetzt.

In den französischen Antillen, in geringerem Umfang auch auf St. Lucia und St. Vincent, haben Autoren die Umgangssprachen *Patois* und *Créole* in die Literatur eingeführt. Da jedoch der englisch- und französischsprachige Markt für Schriftsteller der kleineren Inseln überlebenswichtig ist, bleiben solche Ansätze begrenzt und die literarischen Abhängigkeiten bestehen, auch wenn

Derek Walcott, Literaturnobelpreis 1992

diese nicht politisch, sondern wirtschaftlich begründet sind.

Englisch ist auf Barbados, St. Lucia, St. Vincent und Grenada die offizielle Amtssprache. Viele Menschen der letzteren drei Staaten verständigen sich jedoch untereinander in einem inseltypischen Sprachgemisch, in dem französische Vokabeln die Hauptrolle spielen. Die Übergabe von Grenada und St. Vincent 1783 sowie von St. Lucia 1814 an Großbritannien beendete zwar die französische Herrschaft, aber der kulturelle Nachhall Frankreichs schwingt erstaunlicherweise noch immer über die Inseln. Es blieb bei der schwarzen Bevölkerung lange unvergessen, daß Emissionäre der

Französischen Revolution Ende des 18. Jh. die Sklaven dazu aufriefen, ihre Fessel abzustreifen und gleiche Menschenrechte einzufordern.

Kunst und Kolonialarchitektur

Auch wenn die Bildende Kunst noch nicht die gleichen Höhenflüge wie Literatur und Musik vollbringen konnte, sind naive Maler, wie Clifford Hobbs und Ivan Payne von Barbados oder Elinus Cato aus Grenada, auch in nordamerikanischen Galerien bekannt. Schnitz-, Flecht- und Töpferarbeiten vieler lokaler Kunsthandwerker offenbaren zudem Talente, die bei entsprechender Förderung auch zu mehr fähig wä-

Neville Oluyemi Legall aus Barbados

ren. Die Modellschiffbauer auf der Grenadineninsel Bequia erzielen für ihre genau gearbeiteten Schiffsmodelle enorme Preise und lassen ihre Nußschalen unter den Blicken fachkundiger Zuschauer zur Gumboat Regatta gegeneinander antreten.

Architektonische Meisterwerke wird man auf den Inseln vergeblich suchen. Britische Kolonialarchitektur hat sich in einigen repräsentativen Plantagenvillen auf Barbados sowie im georgianischen Neoklassizismus von Kirchen- und Regierungsgebäuden der Hauptstädte erhalten. Sie vergegenwärtigt den damaligen Lebensstil englischer Plantagenbesitzer, die auch kulturell den Ton angaben. Die prächtigen Gebäude stehen in deutlichem Gegensatz zu den einfachen Behausungen der meisten schwarzen Bewohner. Auf Barbados gibt es noch viele *Chattel*-Häuser schwarzer Landarbeiter und Kleinbauern. Die kleinen Holzkaten mit Giebeldach und Veranda sind so konstruiert, daß sie bei einem Ortswechsel in einem Tag auseinandergenommen, verlegt und an anderer Stelle wieder zusammengebaut werden können.

Religion und Karneval

Die Glaubensvorstellungen der Arawak oder Kariben sind selbst bei deren letzten Nachkommen im Nordosten von St. Vincent nicht mehr lebendig. Auf Barbados, St. Lucia, St. Vincent und Grenada überwiegen christliche Religionen. Auf St. Lucia und Grenada gibt die römisch-katholische Kirche den Ton an, auf St. Vincent und Barbados bekennt sich die Mehrzahl zu protestantischen Glaubensrichtungen. Barbados mit seinen starken britischen Traditionen steht größtenteils unter dem Einfluß der anglikanischen Kirche.

Verschiedene Sekten und kleinere Glaubensgemeinschaften, Hindu, Rasta und Naturreligionen können sich auf den Inselstaaten frei darstellen – es herrscht Religionsfreiheit. Das war nicht immer so, in kolonialen Zeiten beherrschte die Staatsreligion der jeweiligen Kolonialmacht die Welt des Glaubens. Unwillkommene Einflüsse galten als aufrührerisch und wurden verfolgt. Dazu zählten auch Baptistenprediger aus Nordamerika, die den Schwarzen von gleichen Rechten vor Gott und von der Religion der Herrschenden erzählten, aber auch das religiöse Erbe der afrikanischen Vorfahren.

Vielen gilt der karibische Karneval als expressiver Ausdruck des eigenen kulturellen Anspruchs der Inselbewohner. Überlieferungen afrikanischer Mythen und Gesänge vermischen sich miteinander und mit verschiedenen Traditionen christlicher Glaubensrichtungen. Erst nach der Befreiung vom Joch der Sklaverei und von der kolonialen Bevormundung konnte sich der Karneval als Volksfest auf den Karibischen Inseln entfalten. Zwar gilt Trinidad und nicht die nördlicheren Inseln neben Rio und New Orleans als die

Karnevalsmetropole Amerikas, und Kritiker beklagen den Verlust subversiver und rebellischer Tendenzen zugunsten stromlinienförmiger Gefälligkeit für Fremdenverkehr und Sponsoring. Dennoch gehört der Karneval mit seiner aufregenden Mischung von Calypso, Tanz und Rum zu den Kultur-Highlights des Jahres.

Kreolische Küche

Wie in der Musik treffen sich beim Essen und Trinken Einflüsse unterschiedlicher Kulturen, die Rezepte und Zutaten ihrer jeweiligen Heimat mit auf die Inseln gebracht haben. Einheimische und importierte Pflanzen, Gemüse, Früchte und Gewürze schaffen die Basis für eine variationsreiche, schmackhafte Küche. *Callaloo,* eine würzige, spinatähnliche Gemüsesuppe aus Taro-Blättern, findet man in vielen Variationen. Sie wird pur oder mit Fleisch- bzw. Fischeinlagen leicht abgewandelt serviert. *Christophene*-Suppe aus leckerem Gurkenkürbis, Avocado- und Brotfruchtsuppe gehören gleichfalls zu den Inselspezialitäten. Eine an französische Bouillabaisse erinnernde Fischsuppe kommt vor allem auf St. Lucia und St. Vincent dampfend in die Teller.

Die Karibische See hält eine unglaubliche Auswahl von Fischen, Muscheln und Schalentieren bereit: Hummer, Krebse, Garnelen, Barsche, Barrakuda, Schnapper, Thun-

fisch und Goldmakrelen, die hier irreführend Dolphin heißen. *Escoveitch,* d. h. marinierter und dann gebratener Fisch, wird in den Restaurants der ganzen Karibik serviert. Auf Barbados fehlt der Fliegende Fisch auf keiner Speisekarte, entweder edel zubereitet im Gourmetrestaurant oder als Sandwich-Snack an der Strandbude. Der etwa 35 cm große, dem Hering ähnliche Meeresbewohner schwimmt kurz unter der Wasseroberfläche und kann aus dem Wasser springen. Unterstützt von zwei flügelähnlichen Flossen gleitet er dann bis zu 10 Sekunden über dem Meer durch die Luft. Er ist das Nationalgericht auf Barbados und segelt sogar auf dem inoffiziellen Wappen des Staates. Vorzüglich schmecken auch *Crane Chubb* und *Sea Eggs,* scharf gewürzte und gegrillte Seeigel, oder *Coquilles,* phantasievoll gefüllte und überbackene Muschelschalen.

Pepperpot heißt das von indianischen Bewohnern überlieferte Eintopfgericht. Die Zutaten variieren je nach lokalen Vorlieben: Schwein oder Rind, Geflügel, Gemüse und Zwiebeln, gewürzt mit Nelken, Zimt und Chili, gebunden mit geriebenem Maniok. *Roti,* ein ursprünglich aus Indien stammendes Fleischgericht, wird mit Curry in einem Brotteigmantel (*Chipatee*) gebacken. Zu den vielen Leckerbissen, die man probieren sollte, gehören *Cou-Cou,* ein Auflauf aus Maismehl und Okraschoten, *Jug-Jug,* ähnlich aus Mais und Erbsen zubereitet, *Foo-Foo,* Klöße aus großen Plantain-Kochbananen, oder *Conkies,* eine fein gewürzte Mischung aus Maismehl, Rosinen, Süßkartoffeln, Kokosnuß und Kürbis, die in ein Bananenblatt gewickelt und gedünstet wird.

In Gärten oder der freien Natur wachsen Papayas, Guaven, Orangen, Limonen, Grapefruit, Ananas, Mangos, Bananen, Königsbananen *(Pisangs)* und Kokosnüsse, die als köstlicher Salat oder als Fruchtsaft den Gaumen erfreuen. Zu den alkoholfreien Erfrischungsgetränken gehören außerdem Zuckerrohr- und Tamarindensaft. Auf Barbados trinkt man auch gerne *Mauby,* ein bittersüßes Getränk, das aus Rindenextrakt, Zucker, Nelken, Zimt und weiteren Gewürzen besteht.

Zusätzlich zu den internationalen Importbieren gibt es auf den meisten Inseln gut schmeckende, selbst gebraute Marken: Banks auf Barbados, Piton auf St. Lucia, Hairoun auf St. Vincent oder Carib auf Grenada.

Bekannter für die Karibik ist jedoch hochprozentiger Rum, dessen Wirkung sich häufig im fruchtigen Geschmack von Mixgetränken versteckt. Besonders tagsüber, wenn die hochstehende Sonne ihre Kraft entfaltet, ist Zurückhaltung angeraten. Auf Barbados, neben Jamaika einst die bedeutendste Zuckerinsel des britischen Empire, wurde dieses Nebenprodukt bei der Zuckerherstellung Mitte des 17. Jh. zum ersten Mal gewonnen. Die hier gebrannten Sorten zählen zu den besten der Welt und bilden die Grundlage für alle Arten von Longdrinks und Cocktails. Manchen Rumsorten werden zusätzlich Gewürze beigemischt, so gibt es z. B. auf St. Lucia den Rumlikör Seventh Heaven. Ihm ist ein Extrakt aus der Wurzel *Bois bande* mit angeblich aphrodisierender Wirkung beigemischt. Vielleicht rückt das Paradies mit dem Cocktail »Stairway to Heaven« etwas näher: $\frac{1}{2}$ Teil brauner Rum, 1 Teil Seventh Heaven, 1 Teil Orangensaft, 1 Teil Kokosmilch, 1 Prise Muskatnuß; zusammen mit gestoßenem Eis mixen.

Buffet im Hotel Sandy Lane, Barbados

UNTERWEGS
AUF DEN INSELN

Barbados –
die Zuckerinsel mit
englischem Flair

St. Lucia –
die ›schöne Helena‹
der Karibik

St. Vincent – die
grüne Vulkaninsel
mit dem Segler-
paradies Grenadinen

Grenada –
die Gewürzinsel

Barbados – ›Little England‹ unter tropischer Sonne

Bridgetown – Hauptstadt am Constitution River

Platinküste, Scotland District und die wilde Atlantikküste

Zuckerrohr und Goldküste – der Süden von Barbados

Luxuswelt pur – im Crane Beach Hotel

Barbados – ›Little England‹ unter tropischer Sonne

Mehr als 100 km lange Sandstrände im Süden und Westen, dazu eine wilde Ostküste, an der sich die Wogen des Atlantiks brechen, gehören zu den Anziehungspunkten der Insel. Über 300 Jahre britische Herrschaft haben deutliche Spuren hinterlassen: englische Sitten und Gebräuche sowie Zuckerrohrplantagen, auf denen immer noch das bekannteste Exportgut produziert wird – Rum.

Bridgetown – Hauptstadt am Constitution River

Bridgetown, die lebhafte Kapitale im Südwesten der Insel, zählt im engeren Stadtgebiet nur knapp 7000 Einwohner. In ihrem direkten Einzugsbereich, im *Parish* (Pfarrbezirk) von St. Michael, drängen sich mehr als 100 000 Bewohner. Heute ist Barbados die am dichtesten besiedelte Insel der Region. Und jeder dort Geborene, gleichgültig welcher Hautfarbe und Abstammung, nennt sich stolz *Barbadian* oder *Bajan.*

Die ersten britischen Kolonisten gaben ihrer Niederlassung an der Mündung des Constitution River zunächst den Namen Indian Bridge Town nach einer Brücke, die einst Kariben an dieser Stelle errichtet haben sollen. Straßennamen wie Swan, Tudor, James oder High erinnern an frühe Siedler, die in der ersten Hälfte des 17. Jh. die Insel in Besitz nahmen. Das elf Stockwerke hohe Tom Adams Financial Center an der Roebuck Street prägt das heutige Stadtbild und überragt einsam alle Kirchtürme. Es beherbergt neben einem kleinen Theater und einer Kunstgalerie auch die Zentralbank.

Trotz einiger Katastrophen konnte Bridgetown wegen seines geschützten Hafens bald die früher gegründete Siedlung Holetown weiter im Norden an Bedeutung und Einwohnern überflügeln. Im Jahre 1780 ließ ein Hurrikan nur 30 Häuser in der Stadt stehen und forderte mehr als 3000 Tote. Dem Hurrikan von 1831 fielen ganze Stadtteile und über 1500 Menschen zum Opfer. Die meisten Gebäude in der Stadt sind nach 1860 entstanden, auf der Asche der ursprünglichen Holzbauten, die ein Großfeuer einebnete.

›Steckbrief‹ Barbados

Lage: Inselstaat der Kleinen Antillen, ca. 150 km östlich von St. Vincent und der Kette der Windward Islands im Atlantik, ca. 430 km nördlich von Venezuela
Fläche: 430 km^2
Hauptstadt: Bridgetown, mit Randbezirken ca. 110 000 Einwohner
Bevölkerung: ca. 265 000 Einwohner, d. h. 615 pro km^2; ca. 96 % westafrikanischer Abstammung, die restlichen 4 % Weiße
Religion: knapp 40 % Anglikaner, knapp 30 % andere protestantische Christen, ca. 4 % Katholiken, der Rest Rastafari sowie eine Vielzahl von Sekten auch afrikanischer Naturreligionen
Amtssprache: Englisch; Umgangssprache Dialekt aus *Bajan*-Englisch
Bildungssystem: Schulpflicht, öffentliche, kostenfreie Schulen, Ober- und Hochschulen, Campus der Universität der West Indies; Analphabetenrate ca. 2 %
Staatsform: konstitutionelle Monarchie mit Zwei-Kammern-Parlament, Wahlrecht mit 18 Jahren, Staatsoberhaupt ist die britische Königin, vertreten durch den Generalgouverneur
Unabhängigkeit: 30. November 1966, nach 341 Jahren britischer Kolonialherrschaft
Wirtschaft: Bruttoinlandsprodukt 2,7 Mrd. US-$, pro Einwohner ca. 10 500 US-$; mehr als 50 % der Einnahmen werden durch Tourismus erwirtschaftet; Arbeitslosenrate ca. 12 %
Währung: 1 Barbados-Dollar (US-$) = 100 Cent

Die Innenstadt

Der **Trafalgar Square** (1) erhielt ebenfalls in jenen Jahren sein heutiges Gesicht. Schon seit 1813, also drei Jahrzehnte bevor die berühmte Skulptur auf dem gleichnamigen Platz in London errichtet wurde, blickt hier eine Statue von Horatio Nelson in der Uniform eines Seeleutnants der britischen Marine kühn in die Ferne. Der Sieger der Seeschlacht von Kap Trafalgar fand 1805 in dem entscheidenden Kampf gegen die französisch-spanische Flotte Napoleons selbst den Tod. Er genoß auf Barbados großes Ansehen als »Preserver of the West Indies«. Die Plantagenbesitzer rechneten es ihm hoch an, daß er während seiner Stationierung in der Karibik häufiger französische und spanische Kriegsschiffe in die Flucht geschlagen und ihnen die Insel als Eigentum bewahrt hatte. Immer wieder wird diskutiert, ob es zeitgemäß sei, den wichtigsten Platz des Staates mit einem Admiral der einstigen Kolonialmacht zu schmücken. Die Debatte belebte u. a. der populäre Calypso-King Mighty Gabby mit seinem Song »Put up a Bajan man«.

Von dem früher in englischer Tradition The Green genannten öffentlichen Platz ist noch eine winzige Grünanlage erhalten: **Fountain Gar-**dens (2). Hier wurde 1865 der Delphinbrunnen errichtet, zur Ehre des vier Jahre zuvor eingeweihten öffentlichen Wasserleitungssystems. Ein Obelisk erinnert als Kriegerdenkmal an die gefallenen Soldaten beider Weltkriege. Auf dem Platz treffen sich viele *Bajans* gerne zum *limin,* zum Unterhalten und Diskutieren.

Bridgetown, Innenstadt: **1** Trafalgar Square **2** Fountain Gardens **3** Parliament Buildings **4** Careenage **5** Fairchild Market **6** Queen's Park **7** Kathedrale St. Michael **8** Synagoge **9** Kirche St. Mary **10** Temple Yard **11** Cheapside Market **12** Kensington Oval **13** Kathedrale St. Patrick

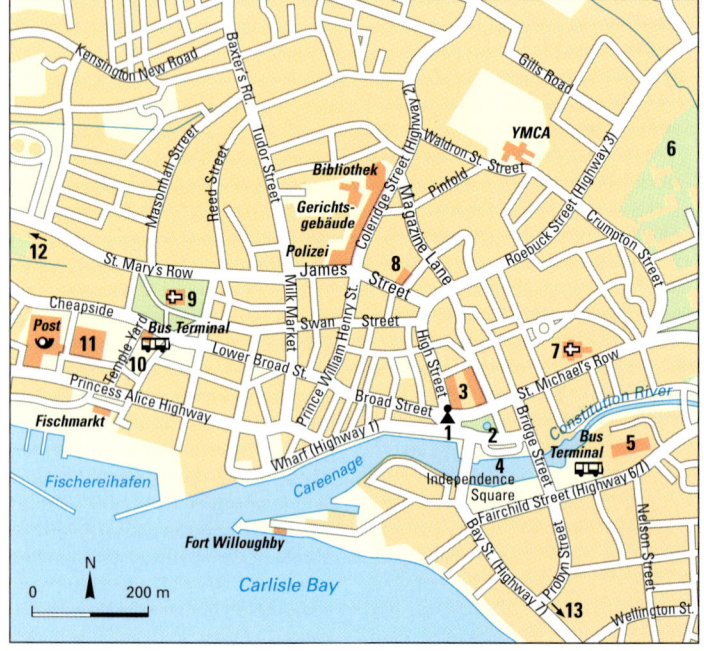

An der Nordseite stehen die beiden eindrucksvollen, 1872–1874 aus hellem Kalkstein errichteten **Parliament Buildings** (3), in neogotischem Stil, mit rotem Schindeldach und grünem Sonnenschutz an den Fenstern. Der aufragende Uhrturm erinnert an eine Kirche. Im Westflügel sind Behörden und Ämter untergebracht. Senat und Parlament treffen sich einmal pro Woche im Ostflügel des Gebäudekomplexes. Farbige Glasfenster zeigen Porträts der britischen Könige von Jakob I. bis Königin Viktoria und räumlich etwas abgesetzt auch eines von Lordprotektor Oliver Cromwell, in dessen Adern nur das Blut eines englischen Landedelmannes floß. Wer korrekt gekleidet ist, kann von der Besuchertribüne eine traditionelle Zeremonie verfolgen: Wie im fernen London wird das königliche Zepter hereingetragen und der mit weißer Perücke geschmückte Speaker eröffnet die Sitzung.

Vom Trafalgar Square führt die **Broad Street** nach Nordwesten. Die früher nach dem Sitz der Handelsbörse Exchange Street genannte Straße ist bereits seit dem 17. Jh. die zentrale Einkaufsadresse. Heute säumen Kaufhäuser und Duty Free Shops für die Kreuzfahrttouristen die Gehsteige. Der Platz vor dem imposanten Barbados Mutual Life Insurance Building von 1895, in dem heute die Barclays Bank residiert, gilt bei jüngeren Bajans abends als beliebter Platz, um sich zu treffen, Popcorn und geröstete Nüsse zu knabbern.

Die **Careenage** (4) grenzt südlich an den Trafalgar Square. Einst wurden hier die Segler hier careened, d. h. auf Kiel gelegt und überholt. Heute bringen kleine Fischerboote ihren Fang zu nahegelegenen Restaurants oder verkaufen ihre Ware frisch an die Hausfrauen. Auch schmucke Motor- und Segeljachten machen an den Pollern der Marina fest. Zwei Brücken überspannen die schmale, eingeschnittene Meeresbucht, in die der Constitution River mündet. Sie markieren das innere und das äußere Hafenbecken. Die Bridge Street führt über die östliche Brücke. Diese heißt Charles Duncan O'Neal Bridge, benannt nach dem Gründer der sozialdemokratischen Democratic League. Die westliche, vom Trafalgar Square abzweigende Zugbrücke erinnert mit ihrem Namen an Joseph Chamberlain, den ehemaligen Kolonialminister seiner Majestät und Vater des späteren britischen Premierministers Neville Chamberlain. Ihr Klappmechanismus funktioniert schon lange nicht mehr.

In einige der Lagerhäuser, die das Südufer der Careenage bis zum Pierhead an ihrer Mündung begleiten, sind inzwischen Geschäfte und Restaurants eingezogen. Der durch zwei Molen geschützte Fischereihafen grenzt im Westen an den Eingang zur Careenage. Größere Schiffe löschen ihre Fracht längst im Tiefwasserhafen nordwestlich der Innenstadt. Sein riesiges Silo faßt mehr als 80 000 t Zucker. Auch die Kreuzfahrtschiffe machen hier fest.

Von der Terrasse des Waterfront Cafés am Südufer der Careenage kann man das Treiben auf dem gegenüberliegenden Trafalgar Square und der Chamberlain Bridge beobachten. Unablässig strömt der Verkehr und passiert am südlichen Brückenkopf den Triumphbogen des Independence Arch. Der **Independence Square** nahe dem modernen Busbahnhof, an dem immer Riesenbetrieb herrscht, hat schon viele politische Versammlungen gesehen. Hinter dem Busbahnhof breitet sich der **Fairchild Market** (5) aus. Marktfrauen haben ihre Stände mit Obst

Bridgetown, Careenage mit Blick auf Parliament Buildings und Fountain Gardens

lagen für Cricket- und Fußballspieler finden zwei Colleges sowie das Queen's Park House bequem Platz. In dem früheren Wohnhaus und Hauptquartier des Kommandierenden Generals der britischen Westindischen Armee spielt heute eine Theatertruppe, und ein kleines Restaurant serviert Spezialitäten zum Lunch. Auch einer der beliebtesten Picknickplätze der Stadt findet sich im Queen's Park. Unter der Krone eines vermutlich 1000 Jahre alten afrikanischen Baobab, eines Affenbrotbaumes, breiten Familien am Wochenende ihre Decken aus, spielen Ball und lassen es sich mit mitgebrachten Leckereien gut gehen.

Die Constitution Road führt am südlichen Rand des Queen's Park entlang und leitet als St. Michael's Row zurück zum Trafalgar Square. Die 1665 geweihte **Kathedrale St. Michael** (7) ist gleichzeitig *Parish Church,* also Pfarrkirche, des gleichnamigen Hauptstadtdistrikts. Auf Barbados gibt es insgesamt elf anglikanische Parish Churches, die die Insel in ebensoviele Verwaltungsbezirke einteilen. Nach verschiedenen Bränden und Hurrikanschäden präsentiert sich St. Michael heute überwiegend in georgianisch-neogotischem Baustil. Sie dient seit 1825 als Sitz des anglikanischen Inselbischofs. Neben vielen Gräbern und Monumenten von Honoratioren aus

und Gemüse aufgebaut, Körbeflechter präsentieren ihre Erzeugnisse, aber auch Schuhmacher oder Friseure bieten ihre Dienste an.

Östlich der Innenstadt erstreckt sich der riesige **Queen's Park** (6). Neben weitläufigen Rasenflächen, Baumgruppen und ausgedehnten Sportan-

der Kolonialzeit findet sich auch das Grab des 1971 verstorbenen früheren Premierministers Sir Grantley Adams. Zu den historischen Skurrilitäten der Insel gehört der jährliche Gottesdienst der Rechtsanwaltsvereinigung von Barbados, zu dem die Advokaten in einer Prozession, angetan mit weißen Perücken und vollem Ornat, in den Kirchensaal ziehen.

In der **Synagoge** (8; Synagoge Lane, ✆ 246-427-2623, Mo–Fr 8–16.30 Uhr) zwischen der St. James Street und der Magazine Lane geht es ruhiger zu. Die wenigen verbliebenen Gemeindemitglieder sind stolz auf ein mit großer internationaler Hilfe vorbildlich restauriertes Gotteshaus, der wohl schönsten jüdischen Synagoge der Karibik. Sie sind Nachkommen sephardischer Juden, die wahrscheinlich während der Herrschaft von Oliver Cromwell und unter dem Eindruck seines Versprechens der Religionsfreiheit Mitte des 17. Jh. aus dem brasilianischen Recife emigriert sind. Das heutige Gebäude wurde einer 1831 von einem Hurrikan zerstörten Synagoge nachgebaut.

Die engen Straßen südlich des jüdischen Heiligtums bilden ein eindrucksvolles Kontrastprogramm zu den klimatisierten Einkaufszentren der Broad Street. Menschen drängen sich in Geschäften und an Verkaufsständen der Swan und James Street oder der Bolton Lane. Hier werden Früchte, Gemüse, aber auch Taschen, Gürtel und andere Lederartikel angeboten.

Die **Prince William Henry Street** führt von der Careenage nach Norden und passiert als Coleridge Street die Polizeistation, die Gerichtsgebäude und die öffentliche Bibliothek. Ihr Name erinnert an den Flottenbesuch des späteren Königs Wilhelm IV. im Jahre 1786, der im Freudenhaus von Rachel Pringle Polygreen in der Bay Street einen denkwürdigen Höhepunkt fand. Das Establissement der wohlbeleibten Tochter eines britisches Schulmeisters und seiner schwarzen Sklavin galt bei britischen Marineoffizieren nach langer Enthaltsamkeit und Entbehrungen auf See als geschätzte Adresse. Beim feuchtfröhlichen Gelage des englischen Prinzen blieb einiges Mobiliar auf der Strecke. Die geschäftüchtige Rachel forderte vom späteren britischen König eine Entschädigungssumme von exorbitanten 700 Pfund, die er anstandslos beglich. Von dem Geldsegen konnte Mrs. Pringle das gediegene Royal Naval Hotel erwerben, das noch einige Jahre einen legendären Ruf in der Karibik behaupten sollte.

Die Tudor Street strebt parallel zur Prince William Henry Street stadtauswärts. Dort geht sie weiter nördlich in die **Baxter's Road** über, eine Straße, die niemals schläft. Von morgens bis tief in die Nacht brutzeln Fliegende Fische, Brathähnchen und leckere Kleinigkeiten über den glühenden Kohlen der Straßenküchen. Musik dringt aus Restaurants und kleinen Rumbars, in denen der hochprozentige Zucker-

Cricket

Very british

Wer glaubt, daß Cricket nur von spleenigen Briten in vornehm wirkenden weißen Anzügen gespielt wird, täuscht sich gewaltig. Die zugegeben außergewöhnliche Sportart zählt weltweit über 100 000 Anhänger und viele Dutzend professionelle Mannschaften, vor allem natürlich in den ehemaligen Kolonien des britischen Empire. Bereits 1806, während der Napoleonischen Kriege, wurden auf Barbados die ersten Spiele ausgetragen. Der erste Cricket-Verein, die Wanderers, gründete sich 1877.

Auch wenn heute Fußball und unter dem Einfluß des US-Fernsehens ebenfalls Basketball an Bedeutung zunehmen, bleibt Cricket die bei weitem beliebteste Sportart von Barbados und den englischsprachigen Windward Islands. Das ruhmreiche West Indies Cricket Team, in dem die besten Spieler aller englischsprachigen Inseln zu finden sind, konnte bereits diverse Siege gegen die Nationalmannschaft Englands an seine Fahnen heften. Es wird ergänzt durch Insel-, Stadt- und hunderte von Dorf- und Jugendmannschaften.

Cyril Lionel Robert James, Schriftsteller, Philosoph, Journalist und Gründer einer linkssozialistischen Partei in Trinidad, brachte einst die Cricket-Besessenheit der westindischen Inseln auf die prägnante Formel: »Wer und was wir auch immer sind, wir sind in erster Linie Cricket-Anhänger«. Nachdem das sieggewohnte Team 1996 im World Cup von Kenia verdient geschlagen worden war, wurde das weitere Fernsehprogramm von Barbados kurzerhand abgeändert, um in einer spontan anberaumten Diskussionssendung die Notwendigkeit eines radikalen Umbaus der Nachwuchsförderung und der Kriterien für das Auswahlteam zu erörtern.

Barbados hat einige der weltbesten Cricket-Spieler hervorgebracht, die auf der Insel populärer sind als jeder Politiker, Musik- oder Filmstar. Die drei großen W's, Clyde Walcott, Everton Weekes und Frank Worrell, wurden im Abstand von 15 Monaten und in derselben Gegend geboren. Seit den 1940er Jahren spielten sie in der Nationalmannschaft von Barbados. In den 50er Jahren etablierten sie den Aufstieg des westindischen Cricket und forderten erfolgreich die bis dahin ungefährdeten englischen und australischen Mannschaften heraus. Das Antlitz des Nationalhelden Frank Worrell, ab 1960 Kapitän des West Indies Team und im Jahre seines frühen Krebstodes 1964 geadelt, ziert die Fünf-Dollar-Note von Barbados. Der 1936 geborene Gary Sobers stand bereits mit 16 Jahren im Barbados National Team. Er wurde 1975 von Königin Elisabeth II. während ihres Inselbesuches als Sir Garfield zum Ritter geschlagen und gilt als der größte *All-rounder* aller Zeiten.

Das Fang- und Rückschlagspiel mit Schläger *(Bat)* und einem harten Cricket-Ball zwischen einer Feld- und einer Schlagmannschaft von je 11 Spielern konzentriert sich auf ein Duell zwischen dem Werfer *(Bowler)* der einen und einem Schlagmann *(Batsman)* der gegnerischen Mannschaft. Der Batsman verteidigt eine Stellage *(Wicket)* aus drei aufrechten Hölzern *(Stumps)*, auf denen zwei waagerechte *(Bails)* liegen. Der Bowler versucht dieses Wicket zu treffen und zum Einsturz zu bringen. Kann

rohrgeist in kleinen Flaschen ausgeschenkt wird. Wer die vor allem am Wochenende dicht gedrängte Baxter's Road entlangflaniert, wird die von Kennern genannte Zahl von 1600 Bars und Rumshops auf der Insel für wahrscheinlich halten.

Die in georgianischem Baustil aus Backsteinen errichtete **Kirche St. Mary** (9) bietet seit 1827 geistlichen Zuspruch. Den Gründungspastor William M. Harte hielten viele Weiße der Oberschicht für gefährlich, da er in seinen Predigten schwarze Sklaven als gleichberechtigt vor Gott darstellte. Plantagenbesitzer konnten zunächst seine Verurteilung vor Gericht durchsetzen, doch er wurde kurz darauf vom britischen König Georg IV. begnadigt und blieb bis 1851 im Kirchenamt.

Südlich des ausgedehnten Kirchengeländes drängeln sich auf der Lower Green Busstation *Bajans* in die nach Nordwesten fahrenden Busse. **Temple Yard** (10) heißt eine kurze Verbindungsstraße zum Princess Alice Highway und gleichzeitig

der Batsman den Ball wegschlagen, nimmt er den Platz eines zweiten Batsman seiner Mannschaft ein, der hinter einem 20,12 m (22 *yards*) entfernten zweiten Wicket positioniert ist. Die Mannschaft erhält einen Punkt *(Run)*. Die Feldmannschaft des Werfers versucht währenddessen den Ball schnellstmöglich zu fangen und zurückzubefördern, um das Punktesammeln der Gegner zu unterbinden. Trifft der Batsman nicht und das Wicket wird zerstört, ist er *out* und muß einem anderen seiner Mannschaft Platz machen. Wenn 10 Batsman ›verbraucht‹ sind oder eine festgelegte Zahl von Wurfserien *(Innings)* absolviert wurde, tauschen die Mannschaften ihre Rollen. Nach einer festgelegten Zahl von Innings gewinnt die Mannschaft mit den meisten Runs.

Die großen, Test Matches genannten Spiele gegen internationale Teams im Stadion des Kensington Oval gehen über fünf Tage jeweils von 10.30–17.30 Uhr. Stets füllen 15 000 Zuschauer die voll besetzten Ränge. In den Spielpausen werden die Picknickkörbe ausgepackt, kreisen Flaschen mit fruchtigen und hochprozentigen Getränken.

Wer über die Insel fährt, sieht auf freien Rasenflächen oder an wenig befahrenen Straßen, wie ein Häufchen Steine drei aufrecht stehende Stöcke stützt, auf denen quer ein weiterer Ast lose aufliegt. Hier spielen Mannschaften, in denen ab und an auch einige Mädchen teilnehmen, Straßen-Cricket: nicht mit fein gearbeitetem Schläger aus Weidenholz, sondern mit einem grob zurechtgeschnitzten Ast, nicht mit einem sorgfältig aus Leder vernähten Korkball, sondern mit einem ausgedienten Tennisball, nicht in Weiß, aber genauso leidenschaftlich wie die vergötterten Profis im großen Stadion.

der von afrikanischen Traditionen inspirierte Markt. Lautstark werden Kunst, Kunsthandwerk und Kitsch angeboten. Rasta-Stände mit *Ital-Food* präsentieren vegetarisches Essen neben kräftigen Eintopf- und Reisgerichten aus Barbados. Reggae-Musik von Bob Marley konkurriert mit Klängen des wortgewaltigen Calypso-Königs Mighty Gabby. Der Keramikkünstler Ayem und auch der Bildhauer Ras Congo stellen ihre Kunstwerke im Temple Yard aus. Auf dem nicht weit entfernten **Cheapside Market** (11), einem farbenprächtigen Samstagsmarkt in der Nähe vom Hauptpostamt, kann man frisch geerntetes Obst und Gemüse aus der Umgebung von Bridgetown kaufen.

Nordwestlich vom Innenstadtbereich wurde Ende der 1950er Jahre eine halbe Million Kubikmeter Steine und Kies aufgeschüttet und so dem Meer neues Land abgerungen. Die früher 600 m vor der Küste gelegene Pelikaninsel gehört seitdem zum Festland. Hier befinden sich heute die Hafenbüros des 1961 eingeweihten Tiefseehafens, in dem fast täglich auch Kreuzfahrtschiffe festmachen. Von hier aus starten die zahlreichen Touristen ihren Tagesausflug in die Hauptstadt. Auf dem Gelände einer zollfreien Produktionszone fertigen Industrieunternehmen kostengünstig Waren. Im nahegelegenen Stadion **Kensington Oval** (12) treffen sich Cricket-Spitzenteams zu hochklassigen Spielen.

Wer vom Trafalgar Square über die Chamberlain Bridge und die Bay Street nach Süden fährt, passiert die römisch-katholische **Kathedrale St. Patrick** (13). Bei den Grünanlagen der Esplanade öffnet sich der Blick über die von bunten Segeln besetzte Carlisle Bay bis zum Hafen von Bridgetown im Norden. Nahe der Uferstraße liegen die von einer tropischen Gartenanlage eingerahmten Regierungsgebäude, die **Government Headquarters.** Wenig weiter südlich, im **Bush Hill House** an der Ecke von Bay Street und Bush Hill Road, soll der junge George Washington im November 1751 auf seiner einzigen Seereise ins Ausland sechs Wochen lang gewohnt haben. Lange vor dem Unabhängigkeitskrieg der USA gegen die britische Kolonialmacht begleitete er seinen Bruder Lawrence, der sich von dem Klima auf Barbados Linderung seiner Leiden versprach. Lawrence konnte das gesunde Klima nicht mehr helfen. Er starb im darauffolgenden Jahr, George infizierte sich mit Windpocken und behielt lebenslang Narben im Gesicht.

Garrison

Nahe dem Needham's Point am Südende der Carlisle Bay war zu Kolonialzeiten auf dem weitläufigen Gelände der Garnison das Hauptkontingent der britischen Truppen stationiert. Über das frühere 20 ha große Exerziergelände der **Garrison Savannah** galoppieren auf dem Oval des Barbados Turf Club am Samstagnachmittag längst Vollblüter um Platz und Sieg. Auch in die ehemaligen Militärgebäude sind inzwischen zivile Behörden und Institutionen eingezogen. Die meisten von ihnen wurden aus Ziegeln errichtet, die Atlantiksegler als Ballaststeine über den Ozean mitgebracht hatten. Am westlichen Ende der Garrison Road erinnert ein Denkmal an den Hurrikan vom 18. August 1831, der Kasernengebäude und das Hospital zum Einsturz brachte sowie »14 Männer und eine verheiratete Frau tötete«.

Das ehemalige Militärgefängnis im Nordosten der Garrison Savannah beherbergt seit 1933 das **Barbados Museum** (Garrison Rd., St. Ann's Garrison, ✆ 246-427-0201, Mo–Sa 9–17, So 14–18 Uhr; Café ab mittags geöffnet). Wer die frühere Hauptwache mit ihrem Glockenturm und den von zwei Kanonen bewehrten Eingang passiert hat, kann unter Arkadengängen durch die abwechslungsreiche Ausstellung schlendern. In den ehemaligen Arrestzellen der Militäranlage aus der ersten Hälfte des 19. Jh. wird die Geschichte der Insel erzählt. Funde präkolumbianischer Siedlungen belegen, daß schon vor 4000 Jahren Menschen auf Barbados lebten. Fotos, Karten und Stiche illustrieren Flora und Fauna. Ein im Stil des 19. Jh. eingerichtetes Zimmer vergegenwärtigt den Lebensstil der weißen Oberschicht. Im Innenhof des Museums wird die sehenswerte historische Musik- und Tanzrevue »1627 And All That« aufgeführt. Sie bringt temperamentvoll die bewegte Geschichte und Kultur der Inselbewohner näher. Vor dem Museum ehrt ein weiteres Denkmal aus Kolonialzeiten die 1809 vor Guadeloupe und Les Saintes im Kampf gegen die Franzosen gefallenen Soldaten der Royal York Rangers.

Garrison, Stadtteil im Süden von Bridgetown

In der Nähe des Highway 7 liegt das zu britischen Zeiten nie richtig vollendete **St. Ann's Fort.** Es beherbergt heute Einheiten der Barbados Defence Forces. Der Flaggenturm der Signalstation war einst Teil einer Informationskette, die Nachrichten von etwaigen Angriffen, Katastrophen oder Sklavenunruhen noch vor Erfindung von Telefon und Radio in Minutenschnelle über die gesamte Insel verteilte. Am Needham's Point bewachen 24 historische Kanonen das **Charles Fort** aus dem 18. Jh. Seine Ruinen sind die Überreste der einst massivsten kolonialen Befestigungsanlage entlang der Süd- und der Westküste. Sie sind heute in die von Palmen und Blumen bestandenen Gartenanlagen des Hilton Hotels integriert und bilden einen recht drastischen Kontrast zu dem nicht weit entfernten Lagergelände mit knapp zwei Dutzend Erdöltanks.

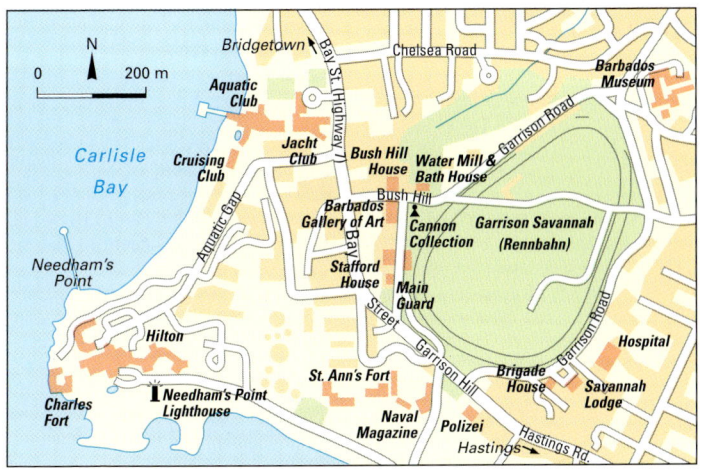

ℹ Barbados Tourism Authority, Harbour Rd., P.O. Box 242, Bridgetown, ✆ 246-427-2623, Fax 246-426-4080, Mo–Sa 8.30–16.30 Uhr; **Außenstelle Flughafen,** ✆ 246-428-5570; **Außenstelle Kreuzfahrtterminal,** ✆ 246-426-1718.

🛏 Barbados Hilton ($$$$), Need-ham's Point, ✆ 246-426-0200, Fax 246-436-8946: Luxusstrandresort am südlichen Ende der Carlisle Bay mit ausgedehnten Gartenanlagen, beliebt bei Geschäftsleuten und Kongreßbesuchern. **Grand Barbados Beach Resort** ($$$), Aquatic Gap, Bay St., ✆ 246-426-0890, Fax 246-429-2400: achtstöckiges Strandhotel an der Carlisle Bay südlich der Innenstadt mit zwei guten Restaurants. **Angle House** ($), Upper Bay St., ✆ 246-427-9010: einfache, kleine Herberge am südlichen Stadtrand nahe dem Jachthafen, mit Küchenbenutzung. **YMCA** ($), Pinfold St., ✆ 246-391-3910: einfache Unterkunft in Mehrbett- und Einzelzimmern zu Budgetpreisen, am Nordrand der Innenstadt.

🍴 Brown Sugar ($$–$$$), Aquatic Gap, Bay St., ✆ 246-426-7684: elegante *Bajan*-Küche, abends mit Musik, gegenüber dem Grand Barbados Beach Resort. **The South Deck** ($$), am Boatyard, Bay St., Carlisle Bay, ✆ 246-436-2622: entspannte Atmosphäre und gutes Essen, direkt am Wasser, beliebt bei ›Jachties‹. **The Rusty Pelican** ($$), Bridge House, Careenage, ✆ 246-436-7778: lockeres, rustikales Restaurant mit nautischem Dekor, abends häufiger Live-Musik, Fr Reggae Night. **Waterfront Café** ($–$$), Careenage, ✆ 246-427-0093: Sandwiches, Salate, leckere Kleinigkeiten, direkt am inneren Hafenbecken, abends Nightspot mit Musik. **Fisherman's Wharf** ($–$$), Careenage: Lunch, Snacks und den ›Catch of the day‹, im Obergeschoß des Waterfront Cafés, am besten auf dem umlaufenden Balkon mit Blick auf das muntere Treiben an der Chamberlain Bridge. **Chefette** ($), Marhill St.: Schnellrestaurant mit diversen Filialen nicht nur in Bridgetown, die Antwort von Barbados auf McDonald's und KFC.

🎭 Barbados Gallery of Art, Bush Hill, Garrison, ✆ 246-228-0149, Di–So 10–17 Uhr: Galerie mit mehr als 100 repräsentativen Werken von bildenden Künstlern aus Barbados und von anderen Inseln der Karibik. **Queen's Park Art Gallery,** Queen's Park, ✆ 246-427-2345, 10–17 Uhr: Die National Culture Foundation stellt monatlich neue Ausstellungen einheimischer Künstler zusammen. **1627 And All That,** im Hof des Barbados Museum, Garrison Rd., Garrison, ✆ 246-428-1627, Do 18.30–22 Uhr: Kultur und Geschichte der Insel in spektakulärer Tanz- und Musikaufführung. **Barbados Activity Hub,** ✆ 246-431-2094: informiert über aktuelle Aufführungen von Theatern und Kulturgruppen auf der Insel. **Barbados Arts Council,** ✆ 246-426-4385: ist zur Zeit ohne feste Heimat, da der bisherige Standort Pelican Village gegenwärtig umgebaut wird; über wechselnde Ausstellungen informiert ein Newsletter, der in vielen Hotels ausliegt.

🍸 Harbour Lights, Marine Villa, Bay St., ✆ 246-436-7225: DJs und Live-Musik, Open air, täglich wechselnde Themennächte. **De Boatyard,** Bay St., Carlisle Bay, ✆ 246-436-2622: Disco und Live-Musik mit populären Musikbands. **Le Mirage,** Careenage, ✆ 246-228-8115: High-Tech-Trend-Disco, gelegentlich mit Bands.

❄ Viele Zehntausend Kreuzfahrer strömen jährlich in die klimatisierten Duty Free Shops der Broad Street und des Kreuzfahrtterminals, in denen die gesamte Palette internationaler Markenprodukte – Uhren, Schmuck, Parfüm, Spirituosen oder Bekleidung – zu finden ist. Darüber hinaus gibt es Geschäfte, die inseltypische Produkte und Reisemitbringsel anbieten.

Ganzee-T-Shirt Shop, DaCostas Mall und Mall 34, beide Broad St.: farbenfrohe T-Shirts und Strandtaschen. **Best of Barbados Gift Shop,** Mall 34, Broad St.: Kunstvolles und Kitschiges, alles aus Barbados. **Cave Shepherd,** Broad St., ☎ 246-431-2161: Hauptgeschäft der nationalen Kaufhauskette, internationale Markenprodukte, aber auch viele Erzeugnisse aus Barbados, dazu ein beliebtes Lunchrestaurant im Obergeschoß. **Colours of de Caribbean,** Careenage Waterfront, ☎ 246-426-8522: flotte, farbenfrohe Freizeitkleidung und Kissenbezüge, außerdem Schnitz- und Töpferwaren. **Flamboya,** DaCostas Mall, Broad St., ☎ 246-431-0022: große Auswahl an geschmackvoller, handgefärbter Damenfreizeitmode. **The Verandah Art Gallery,** Broad St., ☎ 246-426-2605: Bilder und Schnitzereien von Barbados und Kunst aus Haiti. **Women's Self Help,** Broad St., beim Trafalgar Square, ☎ 246-426-2570: handgemachter Schmuck, Körbe, Kindermode oder Marmelade. **Medford's Mahogany Craft Village,** Baxter's Rd., Lower Barbaries Hill, Mo–Fr 8–17, Sa 8.30–13 Uhr: kunstvolle Schnitzereien und andere Reisemitbringsel.

Wandern

Barbados National Trust, ☎ 246-426-2421: offeriert sonntags kostenlos Wanderungen mit verschiedenen Themenschwerpunkten, zu historischen Plantagen, durch üppige Naturlandschaften oder entlang wilder Küsten.

Tauchen

Tauchtrips zu den Korallenriffen nahe der Küste organisiert z. B. **The Dive Shop,** Pebbles Beach, Aquatic Gap, St. Michael, ☎ 246-426-9947, und **Underwater Barbados,** Carlisle Bay Centre, Bay St., ☎ 246-426-0655.

Angeln

Sportangler finden in den Gewässern von Barbados reiche Beute und mit dem **Billfisher II,** Bridge House, Careenage, ☎ 246-431-0741, das richtige Schiff für einen Tagesausflug.

Segeln

Kleinere Segelboote lassen sich an den meisten Stränden stundenweise mieten. Wer am Segeltörn auf einer größeren Jacht oder einem Katamaran teilnehmen oder Boote chartern will, kann sich beim **Barbados Cruising Club,** ☎ 246-426-4434, oder dem **Barbados Yacht Club,** ☎ 246-427-1135, nach Adressen und Telefonnummern erkundigen.

Parasailing

Wer schon immer am Fallschirm von einem Schnellboot gezogen die Küste entlangsegeln wollte, ruft **Skyrider Parasail** an, ☎ 246-435-0570, die ein Büro in der Bay St. unterhalten, aber überwiegend vor der West- und der Südküste zu finden sind.

Tennis

Die Tennisplätze des **Hilton Hotels,** ☎ 246-426-0200, am Needham's Point stehen gegen Gebühr auch Gästen anderer Hotels offen. Gegen Voranmeldung und Gebühr kann jeder im **National Tennis Centre,** Sir Garfield Sobers Sports Complex, Wildley, ☎ 246-437-6010, sein Racket schwingen.

Touren

Die meisten Taxifahrer kennen die ganze Insel sehr gut. Eine Inseltour mit einem Taxi kann man für etwa 100 BDS-$ aushandeln. **Bajan Tours,** Erin Court, Bishop's Court Hill, St. Michael, ☎ 246-437-9389: offeriert Ganztagestouren zu allen bedeutenden Touristenattraktionen auf der Insel für ca. 120 BDS-$. **Island Safari,** ☎ 246-432-5337: Inselrundfahrten mit

Taucher, Schnorchler und sogar Unterseeboote für Touristen erkunden die farbenprächtigen Riffe an der Westküste nördlich von Bridgetown

Landrover, auch abseits asphaltierter Straßen. **Jolly Roger Cruises,** Shallow Draught, Bridgetown, ✆ 246-436-6224: verlockt zur kleinen Küstenfahrt – entweder mit der Bajan Queen, einem Sightseeing-Boot wie ein Mississippidampfer, inklusive Musik, Tanz und frisch zubereitetem Essen, oder mit der Jolly Roger, dem Nachbau einer Piratenfregatte mit Buffet, Bar und Schnorchelabenteuern am Korallenriff. Die Passagiere aus West-

oder Südküstenhotels werden abgeholt. **M/V Harbour Master,** ✆ 246-430-0900: moderner Entertainment-Küstenkreuzer mit mehreren Bars, Buffet, Galerie und Ausguck unter Wasser; ist vor allem freitagsabends ausgebucht, wenn sich das Schiff in einen Nacht- und Tanzklub verwandelt. **Atlantis Submarines,** Shallow Draught, Bridgetown, ✆ 246-436-8929: Die Unterseeboote tauchen mit ihren Passagieren 10–20 m tief zu Riffen und Wracks. **Bajan Helicopters,** Bridgeport Heliport, The Wharf, ✆ 246-431-0069: bietet Inselrundflüge ab 130 BDS-$.

Carlisle Bay: direkt südlich der Innenstadt, in der Bucht ankern Segelboote. **Fitts Village:** hübscher Strand und gute Schnorchelgründe nördlich der Stadt, nahe dem Malibu Visitor Center.

 Barclays Bank, Broad St., ✆ 246-431-5151. **Bank of Nova Scotia,** Broad St., ✆ 246-431-3000. **Barbados National Bank,** Broad St., ✆ 246-431-5700. Banken sind generell geöffnet Mo–Do 8–15 Uhr, Fr 8–17 Uhr.

 Hauptpostamt Bridgetown, Cheapside, ✆ 246-436-4800, Mo–Sa 7.30–17 Uhr.

Polizei, ✆ 112. **Allgemeiner Notruf,** ✆ 119. **Feuerwehr,** ✆ 113.

 Queen Elisabeth Hospital, Martinsdale Rd., St. Michael, ✆ 246-436-6450, oder das private **Bayview Hospital,** St. Paul's Ave., Bayville, St. Michael, ✆ 246-436-5446. Die **Notfallambulanz** erreicht man per Telefon, ✆ 115.
Ärzte: Als guter Zahnarzt ist Dr. Derek Golding, Beckwith Shopping Mall, Bridgetown, ✆ 246-426-3001, bekannt. Allgemeine Ärzte kommen (gegen Privatabrechnung) auch ins Hotel, wie z. B. Dr. Ahmed Mohamad, ✆ 246-424-8236.
Tauchunfälle: Divers' Alert Network, ✆ 246-684-8111; eine Dekompressionskammer befindet sich bei der Küstenwache, Coast Guard Defence Force, St. Ann's Fort, Garrison, ✆ 246-436-6185.
Apotheke: Collins Pharmacy, Broad St., ✆ 246-426-4515: gut sortiert, im Stadtzentrum.

 Ein zuverlässiges **staatliches Bussystem** bringt Reisende von Bridgetown in alle Regionen der Insel. Ein Schild zeigt an, welches Ziel die blauen Fahrzeuge mit gelbem Streifen ansteuern. Vom Busbahnhof an der Fairchild St. geht es nach Süden und Osten, vom Terminal am Princess Alice Hwy. fahren die Busse die Westküste entlang

nach Norden. Gelbe **Privat-Minibusse** steuern ihre an der Windschutzscheibe gekennzeichneten Ziele gleichfalls für 1,50 BDS-$ an.

Lizensierte Taxis haben ein Taxi-Leuchtsymbol auf dem Dach sowie ein Autokennzeichen, das mit einem Z versehen ist. Da die Fahrzeuge keine Taxameter besitzen, ist es sinnvoll, den Fahrpreis vorher auszuhandeln. Eine Fahrt vom Flughafen nach Bridgetown kostet etwa 30 BDS-$, nach Holetown an der Westküste 40 BDS-$, nach Bathsheba an der Ostküste 50 BDS-$. Eine **Inselrundfahrt** per Taxi kostet etwa 30–35 BDS-$ pro Stunde. Taxis lassen sich auch telefonisch bestellen, z. B. bei **Paramount Taxi,** ✆ 246-429-3718, oder **Lyndhurst Taxi Service,** ✆ 246-436-2639.

Auf Barbados gibt es nur örtliche Vermieter, z. B. **National,** Bush Hall, Main Rd., St. Michael, ✆ 246-429-0603; **P & S Car Rentals,** Pleasant View, Cave Hill, St. Michael, ✆ 246-424-2052; **Courtesy Rent-A-Car** mit mehreren Verleihstationen auf der Insel, ✆ 246-431-4160. Wer keinen internationalen Führerschein dabei hat, benötigt eine örtliche Fahrerlaubnis, die Mietwagenunternehmen für 10 BDS-$ beschaffen. Achtung: Auf Barbados herrscht Linksverkehr!

Kreuzfahrtschiffe haben einen Terminal im Tiefwasserhafen am Nordende der Carlisle Bay; ein ›Dorf‹ von Duty Free Shops versucht gleich dort Kaufkraft abzuschöpfen. **Windward Lines Ltd.** unterhalten einen Fährdienst in der südlichen Karibik und verbinden Barbados mit St. Lucia und St. Vincent. Informationen zu Fahrplänen und Preisen bei den **Windward Agencies,** 7 James Fort, Hincks St., Bridgetown, ✆ 246-431-0449, Fax 246-431-0452.

Platinküste, Scotland District und die wilde Atlantikküste

Von Bridgetown aus führt der Spring Garden Highway, später der Highway 1, die Westküste entlang nach Norden. Knapp zwei Kilometer nördlich von Bridgetown lädt das **Mount Gay Visitor Center** zum ersten Halt ein (Spring Garden Hwy., ✆ 246-425-9066, Mo–Fr 9–17 Uhr). Das Besucherzentrum der bekannten Rumdestillerie aus dem Inselnorden weiht auf einer Besichtigungstour in alle Stationen der Rumproduktion ein.

Hinter dem Verteilerkreis von Spring Garden führt der Highway 1 nun nahe am Meer vorbei. Palmenbestandene, feinsandige Strände glitzern weiß in der Sonne – die **Platinküste** macht ihrem Namen Ehre.

An den schönen Badebuchten verstecken sich illustre Privatvillen, Luxusresorts und einige Mittelklassehotels hinter hohen Hecken und in gepflegten Parkanlagen. Da auf Barbados die Küsten der Allgemeinheit gehören, kann jedoch jeder an den Stränden entlangschlendern und so zumindest einen Blick auf die prächtigen Domizile werfen.

Weniger gern sieht man das im noblen **Sandy Lane Hotel,** um die berühmten und betuchten Gäste vor neugierigen Autogrammjägern zu bewahren. Die Ende 2001 wiedereröffnende Luxusherberge im britischen Kolonialstil mit 18-Loch-Golfplatz kann im Gästebuch die Namen der englischen Königsfamilie vorweisen. Aber auch Jackie Onassis, Luciano Pavarotti, Mick Jagger und Woody Allen logierten hier bereits.

Nicht weit entfernt, vor der Küste bei **Holetown,** rasselten am 14. Mai

Die Platinküste lädt zum Verweilen ein

1625 die Anker der HMS Olive auf den Grund. Kapitän John Powell nahm die unbesiedelte Insel für seinen König Jakob I. in Besitz. Er konnte nicht wissen, daß dieser kurz zuvor verstorben und von Karl I. abgelöst war. Ein schlichter Obelisk auf dem Vorplatz der örtlichen Polizeistation erinnert an das für Barbados so markante Datum. Er war 1905 zu einer 300-Jahr-Feier der ›Entdeckung‹ errichtet worden, die auf Grund eines historischen Irrtums 20 Jahre zu früh abgehalten worden war. Barbados blieb eine der wenigen Kolonien Großbritanniens in der Karibik, die niemals von einem anderen Staat okkupiert worden war. Das Holetown-Straßenfestival ist der Ankunft der ersten 80 britischen Siedler gewidmet, die im Februar 1627 an Land gingen. Mit ihnen erreichten auch zehn kurz zuvor von einem gekaperten spanischen Segler geraubte afrikanische Sklaven diese Insel.

Die neuen Siedler errichteten bald die erste Kirche der Insel, die **St. James Parish Church.** Die Holzkapelle wurde später mit Korallensteinen verstärkt. Dem Hurrikan von 1780 hielt sie dennoch nicht stand. Der Bau wurde erneuert, 1874 erweitert und 1980 gründlich restauriert. Er bewahrt einige Erinnerungsstücke aus der Gründerzeit der Kolonie, u. a. die erste Glocke von 1696.

Im **Folkestone Marine Park & Visitor Center** (Mo–Fr 10–17, Sa/So 10–18 Uhr) nördlich von Holetown kann man einen Blick in die Unterwasserwelt der Karibik werfen. Ausstellungen an Land, vor allem aber ein Schnorchelpfad sowie Trips mit

Glasbodenbooten am Dottin's Reef führen zu Korallen, Seeanemonen und farbenprächtigen Fischen etwa 400 m vor der Küste. Nach ca. 1 km Wegstrecke passiert man Porters House, einen Herrensitz aus dem 17./18. Jh.

Speightstown, nach Bridgetown die zweitwichtigste Stadt von Barbados, wird wegen seiner langjährigen Handelsverbindungen mit dem Südwesten von England auch Little Bristol genannt. Viele ältere Bauten mit überhängenden Balkonen säumen noch die schmalen Straßen. Nach einem Aufruf des Barbados National Trust wurde mit Gebäudeverschönerungen und Restaurierungen begonnen. Im Ortszentrum sind die Überreste von Denmark Fort und Orange Fort zu finden, die den Truppen Cromwells Mitte des 17. Jh. eine Zeit lang hartnäckigen Widerstand geleistet haben. Eigentlich immer lohnt ein kurzer Besuch der Golden Crust Bakery in der Orange Street. Gut gelaunte Verkäuferinnen reichen Einheimischen und Eingeweihten frisch gebackenes Brot und süße Leckereien über den Tresen. Auf den Bänken an der Esplanade kann man dann in aller Ruhe davon naschen, unter Tamarinden und Mahoebäumen, bewacht von einigen historischen Kanonen und mit Blick auf die blaugrüne Karibische See.

Nahegelegene wunderbare Strände, wie Mullins Beach südlich des Ortes, sind nur selten etwas dichter belegt. Nördlich von Speightstown lockt die in den letzten Jahren entstandene exklusive Wohnanlage

Port St. Charles mit privater Marina und ungestörtem, luxuriösem Ambiente vor allem betuchte Nordamerikaner und Briten an. Bei den Bauarbeiten stieß man auf etwa 5000 Jahre alte Spuren indianischer Besiedlung: Tonscherben, Werkzeugstücke und Knochenüberreste.

Nördlich der Strände von **Six Men's Bay** kann man eine Verladebrücke erkennen, die sich weit ins Wasser zieht. Sie gehört zur Arawak-Zementfabrik bei Checker Hall, deren Staub von den vorherrschenden Nordostwinden gleich vom Land weg aufs Meer geblasen wird.

Die Nordspitze von Barbados, das ländliche Parish St. Lucy, gehört dem Zuckerrohr. Durch seine sich im Wind wiegenden Halme schlängelt sich die Straße der Nordspitze von Barbados entgegen. Die **Animal Flower Cave** (☎ 246-439-8797, 9–16 Uhr) gehört zu den vielbesuchten Attraktionen der Insel. Eine grob gehauene Treppe führt durch einen kurzen, tunnelartigen Gang in ausgewaschene Höhlen an der Steilküste. Durch natürliche Felsdurchbrüche zum Meer blickt man auf die Wogen des Atlantischen Ozeans. In den Seewasserpools der Höhlen – einige sind tief genug, um darin zu schwimmen – leben kleine Seeanemonen, die früher *Animal Flowers,* tierähnliche Blumen, genannt wurden. Am Parkplatz bieten Souvenirhändler Andenken feil; den

Am North Point

grandiosen Blick über die schäumende Felsenküste des **North Point** gibt es gratis. Die angrenzende Pirate's Tavern hat nur ein begrenztes Angebot: Snacks, kühles Bier, Limonade oder ein Sandwich. Ihre Auswahl von mehreren tausend Visitenkarten, mit denen sich Besucher aus aller Welt an den Wänden der Pinte verewigt haben, ist dagegen umso größer.

Der Weg nach Süden führt wieder durch die wogenden Zuckerrohrfelder der Gemeinde St. Lucy, über die Straßenkreuzung von Church Hill mit der St. Lucy's Parish Church, von dort nach etwa zwei Kilometern zum **Mount Gay Estate & Distillery**. Die historische Zuckerrohrplantage und Rumbrennerei ist seit 1703 für den besten Rum der Insel bekannt. Ein Rundgang durch die Anlage, in der aus Zuckerrohrmelasse Rum destilliert wird, ist nach Voranmeldung möglich (✆ 246-439-8812). Das offizielle Besucherzentrum liegt nördlich von Bridgetown direkt am Spring Garden Highway.

In weiten Bögen geht es nun bis **St. Nicholas Abbey** (nahe Cherry Tree Hill, ✆ 246-422-8725, Mo–Fr 10–15.30 Uhr). Eine Abtei war dieses Herrenhaus nie, wenn auch die drei markanten Renaissancegiebel im jakobinischen Stil an einen Sakralbau erinnern. Das Gebäude von 1650–1660 zählt heute zu den ältesten erhaltenen Plantagenvillen in der ganzen Karibik. Eine Allee von alten Mahagonibäumen geleitet zum eindrucksvollen, mit roten Schindeln und vier Eckkaminen ver-

sehenen Haupthaus. Das Calabash Café auf dem Plantagengelände serviert nachmittags stilgerecht English High Tea mit Sahne und Gebäck. In einem Nebengebäude wird zweimal täglich ein Dokumentationsfilm gezeigt, den der Großvater des heutigen Besitzers während seiner Atlantiküberfahrt und nach der Ankunft in Bridgetown 1935 gedreht hat. Er veranschaulicht auch die mühevolle Arbeit auf der Zuckerrohrplantage.

Wenige Kilometer weiter lohnt ein Stopp am 245 m hohen **Cherry Tree Hill.** Die Kirschbäume von einst sind zwar verschwunden, dafür überrascht bei gutem Wetter ein Panoramablick über die Hügellandschaft des Scotland District bis zum Hackleton's Cliff bei Bathsheba an der rauhen Atlantikküste.

Mitte des 19. Jh. sollen mehr als 500 meist von Holländern konstruierte Windmühlen auf Barbados gestanden haben. Die meisten von ihnen betrieben ein Mahlwerk, das Zuckerrohr zerkleinerte und den süßen Saft aus den Halmen herauspreßte. Die **Morgan Lewis Mill** (nördl. von Belleplaine, ✆ 246-422-9222, Mo–Sa 9–17 Uhr), mit privater und öffentlicher Hilfe vorbildlich restauriert, gilt als die am besten erhaltene Zuckermühle der Karibik. Nicht weit von der Mühle, die noch bis 1944 in Betrieb war, führt eine schmale Straße zur **Morgan Lewis Beach,** einem einsamen, wunderbaren Sandstrand, an dem an Wochenenden einige *Bajan*-Familien ihre Picknickkörbe auspacken.

Die alte Plantagenvilla
St. Nicholas Abbey

Es lohnt sich, an der Kreuzung mit dem Duncan O'Neal Highway 2 in die Rundreise einen kurzen Abstecher nach Westen einzuplanen. Die Straße klettert wieder hügelaufwärts, an den Überresten einer alten Windmühle vorbei. Der Mahagoniwald des **Barbados Wildlife Reserve** (✆ 246-422-8826, Mo–Sa 10–15.30 Uhr) und des **Grenade Hall Forest** erstreckt sich mit Wanderwegen, Schlangengehegen und großen Vogelhäusern für Papageienvögel über mehrere Hektar. Green Monkeys und Kapuzineräffchen, die eigentlich im heutigen Senegal und Gambia heimisch sind, haben mit den afrikanischen Sklaven den Weg über den At-

lantik gefunden und turnen durch die Bäume des Naturparks. Außerdem sieht man Mungos, Stachelschweine, Schildkröten oder Kaimane. Kubanische Iguanas werden in einem Orchideengarten gezüchtet.

Schräg gegenüber liegt die detailgetreu restaurierte **Grenade Hill Signal Station.** Sie gehörte in Kolonialzeiten zu einem Informationsnetz von Flaggenstationen, die auf sechs strategischen Hügeln stationiert waren. Sie ermöglichten noch vor der Erfindung von Morseeinrichtungen und Telefon eine minutenschnelle Übermittlung wichtiger Nachrichten quer über die Insel. Grenade Hill stand mit den Stationen von Dover Fort im Westen und Cotton Tower im Südosten in direktem Blickkontakt.

Auf der anderen Seite der Hauptstraße führt eine Zufahrt zum **Farley Hill National Park** (9–18 Uhr). Vom

275 m hohen Farley Hill, bietet sich ein traumhafter Blick über den Scotland District, die Hügel und Felder der Parishes von St. Andrew und St. Joseph bis zu den Brandungswellen des Atlantiks bei Bathsheba. Pinien, Mangobäume, Tamarinden und Palmen umgeben die Überreste eines einst prunkvollen Herrenhauses. Es diente 1957 als Kulisse für den Hollywoodfilm »Island in the Sun« mit Harry Belafonte. 1965 ließ ein Brand vom unbewohnten Plantagensitz nur dekorative Ruinen übrig.

Wer die Töpferbetriebe in den Tonhügeln von **Chalky Mount** besichtigen und vielleicht einige kunstvoll gefertigte Stücke erwerben möchte, muß beim Örtchen Belleplaine einen Haken landeinwärts schlagen. Nach einer kurzen Fahrt durch Zuckerrohrfelder und Weiden mit grasenden Kühen windet sich die schmale Straße durch eine üppige Vegetation, in der sich Brotfrucht- und Mangobäume, Bananenstauden und andere Obstbäume ausmachen lassen. Einige der frühen britischen Vertragsarbeiter erkannten in der hügeligen Landschaft Ähnlichkeiten mit den Hochebenen ihrer schottischen Heimat und verhalfen ihr zu dem Beinamen **Scotland District**. Die Bewohner von Chalky Mount fertigen seit 300 Jahren Gebrauchsgegenstände und Kunstobjekte aus dem Ton des Hügels, auf dem ihr Dorf steht. Jede Generation vererbte ihr Talent und schulte die heranwachsenden Kinder. Werkstätten und kleine Geschäfte bieten die Produkte ihrer Arbeit an.

Von Belleplaine aus, wo einige Läden aus tropischen Fasern gefertigtes Papier und anderes Kunstgewerbe anbieten, geht es nach Südosten, direkt zum Atlantik. Die spektakuläre, Cattlewash genannte Küste mit Palmen, Klippen und langen Sandstränden wird von hügeligem Hinterland gesäumt. Schließlich klettert die Straße über eine Anhöhe und erreicht **Bathsheba,** den traditionellen Ausflugs- und Surferort an der Ostküste. Mondäne Hotels und Restaurants wird man hier nicht finden, dafür einfache Unterkünfte mit Panoramablick und authentischer *Bajan*-Küche. Der Strand heißt wegen seiner brodelnden Brandung »Soup Bowl«. Selbst fortgeschrittene Windsurfer und Wellenreiter finden hier eine echte Herausforderung. Schwimmern können die Unterströmungen jedoch gefährlich werden.

Wellenreiter im Atlantik bei Bathsheba

Ganz in der Nähe laden die **Andromeda Botanic Gardens** (Tent Bay, ☎ 246-433-9384, 9–17 Uhr) zum Besuch ein. Entlang der phantasievoll angelegten Wege gedeihen Palmen und Orchideen, Hibiskus, Bougainvillea, Kakteen und auch einige Exemplare des Bartfeigenbaumes (lat. *ficus citrifolia*). Seine bartähnlichen Luftwurzeln verhalfen der Insel zu ihrem iberischen Namen Los Barbados. Brücken überqueren Teiche mit nacht- und tagblühenden Lilien. Der in Terrassen angelegte botanische Garten mit seiner einheimischen und eingeführten tropischen Pflanzenpracht läßt im Osten die Küste bei Tent Bay erkennen. Es ist der einzige Ort im Parish von St. Joseph, von dem noch Fischerboote in aller Herrgottsfrühe zum Fang auslaufen.

Nach Westen blockieren die Kalksteinklippen des **Hackleton's Cliff** Straßen und Blick. Abertausende von Korallentierchen haben das Riff geschaffen, bevor sich die Insel in prähistorischer Zeit aus dem Meer gehoben hat. Nach einer Sage soll die Felsbarriere nach einem Selbstmörder benannt sein, der auf seinem bedauernswerten Pferd einst in vollem Galopp von der Klippe setzte.

Im Westen des Kliffs steht die **St. Joseph's Parish Church.** Sie wurde 1839 auf den Trümmern ihrer von einem Hurrikan zerstörten Vorgängerin erbaut. Sonntags morgens strömen alle herbei – herausgeputzte schwarze Damen, die sorgfältig frisierten Haare von phantasievollen Hutkreationen bedeckt, die Herren im frisch gebügelten Rüschenhemd und Jackett. Während des Gottesdienstes entwickelt sich schnell ein temperamentvoller Dialog von Ausrufen, Gebeten und Gesängen zwischen dem Pfarrer und seiner Gemeinde. Ein Chor mit Tamburinen bringt zusätzlich Stimmung und Rhythmus. Anders als beim steifen Gepräge der anglikanischen Kirche im englischen Mutterland hält es ihre Schäfchen in der Karibik nicht auf den Sitzen. Arme strecken sich gen Himmel, Hüften wiegen sich im Takt: »Gelobt sei der Herr, gepriesen sein Name, Hallelujah!«

Gar nicht weit von der Kirche sendete die Besatzung der **Cotton Tower Signal Station** noch im 19. Jh. ihre Flaggensignale zur Station von

Grenade Hill im Norden und nach Gun Hill im Süden. Nach kurzer Fahrt über den Highway 3 A erreicht man am Ende einer kleinen Seitenstraße den **Flower Forest** (✆ 246-433-8152, 9–17 Uhr). Im westlichen Gebiet des Scotland District gelegen, erstreckt er sich auf knapp 260 m hohen Hügeln. Der üppige, ursprüngliche Dschungel hat dank fürsorglicher Hege einige tropische Pflanzen anderer Weltregionen integriert. Angelegte Pfade führen auf dem 20 ha großen Gelände durch Bambuswäldchen, zu Brotfrucht-, Avocado- und Apfelbäumen, Kakao- und Limonenbüschen, zu Mahagoni, Feigen und Ingwer. Wenn sich die Sonne abends senkt, kann man mit Kapuzineräffchen Bekanntschaft schließen, die tagsüber meist in den Baumkronen herumspringen.

Auf dem kurzen Straßenstück zur **Harrison's Cave** (✆ 246-438-6650, 9–16 Uhr) ist man häufiger versucht anzuhalten, Malblock oder zumindest den Fotoapparat zu zücken, um das beeindruckende, weite Panorama des Scotland District von der Hügelkette bis zur Atlantikküste festzuhalten. Das schon länger als Harrison's Cave bekannte Höhlensystem wurde erst 1970 durch den dänischen Wissenschaftler Ole Sorensson gründlich erforscht. Mehr als 250 000 Jahre hatte die Natur schon daran gearbeitet, Kammern, Säle und Passagen auszuwaschen, Stalagmiten und Stalaktiten zu Zapfen und Säulen zu formen. Seit 1981 können auch Besucher eine der verzweigtesten Kalksteinhöhlen der Karibik erkunden. Mit einer Mini-Elek-

---

Abseits der Traumstrände ein Naturwunder im Inselinneren – Harrison's Cave

trobahn kurvt man eine dreiviertel Stunde durch Höhlen von bizarrer Schönheit bis zur tiefsten Stelle, an der sich ein Wasserfall in einen Pool ergießt. Da die Attraktion auch von vielen Kreuzfahrttouristen angesteuert wird, sollte man die Höhlen nicht gerade besichtigen, wenn ein Dutzend Busse vor dem Eingang steht.

Auch der Besuch des **Welchman Hall Gully** (✆ 246-438-6671, 9–17 Uhr) ist besonders an heißen Tagen ein Genuß, wenn man die nach einem walisischen Edelmann benannte schmale, kühle Schlucht entlangschlendern kann. Würgefeigen schlängeln sich an Bäumen empor, Baumfarne breiten ihre mehr als zwei Meter großen, schattenspendenden Blätter aus, dazwischen wachsen Bambus, Gewürznelken und Muskatnuß. Ein am Eingang zur Schlucht ausgegebenes Hinweisblatt in englischer Sprache informiert über die Vielfalt der Pflanzenwelt.

Nun folgt man der Straße nach Westen bis zum Kreisverkehr neben der St. Thomas Parish Church. Etwas weiter nördlich von der Straßenkreuzung steht die moderne **Portvale Sugar Factory.** In ihrem früheren *Boiling House* wurde das Sir Frank Hutson Sugar Museum eingerichtet (✆ 246-4342-0100, Mo–Sa 9–17 Uhr). Es informiert über die Techniken der Zuckerherstellung im kolonialen und heutigen Barbados und über die Menschen, die auf den Zuckerrohrfeldern schufteten.

Auf dem Rückweg nach Bridgetown vermittelt ein Besuch im **Tyrol Cot Heritage Village** (Hwy. 2, ✆ 246-426-2421, Mo–Fr 9–17 Uhr) eine Vorstellung vom Leben der *Bajans* in vergangenen Zeiten. In der 1854 erbauten Villa wohnte später Grantley Adams, der ehemalige Premier von Barbados. Um das Hauptgebäude gruppiert sich ein Ensemble historischer Gebäude mit *Chattel*-Häusern, einer Sklavenhütte, einem Rumshop und verschiedenen Werkstätten.

Almond Beach Village ($$$$$), Hwy. 1, Heywoods, St. Peter, ✆ 246-422-4900, Fax 246-422-0617: Luxusstrandresort auf 14 ha großem Gelände, mit Golfplatz, mehreren Restaurants und riesigem Freizeitangebot. **Royal Pavillion** ($$$$–$$$$$), Hwy. 1, Porters, St. James, ✆ 246-422-4444, Fax 246-422-3947: traumhafte Urlaubsanlage mit 72 Zimmern direkt am Strand, Five o'clock tea, exzellente Restaurants. **Coral Reef Club** ($$$$), Hwy 1., Holetown, St. James, ✆ 246-422-2372, Fax 246-422-2372: Strandresort mit 64 Zimmern und Suiten auf einem 5 ha großen Parkgelände, diverse Sport- und Freizeitangebote, relaxte Atmosphäre. **Discovery Bay Hotel** ($$$–$$$$), Hwy. 1, Holetown, St. James, ✆ 246-432-1301, Fax 246-432-2553: gemütlich-elegante Anlage mit 90 Zimmern im ausgedehnten Garten, grenzt direkt an die Karibische See. **Lone Star Motel** ($$$$), Mount Standfust, St. James, ✆ 246-419-0599, Fax 246-419-0597, theLonestar.com: elegantes Mini-Hotel am Strand mit nur vier Zimmern und angeschlossenem Gourmet-Restaurant. **Traveller's Palm** ($$), 265 Palm Ave., Sunset Crest, St. James, ✆ 246-432-7722, Fax 246-432-7229: 16 einfache, etwas altertümliche Studios mit Küche, Pool; der Strand ist nur einen kurzen Fußweg entfernt. **Edgewater Inn** ($$), nahe Bathsheba, St. Joseph, ✆ 246-433-9900:

traditionsreiches Hotel direkt am Atlantik, leckeres *Bajan*-Lunchbuffet. **Atlantis Hotel** ($$), an der Atlantikküste bei Bathsheba, St. Joseph, ✆ 246-433-9445: eines der ältesten Hotels der Insel, köstliche *Bajan*-Spezialitäten. **Sea-U!** ($$), Tent Bay, Bathsheba, St. Joseph, ✆ 246-433-9450, Fax 246-433-9210: Guest House im Kolonialstil, Meerblick, Frühstück und Dinner, deutschsprachige Gastgeberin.

 Carambola Restaurant ($$$$), bei Appleby, südl. von Holetown, St. James, ✆ 246-432-0832: Gourmetrestaurant in traumhafter Lage direkt am Meer. **Cobblers Cove** ($$$$), Hwy. 1B, südl. von Speightstown, St. Peter, ✆ 246-422-2291: Spitzenrestaurant, direkt an der Karibischen See. **Mango's – by the Sea** ($$$$), Speightstown, St. Peter, ✆ 246-422-0704: die köstlichen Fisch- und Hummergerichte haben ihren Preis. **Indi-**

Mount Gay Rum kann man im Visitor Center kosten – und natürlich in jeder Bar

go Bar & Restaurant ($$$–$$$$), Holetown, St. James, ✆ 246-432-2996: Fische und Krustentiere perfekt zubereitet, bemerkenswerte Bar. **The Bagatelle Great House** ($$$–$$$$), Hwy. 2A, St. Thomas, ✆ 246-421-6767: köstlich zubereitete karibische Gerichte im Haupthaus einer ehemaligen Zuckerrohrplantage aus dem Jahr 1645. **Ragmuffins** ($$$), First St., Holetown, St. James, ✆ 246-432-1295: frische und leckere Insel-Küche. **Round House** ($$–$$$), Bathsheba, St. Joseph, ✆ 246-433-9678: feine *Bajan*-Cuisine über den Wellenbrechern des Atlantischen Ozeans. **Bonito Bar & Restaurant** ($$), Bathsheba, Coast Road, St. Joseph, ✆ 246-433-9034: frisch zubereitete Fischspezialitäten, mit Meerblick.

 Holder's House, Holder's Hill, St. James, ✆ 246-432-6386: drei Wochen Shakespeare-Theatersaison im März sowie Opernaufführungen mit internationalen Stars unter freiem Himmel.

 The Casbah Nightclub, Baku Beach, Holetown, St. James, ✆

246-432-2258: gepflegter Jazz, Floorshow und Tanzmusik, Late Night Bar. **Crocodile's Den,** Paynes Bay, St. James, ✆ 246-432-7625: lockere Bar mit guter Stimmung. **The Coach House,** Paynes Bay, St. James, ✆ 246-432-1163: Nachtclub mit allabendlicher Live-Musik.

Ganzee T-Shirt Shop, The Chattel Village, Holetown, St. James: Farbenfrohes zum Anziehen und Umhängen. **Best of Barbados Gift Shop,** The Chattel Village, Holetown, St. James: Kunstvolles und Kitschiges, alles aus Barbados. **The Art Foundry West,** bei Appleby, südl. von Holetown, St. James, ✆ 246-420-1366: moderne und traditionelle Werke zeitgenössischer karibischer Künstler. **Mango's Fine Art Gallery,** West End, 2 Queen's St., Speightstown, St. Peter, ✆ 246-422-0704: Kunstgalerie mit Seidenmalereien des aus Malaysia stammenden Künstlers Michael Adams. **Gang of 4 Art Studio,** Queen's St., Speightstown, St. Peter, ✆ 246-419-0051: Originale und Reproduktionen sowie Mahagoniskulpturen. **Earthworks Pottery,** Edgehill Heights 2, St. Thomas, ✆ 246-425-0223: Familienunternehmen mit eigener Website (earthworks-barbados. com), fertigt originelle Gebrauchskunst für Haus und Garten, verschifft diese sogar bis Europa. **The Potter House,** Edgehill Heights 2, St. Thomas, ✆ 246-425-3463: Töpfereiwaren und weiteres Kunsthandwerk (Glas, Metall, Stoff, Stroh, Holz usw.) aus dem benachbarten Betrieb sowie von anderen Künstlern.

Tauchen
Tauchtouren veranstalten **Carib Ocean Divers,** beim Royal Pavillion Hotel, St. James, ✆ 246-422-4414. **West Side Scuba Centre,** Baku Beach, Holetown, St. James, ✆ 246-432-2558. **The Dive Shop,** Pebbles Beach, Aquatic Gap, St. Michael, ✆ 246-426-9947.

Angeln
Sportfischer können für einen Tagestrip auf der **Blue Jay,** Holetown, St. James, ✆ 246-422-2098, anheuern.

Golf
Royal Westmoreland Golf & Country Club, St. James, ✆ 246-422-4653: 18-Loch-Platz für Gäste verschiedener Hotels. **Sandy Lane Hotels,** Hwy.1, Sandy Lane Bay, St. James, ✆ 246-432-1145: gegen Gebühr für jeden geöffnet.

Tennis
National Tennis Centre, Wildley St., St. Michael, ✆ 246-437-6010: hier kann man stundenweise Tennisplätze mieten.

Reiten
Caribbean International Riding Centre, Cleland Plantation, Sarely Hill, St. Andrew, ✆ 246-422-7433: Reitausflüge für Anfänger und Fortgeschrittene.

Touren
Highland Outdoor Tours, Canefield, St. Thomas, ✆ 246-438-8069: organisiert besondere Exkursionen, wie Strandausritte, Fotosafaris, Mountainbike-Trips oder Traktortouren über Zuckerrohrplantagen.

Paynes Bay: viel Platz, nette Strandbars, gute Schnorchelgründe. **Holetown:** hier ist immer was los, Strand- und Wassersport, Restaurants und Bars. **Church Point:** Heron Bay, nördlich der Kirche von St. James, herrliches Wasser, einige schattenspendende Bäume. **Mullins Beach:** südlich von Speightstown, traumhaftes Wasser, netter Strand, gutes Schnorcheln. **Six Men's Bay:** nördlich von Speightstown, traumhaftes Panorama, klares Wasser.

Postämter gibt es in: **Horse Hill,** St. Joseph, ✆ 246-433-1319. **Welchman Hall,** St. Thomas, ✆ 246-438-6749. **Holetown,** St. James, ✆ 246-422-0325. **Speightstown,** St. Peter, ✆ 246-422-2163. **Belleplaine,** St. Andrew, ✆ 246-422-9219. **Trents,** St. Lucy, ✆ 246-439-8417.

Zuckerrohr und Goldküste – der Süden von Barbados

Eine Fahrt durch den Süden von Barbados führt durch den flacheren Teil der an Höhenzügen ohnehin nicht reichen Insel, vorbei an ausgedehnten Zuckerrohrfeldern, die noch immer weite Teile des fruchtbaren **St. George Valley** bedecken. Sie gehören zu den großen Verarbeitungsbetrieben von Valley Plantation and Salters und der Bulkeley Sugar Factory. Lange Sandstrände vor allem im Südwesten, hinter denen eine Kette von Hotels und Restaurants aller Kategorien die Urlauber verwöhnen, haben dem Küstenabschnitt zu seinem Namen Goldküste verholfen.

Wer Bridgetown über die Roebuck Street und den Highway 5 nach Osten verläßt, stößt nach etwa drei Kilometern auf den ABC-Highway, die Umgehungsstraße von Bridgetown zwischen dem Flughafen und den Hotels an der Westküste. Direkt am Kreisverkehr erhebt sich auf einem Podest unübersehbar die überlebensgroße Statue »Sklavenaufstand« des bekannten Bildhauers Karl Broodhagen aus Bridgetown. Sein **Emancipation Monument** wurde zum 150. Jahrestag der Abschaffung der Sklaverei (1834) in Auftrag gegeben und ein Jahr später, 1985, enthüllt. Es zeigt einen Schwarzen mit ausgestreckten Armen, an beiden Handgelenken noch die Reste der zersprengten Ketten. Viele wollen in der expressiven Statue die Züge von Bussa, einem Anführer des Sklavenaufstandes von 1816 erkennen.

Zu dieser bewegten Zeit gab es die von einer üppigen tropischen Gartenanlage umgebene **Francia Plantation** noch nicht (Hwy. 3B, nördl. von Valley, ✆ 246-429-0474, Mo–Fr 10–16 Uhr). Sie wurde erst 1913 aus Korallenstein von Barbados errichtet. Eine elegante Freitreppe führt zu einem Eingangsportal. Die Villa wird noch immer von Nachkommen der ersten Besitzer bewohnt. Ein Franzose hatte sich damals in eine junge Dame aus Barbados verliebt und kam nicht wieder von der Insel los.

Auf dem nicht weit entfernten **Gun Hill** (Hwy. 3B, ✆ 246-429-1358, Mo–Fr 9–17 Uhr) stand einst die wichtigste der sechs britischen Flaggensignalstationen. Mit ihrer Hilfe konnten Nachrichten schnell über die Insel transportiert werden. Hier waren zudem einige Kanonen stationiert, die im Falle drohender Gefahr abgefeuert wurden, um Garnison und Bevölkerung zu warnen. Weniger die schöne Aussicht, eher das milde Klima auf dem Hügel mag die britische Truppenführung bewegt haben, zusätzlich ein Heim für die Genesung erkrankter Soldaten einzurichten. Ein milchweißer Löwe aus Kalkstein bewacht den Aufgang zum Gun Hill. Sein Künstler, der Adjutant im Generalstab Henry Wilkinson, hat ihn 1868 in einsamen Stunden nach einem Streichholzbildchen modelliert.

Blick von der Gun
Hill Signal Station

Etwa zwei Kilometer weiter nördlich, nahe dem Örtchen Retreat, sollten Orchideenliebhaber dem Schild **Orchid World** folgen (Hwy. 3B, ✆ 246-433-0306, 9–17 Uhr). Ein Spazierweg schlängelt sich durch die von Zuckerrohrplantagen eingerahmte Zuchtanlage, vorbei an Lilienteichen und Felsgärten, Palisaden und Gewächshäusern mit mehreren tausend blühenden Orchi-

deen. Wer mehr über die betörend schönen und verführerisch duftenden Blumen wissen will, kann die erläuternden Tafeln studieren, die über Herkunft und Gewohnheiten jeder Pflanze informieren.

Drax Hall liegt im Herzen des traditionellen Zuckeranbaugebietes, etwas abseits vom Highway 4. Die heute baufällig wirkende, nicht zu besichtigende Anlage wurde Mitte des 17. Jh. im jakobinischen Stil mit drei Giebeln und rotem Schindeldach erbaut. Sie gehörte einst Sir James Drax, der sie seinem Sohn Henry vererbte. Reichtum und aufwendiger Lebenstil der Drax-Familie, zuweilen mit einigen sozialen Wohltaten garniert, galten selbst im fernen London als legendär und beispielhaft für das *Planteocracy* genannte Herrschaftssystem in den britischen Zuckerkolonien.

Die **St. John's Parish Church** gehört zu den meistbesuchten Gotteshäusern der Insel. Der 1836 errichtete neogotische Bau wirkt wie ein Prototyp schlichter anglikanischer Landkirchen auf Barbados und gehört zu den festen Besichtigungspunkten aller Inselrundfahrten. Würde jeder Besucher nur einen Dollar Eintritt entrichten, brauchte man sich um die dringend notwendige Renovierung keine Gedanken machen. Im Kirchenraum nimmt die aus verschiedenen Hölzern geschnitzte Kanzel den Blick gefangen. Die Parish Church liegt direkt auf dem Kamm von Hackleton's Cliff. Der Blick vom Friedhof hinter der Kirche auf die rauhe Atlantikküste sucht seinesgleichen. Verwitterte Grabplatten erzählen von den weißen Siedlern und Predigern aus mehr als 300 Jahren Inselgeschichte.

Auf dem Weg nach Südosten zweigt bei Coach Hill eine schmale Straße nach Bath ab. Dort lockt ein bei Touristen recht unbekannter, bei *Bajans* jedoch für Picknickausflüge am Wochenende überaus beliebter Badestrand an der **Consett Bay.** Der

von Casuarinabäumen, sogenannten *Mile Trees,* gesäumte Strand ist vor Strömungen und Brechern des Atlantiks durch ein Korallenriff geschützt.

Auf der Hauptstraße zweigt nach knapp zwei Kilometern eine von hohen Königspalmen flankierte Allee ab. Sie führt direkt zum ehrwürdigen **Codrington College** (✆ 246-433-1274, 10–16 Uhr). Die Priesterhochschule der anglikanischen Kirche gehört seit einigen Jahren zu der auf vielen ehemals britischen Karibischen Inseln vertretenen University of the West Indies. Eine testamentarische Landschenkung des reichen Großgrundbesitzers Christopher Codrington war 1710 die Voraussetzung dafür, daß die anglikanische Society for the Propagation of the Gospel bald mit dem Aufbau einer Bildungseinrichtung begann. Sie sollte angehenden Priestern notwendige Berufskenntnisse vermitteln. Sehenswert ist das Glasmosaik des Guten Hirten über dem Altar der Kapelle. Ein Naturlehrpfad schlängelt sich durch das parkähnlich gestaltete Gelände.

Glaubt man den Gerüchten, muß Samuel Hall Lord ein wahrer Schurke gewesen sein. Auftragsmorde sollen ihm das gesamte Familienvermögen gesichert haben. Dieses wußte er angeblich zu mehren, indem er falsche Leuchtfeuer an der Küste setzte, so daß Schiffe mit wertvoller Ladung in den Riffen havarierten. Die eigene Schwester warf ihm einen »amoralischen Lebenswandel« vor. Sein Landsitz, das **Sam**

Sam Lord's Castle, heute Luxusherberge

Lord's Castle (✆ 246-423-7350, So–Do 9–17, Fr/Sa 9–21 Uhr), nahm es an Prunk mit jeder anderen Plantagenvilla in der Karibik auf: Terrassen mit eleganten Treppenaufgängen und Balkone an allen Seiten, die Innenräume gestützt von massiven Mahagonisäulen, die hohen Zimmerdecken kunstvoll von Stuckornamenten verziert. Ob Meuchelmord und Betrug zu seinem Reichtum beitrugen, erscheint heute nicht zweifelsfrei belegt. Daß der 1844 verschiedene Sam Lord ein unangenehmer Zeitgenosse gewesen sein muß, bestreitet jedoch niemand. Einige der Spiegel und Kristallüster sowie Geschirr und Bestecke sind noch original erhalten. Sie zieren inzwischen die Lobby des Luxushotels, das man gegen Eintritt besichtigen kann. Auch das nur wenige Kilometer entfernte **Crane Beach Hotel** (✆ 246-423-6220) am gleichnamigen Traumstrand verlangt eine Eintrittsgebühr, die sich an der Bar gegen Drinks verrechnen läßt.

Etwa fünf Kilometer landeinwärts kann man eines der ältesten Plantagenhäuser der Insel besichtigen, das **Sunbury House** (nördl. von Six Cross Roads, ✆ 246-423-6720, 10–17 Uhr). Die im 17. Jh. erbaute, von einer tropischen Parkanlage umgebene Villa wurde komplett als Museum umgestaltet und nach einem großen Brand 1995 sorgfältig restauriert. Zu den Empfangsräumen im Hochparterre des einstöckigen Gebäudes führt ein eleganter Treppenaufgang. Die Fenster sind durch Blenden vor der Sonne geschützt.

Antike Möbel, Geschirr und altes Tafelsilber, historische Drucke und Stiche sowie eine Sammlung von Kutschwagen lassen die längst untergegangene Gesellschaft der Plantagenaristokratie anschaulich werden. Stilgerecht wird nachmittags im Hof ein English High Tea serviert.

Wer endlich wissen will, woher der Rum für den gehaltvollen Fruchtpunsch herkommt, der spätestens ab mittags an den Pool- und Strandbars dekorativ die Gläser füllt, erfährt dies bei einer Führung durch den **Foursquare Rum Factory & Heritage Park** (östl. von St. Patricks, Hwy. 6, ✆ 246-423-6669, So–Do 9–17, Fr/Sa 9–21 Uhr). Die Geschichte des Zuckerrohrs und jeder Schritt seiner Verarbeitung, wie die Destillation des beliebten Getränks aus einigen Nebenprodukten des Zuckers, wird bei einem Rundgang durch die moderne Anlage erläutert. Auf dem Gelände stellen Kunsthandwerker ihre Arbeiten aus, außerdem werden vor der historischen Kulisse alter Fabrikationsanlagen Theatervorstellungen gegeben. Wo heute Erntemaschinen im Einsatz sind, arbeiteten früher Sklaven auf den Feldern. Mit einer Machete, dem *Cutlass,* mußte das Zuckerrohr von Hand geschlagen werden – unter der Glut der tropischen Sonne eine mörderische Arbeit. Klar, daß das Ende der Erntezeit, *Crop Over,* mit einem Fest gefeiert wurde.

Am Strand von Sam Lord's Castle

Schon 1798 schrieb der Manager einer Zuckerrohrplantage an den Eigentümer nach England, daß er den Sklaven nach Einbringung der Zuckerrohrernte erlaubt hätte, ein Fest mit ihren eigenen Tänzen und Ritualen abzuhalten. Neben dem Karneval auf Trinidad gehört das Crop Over Festival auf Barbados am Juliende und Anfang August heute zu den größten, ausgelassensten und volkstümlichsten Festen der südlichen Karibik. Mit der zeremoniellen Übergabe des letzten geernteten Zuckerrohrs beginnt ein Reigen von bunten Märkten, Paraden, Tanzveranstaltungen, Calypso-Wettbewerben und Kinderfesten, bis sich mit dem Grand Kadooment Day am ersten Montag im August alles zu einem furiosen Finale verbindet.

Auf dem Weg von der Rumfabrik an die Südwestküste sind auf den Feldern bisweilen Stahlgerüste zu sehen. Ganz ohne Menschen arbeiten Pumpen in ruhigem, stetigem Takt. Aus den mehr als sechs Dutzend Bohrlöchern der **Woodbourne Oil Fields** fördert die Barbados National Oil Company seit Beginn der 1970er Jahre Erdöl, fast genug, um den Inselstaat damit zu versorgen.

Am Osterwochenende ist in **Oistins** der Teufel los. Fischbratereien und Verkaufsstände für alles und jedes säumen die Straßen. Tuk- und Steelbands spielen auf, Zauberer und Komödianten ziehen die Zuschauer in ihren Bann. Bei Wettbewerben geht es um die besten Tänzer, Schwimmer, Läufer oder Segler. Andere versuchen, möglichst schnell einen eingefetteten Pfahl hinaufzuklettern. Zur Stärkung der Aktiven und Zuschauer wird Fliegender Fisch filetiert und gekocht. Das Oistins Fish Festival zieht Zehntausende *Bajans* und Urlauber gleichermaßen an die Südwestküste. Der viertgrößte Ort von Barbados hat auch den wichtigsten Fischereihafen der Insel. Die Idylle mit einigen bunten Fischerbooten am Strand gibt die Wirklichkeit nur noch bedingt wieder. Heute werden die Fänge an einem eigens gebauten Terminal in modernen Kühlhallen umgeschlagen. Trotzdem kommen viele *Bajans*, auch die Köche von Spitzenrestaurants, direkt zu den Schiffen oder den Ständen an der Strandstraße, um hier den besten und frischesten Fisch zu kaufen. Jeden Freitagabend ist in Oistins Fish Fry. Bis tief in die Nacht brutzeln leckerer Kingfish, Schnapper, Goldmakrele und natürlich Fliegender Fisch über kleinen transportablen Öfen – einfach köstlich.

Am 11. Januar 1652 sicherte sich Oistins seinen Platz in der Geschichte von Barbados. Der königstreue Gouverneur der Insel, Lord Willoughby, und der Kommandeur der Truppen des britischen Lordprotektors Cromwell, Sir George Ayscue, unterzeichneten die Charta von Barbados. Die Vereinbarung legte folgendes fest: Die Insulaner fügten sich den neuen Realitäten, die der Bürgerkrieg in Großbritannien und die Hinrichtung von König Karl I. geschaffen hatten, und bekamen im Gegenzug weitgehende Rechte zu-gesichert, wie Religionsfreiheit und den Schutz vor einseitiger Besteuerung durch das Parlament in London.

Die Südwestküste zwischen Oistins und Hastings heißt wegen ihrer schönen Strände auch **Goldküste.** Vor allem um die touristischen Zentren von Rockley und St. Lawrence Gap reihen sich Hotels, kleine Guest Houses, Discos, Restaurants, Bars und Imbisse sowie einige Einkaufszentren aneinander. Das Freizeit- und Vergnügungsangebot, viele Strände von mittlerer bis sehr guter Qualität und dazu nur langsam tiefer werdendes Wasser haben die Küstenregion des Christ Church Parish zum populärsten Bade- und Urlaubsgebiet der Insel werden lassen.

Um so überraschender offenbart sich das in unmittelbarer Nachbarschaft von St. Lawrence Gap gelegene **Graeme Hall Bird Sanctuary** (✆ 246-435-7078, Mo–Sa 7–18, So 9–18 Uhr) als beschauliches Sumpf- und Feuchtgebiet, das Tausende von einheimischen und Zugvögeln bevölkern. Holzstege führen durch Mangrovengestrüpp und über lilienbestandene Teiche. Vor allem den unterschiedlichen Reiher- und Ibisarten, die auf ihrem Weg von der Ostküste Nordamerikas zu ihren südamerikanischen Winterquartieren Barbados passieren, bietet die behutsam gepflegte Naturlandschaft von Graeme Hall ein geeignetes Revier für den Zwischenstopp. Über den Highway 7 ist nun in wenigen Minuten Garrison und damit wieder die Hauptstadt Bridgetown erreicht.

Sklaverei und Reichtum

Zuckerinsel Barbados

Die Geschichte der letzten 350 Jahre von Barbados ist eine Geschichte des Zuckerrohrs, des Rums und der Sklavenarbeit. Zucker aus der Karibik war in Europa begehrt, sein Preis wurde von der britischen Regierung auf hohem Niveau geschützt. Wenige Großgrundbesitzer häuften mit der Produktion von Zucker und Rum märchenhafte Gewinne an, von denen einige der noch erhaltenen Great Houses Zeugnis geben.

Erst 1747 gelang es auf dem europäischen Festland, Rübenzucker zu raffinieren und mit diesem Verfahren während der napoleonischen Kontinentalsperre auch in großem Umfang Zucker herzustellen. Damit brach das System der überhöhten Preise für karibischen Rohrzucker zusammen. Gleichzeitig drängte kostengünstigerer Zucker aus Brasilien und Indien auf den europäischen Markt. Die Entwicklung des kapitalistischen Fabriksystems zu Beginn des 19. Jh. in England ließ eine auf Sklavenarbeit aufgebaute Wirtschaft in den Kolonien zudem ökonomisch und politisch überholt erscheinen.

Die ersten Zuckerrohrsetzlinge kamen bereits 1627 von Pflanzungen am Essequibo River im späteren British Guyana auf die Insel Barbados.

Belegt ist die im Jahre 1637 aus Brasilien groß angelegte Einfuhr des grasartigen Gewächses (lat. *saccharum officinarum*), dessen Stamm bei der Ernte etwa 15 % Zucchose enthält. Zwischen 1640 und 1650 begannen einige Pflanzer, systematisch Zuckerrohrplantagen aufzubauen. Bald wurde von einem Schnaps aus Zuckerrohr berichtet, den man zunächst *aqua ardente*, brennendes Wasser, nannte. Er bestand aus einem Destillat, das aus einem Nebenprodukt der Zuckerherstellung gewonnen wurde. Übermäßiger Konsum und die zu Beginn mindere Qualität forderten zwar einige Todesopfer, dennoch wurde der später *rumbullion* getaufte Muntermacher in wenigen Jahren zum Standardgetränk der britischen Marine.

Die Verarbeitung des Zuckerrohrs erfordete nicht unerhebliche Investitionen, um Arbeitskräfte anzuheuern und Maschinen anzuschaffen. Daher war die Bewirtschaftung von Zuckerrohrplantagen auf Barbados nie Sache von Kleinbauern. Diese kultivierten Ingwer, andere Gewürze und Gemüse. Andererseits galt die Durchschnittsgröße von 50 – 100 ha der Plantagen als relativ gering verglichen mit den riesigen Anbauflächen auf Jamaika. Nur wenige Pflanzer konnten es sich deshalb leisten, die Arbeit auf der Plantage einem Verwalter zu übertragen, um selbst in England von deren Gewinn zu profitieren und sich ausschließlich dem gesellschaftlichen Leben zu widmen.

Lange bestand der überwiegende Teil der Produktion aus schwerer Handarbeit. Landarbeiter brachten Setzlinge aus und schlugen das reife Zuckerrohr mit Macheten. Erst in jüngster Zeit setzte sich eine stärkere Mechanisierung durch. So erscheint es erklärlich, daß den Plantagenbesitzern an kostengünstigen Arbeitskräften gelegen war. Zunächst wurden britische Arbeiter angeworben. Sie hatten sich die Überfahrt in die neue Welt mit der Verpflichtung erkauft, einige Jahre gegen geringe Entlohnung auf den Plantagen zu schuften. Doch es hielt sie nicht lange dort. So nahmen alle Pflanzer auf Barbados und den anderen Karibikinseln

Sam Lord's Castle ($$$$), Long Bay, St. Philip, ☎ 246-423-7350, Fax 246-423-6361: elegantes Hotel der Marriott-Kette, befindet sich nicht in einer Burg, sondern in einer ehemaligen Plantagenvilla; die Zimmer liegen in kleinen ›Hütten‹ verstreut im ausgedehnten tropischen Park, exzellentes Dinnerrestaurant mit Stil. **Crane Beach Hotel** ($$$–$$$$), Crane Bay, St. Philip, ☎ 246-423-6220, Fax 246-423-5343: Resorthotel an einem der schönsten Strände der Insel, Panoramaterrasse, dekorativer Swimmingpool. **Southern Palms Beach Club & Hotel** ($$$), St. Lawrence Gap, Christ Church, ☎ 246-428-7171, Fax 246-428-7175: im Stil einer Plantagenvilla gebaut, mehrere Swimmingpools, eigener Strand, nicht weit vom Convention Center und den

das Angebot wahr, in Afrika geraubte Menschen als billige Sklavenarbeiter einzusetzen. Lange betrug die durchschnittliche Überlebensdauer der
Feldsklaven nicht mehr als sechs bis neun Jahre. Dann hatten sie sich zu
Tode gearbeitet, und es wurde menschlicher Nachschub aus Afrika eingeführt. In den Kolonien geborene Kinder von Sklaven wurden im
Durchschnitt nur 26 Jahre alt. Sklavenhändler verkauften jährlich etwa
3000 frisch importierte Menschen auf Barbados. Als die Sklavenhaltung
im britischen Weltreich 1834 aufgehoben und durch staatliche Zahlun-
gen ausgeglichen wurde, meldeten die Pflanzer auf Barbados genau
66 638 Sklaven nach London.

Mehrere Revolten gegen Ende des 17. Jh. demonstrierten, daß die
Sklaven trotz ihrer nahezu ohnmächtigen Lage nicht alle bereit waren,
ihr Los ohne Widerstand hinzunehmen. Viele arbeiteten bewußt nach-
lässig, täuschten Unverstand vor, einige verstümmelten sich sogar oder
begingen Selbstmord, um ihrem Schicksal zu entgehen. Am 14. April
1816 brach auf Barbados ein Aufstand los, an dem sich etwa 5000 der
knapp 70 000 Sklaven aktiv beteiligten. Die Rebellion wurde im letzten
Moment verraten, so daß die weiße Miliz und Kolonialtruppen sie in wenigen Tagen niederschlagen konnte. Viele hundert Aufständische wurden erschossen oder gehenkt. Wurden die Sklaven zunächst wie eine Sache, ein Pflug oder Pferd angesehen, so galten sie nach Abschaffung der
Sklaverei in den britischen Kolonien zumindest als Menschen. Volle politische Bürgerrechte erlangten die schwarzen *Bajans* jedoch erst im Laufe des 20. Jh., endgültig erst 1966 mit der staatlichen Unabhängigkeit der
Insel.

Noch immer wird auf Barbados von Großgrundbesitzern Zuckerrohr
angebaut. Seine Rumsorten, wie Mount Gay oder Cockspur, gehören zu
den renommiertesten der Welt. Die dominierende Stellung des Zuckers
ist jedoch inzwischen dahin, in der Wirtschaft gilt heute der Fremdenverkehr als das neue ›weiße Gold‹.

Geschäften und Restaurants von St. Lawrence Gap entfernt. **Sandy Beach Island Resort** ($$–$$$), Worthing bei Rockley, Christ Church, ☎ 246-435-8000, Fax 246-435-8053: tropisches Ambiente, angenehme Ferienanlage mit Zimmern, Suiten mit Kochecke, Tauchmöglichkeiten, direkt am weißen Sandstrand. **Little Bay Hotel** ($–$$), St. Lawrence Gap, Christ Church, ☎ 246-

435-7246, Fax 246-435-8574: gemütliches Strandhotel mit zehn Zimmern. **Cleverdale** ($), Worthing, Christ Church, Fourth Ave., ☎ 246-428-1035, Fax 246-428-3172, greatvacationhomes.com/rentals/866.html: von zwei Deutschen gut geführtes, sauberes Gästehaus mit vier Zimmern, nicht weit vom Strand entfernt. **Summer Place on Sea** ($), Worthing bei Rockley, Christ Church, ☎ 246-435-

7424: lockeres Guest House mit wenigen Räumen, direkt am Wasser, einige Zimmer mit Kochecke.

Josef's ($$$–$$$$), St. Lawrence Gap, Christ Church, ✆ 246-435-8248: elegantes Spitzenrestaurant des österreichischen Chefkochs Josef Schwaiger. **Champers** ($$$), Hastings, Christ Church, ✆ 246-435-6644: direkt an der Südküste, stimmungsvolle Bar, lange Menukarte, phantasievoll zubereitete Gerichte. **Sunbury Plantation House** ($$–$$$), nördl. vom Hwy. 5, nahe Six Cross Roads, ✆ 246-423-6270: mittags *Bajan*-Lunchbuffet, nachmittags Teestunde, abends Fünf-Gänge-Menu in sorgfältig restauriertem Plantagenhaus aus dem 18. Jh. **Sugar Reef Bar & Restaurant** ($$–$$$), Rockley Beach, Christ Church, ✆ 246-435-8074: einladendes Lunchbuffet mit Fliegendem Fisch und anderen *Bajan*-Spezialitäten. **David's Place** ($$), St. Lawrence Main Rd., Worthing, Christ Church, ✆ 246-435-9755: *Bajan*-Gerichte, lecker zubereitet, mit Meerblick. **Angie's Restaurant** ($–$$), Windsurf Beach Village, Maxwell, nahe Oistins, Christ Church, 7.30–23 Uhr: einfache, ordentliche Küche. **Melting Pot** ($–$$), Hwy. 7, St. Lawrence Gap, Christ Church: lokale Gerichte, wie gebackener Fliegender Fisch, frisch und günstig. **Buddies** ($), Hwy. 7, Worthing bei Rockley, Christ Church: hausgemachte Suppen, leckere Snacks und Pasta-Gerichte.

The Tropical Spectacular Dinner Show, The Plantation Restaurant & Garden Theatre, St. Lawrence Rd., St. Lawrence Gap, Christ Church, ✆ 246-428-5048: Buffetdinner mit karibischer Tanz- und Musikshow, anschließend spielt eine Reggae/Soca-Band. **39 Steps Wine Bar,** Chattel House Plaza, Hastings, Christ Church, ✆ 246-427-0715: gemütliches Weinlokal, sonnabends mit Live-Jazz.

Bubba's Sports Bar, Main Rd., Rockley, Christ Church, ✆ 246-435-6217: lange Bar, auf diversen TV-Geräten werden Sportereignisse über Satellitenschüssel übertragen. **After Dark,** Main St., St. Lawrence Gap, Christ Church, ✆ 246-435-6547: einer *der* Live-Musik-Venues von Barbados, superlange Bar.

Flamboya, Hastings Plaza, Hastings, Christ Church, ✆ 246-435-6924: geschmackvolle, handgefärbte Damenfreizeitmode. **Sandbox & Co Ltd.,** Heritage Park, Foursquare, St. Philip, ✆ 246-418-0708: schicke Bade- und Freizeitmode im *Bajan*-Design, das Label ist in verschiedenen Geschäften auf der Insel zu finden. Derselbe Komplex beherbergt die größte Kunstgalerie der Insel, **The Art Foundry,** ✆ 246-418-0714, mit modernen und traditionellen Werken zeitgenössischer karibischer Künstler. **Kirby Gallery,** The Courtyard, Hastings, Christ Church, ✆ 246-430-3032: Bilder und Fotografien von Künstlern aus Barbados und anderen Staaten der Karibik. **Best 'n the Bunch,** Chattel House Village, St. Lawrence Gap, Christ Church, ✆ 246-428-2474: verkauft in seinem farbenprächtigen Verkaufshäuschen auf Barbados entworfenen und gefertigten Schmuck.

Tauchen
Exploresub Barbados, St. Lawrence Gap, Christ Church, ✆ 246-435-6542.
Windsurfen
Barbados Windsurfing Club, Oistins, ✆ 246-428-7277. **Silver Rock Windsurfing Club,** Silver Sands Beach, ✆ 246-428-2866.
Squash
Barbados Squash Club, Hastings, Christ Church, ✆ 246-427-7913: bietet drei schweißtreibende Courts.
Golf
Golfer finden einen öffentlich zugänglichen 9-Loch-Platz beim **Club Rockley**

Die Atlantikküste – ein Surferparadies

Barbados, Rockley, Christ Church, ✆ 246-435-7873.

 **Accra Beach:** bei Rockley, Aktion, Menschen, buntes Treiben, für *Bajans* und Touristen. **Sandy Beach:** bei St. Lawrence Gap, ruhiges, flaches Wasser, ideal für Familien mit kleinen Kindern, am Wochenende recht belebt. **Casuarina Beach:** bei Maxwell Coast, breiter, langer Strand, meist leichte Brise. **Silver Rock Beach:** fast an der Südspitze der Insel, weißer, ausgedehnter Sandstrand, guter Platz zum Windsurfen. **Foul Bay Beach:** südwestlich von The Crane, weiter Sandstrand vor einer zerklüfteten Küste, keine Restaurants oder Bars. **Crane Beach:** Traumstrand mit pittoresken Klippen und herrlichem Wasser, Wellenreiten möglich. **Bottom Bay:** nördlich vom Sam Lord's Castle, wenig bekanntes Paradies

mit weichem Sandstrand, Klippen, einer Höhle und sich im Wind wiegenden Palmen. **Bathsheba/Cattlewash:** wilde, von Hügeln und Klippen gesäumte Atlantikküste mit kilometerlangen Stränden, hervorragende Bedingungen zum Surfen, nur für Kenner. Vorsicht: sehr gefährliche Strömungen!

Postämter am **Flughafen**, Christ Church, ✆ 246-428-7101. **Oistins,** Christ Church, ✆ 246-428-9534. **The Valley,** St. George, ✆ 246-429-2927. **Six Cross Roads,** St. Philip, ✆ 246-423-6204. **Four Cross Roads,** St. John, ✆ 246-433-1323.

Sunny Isles Motors, Dayton, Worthing Main Rd., ✆ 246-435-7979. **Stoutes Car Rentals,** Kirtons, St. Philip, ✆ 246-435-4456.

Rob's Bike Hire, Hastings, Christ Church, ✆ 246-437-3404: vermietet Mountainbikes.

St. Lucia –
›Helena der West Indies‹

**Die Hauptstadt Castries –
Luxusliner und Duty Free
Shops**

**Von Castries in den Norden –
in den Jachthafen und zum
kolonialen Ausguck**

**Von Castries in den Süden –
entlang der Karibik- und
Atlantikküste und durch den
tropischen Regenwald**

**Korallengärten vor St. Lucia –
farbenprächtige Unterwasser-
paradiese**

Die Pitons bei Soufrière, Wahrzeichen der Insel

St. Lucia – ›Helena der West Indies‹

Sie ist so schön wie die griechische Prinzessin der Antike und war genauso umkämpft. Fünfzehn Mal wechselte die Vulkaninsel zwischen Frankreich und Großbritannien den Besitzer. Bananenplantagen, tropischer Regenwald im bergigen Inneren und an den Küsten Badebuchten sowie ein herrliches Segel- und Tauchrevier machen St. Lucia zu einem Traumziel der Karibik.

Die Hauptstadt Castries

Die tief eingeschnittene Bucht von Castries öffnet sich zwischen der Vigie-Halbinsel im Norden und den einst stark befestigten Hügeln des Morne Fortune im Süden. Für die Engländer war die Siedlung in der gut zu verteidigenden Bucht die ideale Inselhauptstadt. Außerdem galt sie als wichtigster Hafen und Umschlagplatz mit passablen Transportwegen zu den Plantagen im Norden und Osten. Französische Siedler hatten den Ort schon 1650 etwas nördlich des heutigen Stadtzentrums als Petit Carenage gegründet. Im Jahre 1785 erhielt er einen neuen Namen, zu Ehren des damaligen französischen Marine- und Kolonialministers, des Maréchal de Castries. Bei Castries blieb es bis heute. Es gab nur eine Unterbrechung in den Jahren der Französischen Revolution, als man den Namen des verhaßten Adligen durch Félicité-Ville

ersetzte. Castries zählte in den jahrzehntelangen Auseinandersetzungen von Franzosen und Engländern zu den am heftigsten umkämpften Orten in der Karibik. Zusätzlich sorgten vier Großbrände in den Jahren 1785, 1796, 1812 und 1948 dafür, daß von den historischen Kolonialbauten des Zentrums nicht allzuviel erhalten blieb. Die Straßen des Stadtkerns wurden einst im Schachbrettmuster angelegt. Mit zunehmender Bevölkerung dehnte sich Castries bis in die umliegenden Hügel aus. Heute leben mehr als 80 000 Einwohner, d. h. fast die Hälfte der Inselbevölkerung, im Einzugsbereich der Hauptstadt.

Der **Derek Walcott Square** (1) hieß unter den Franzosen Place d'Armes, dann Promenade Square und wurde schließlich nach Christoph Kolumbus benannt. Er diente damals als Marktplatz und Sitz des Gerichtes. Seit 1992 trägt er den Namen des Literaturnobelpreisträgers Derek Walcott. Dieser wurde am St.

›Steckbrief‹ St. Lucia

Lage: Inselstaat der Windward Islands, Kleine Antillen; ca. 40 km südlich von Martinique und 34 km nordöstlich von St. Vincent
Fläche: 616 km^2
Hauptstadt: Castries, mit Randgemeinden ca. 80 000 Einwohner
Bevölkerung: ca. 150 000 Einwohner, d. h. 245 pro km^2; ca. 95 % Nachfahren westafrikanischer Sklaven, ca. 3 % indischer Herkunft, weniger als 1 % europäischer Abstammung
Religion: ca. 80 % römisch-katholische Christen, ansonsten Anglikaner, Adventisten und andere christlich-protestantische Richtungen, einige naturreligiöse Sekten
Amtssprache: Englisch; Umgangssprache franz. *Patois* und Englisch
Bildungssystem: Schulpflicht, öffentliche und kirchliche Schulen, Colleges sowie ein Campus der Universität der West Indies; Analphabetenrate ca. 15 %
Staatsform: konstitutionelle Monarchie mit Zwei-Kammern-Parlament, Wahlrecht mit 21 Jahren, Staatsoberhaupt ist die britische Königin, vertreten durch den Generalgouverneur
Unabhängigkeit: 22. Februar 1979, nach 330 Jahren französischer und britischer Kolonialherrschaft sowie einigen Jahren als halbautonome, britische Region
Wirtschaft: Bruttoinlandsprodukt 600 Mio. US-$, pro Einwohner ca. 4000 US-$; Bananenplantagen dominieren die Landwirtschaft, freie Produktionszone bei Vieux Port, Tourismus; Arbeitslosenrate ca. 15 %
Währung: 1 East Caribbean Dollar (EC-$) = 100 Cent

Mary's College auf der Vigie-Halbinsel ausgebildet, ebenso wie Arthur Lewis, der 1979 den Nobelpreis für seine Arbeiten zu Wirtschaftswissenschaften erhielt. Ein Kriegerdenkmal auf dem heute von Rasen bewachsenen Platz erinnert an die in den beiden Weltkriegen gefallenen Soldaten aus St. Lucia. Augenfälliger ist jedoch der 400 Jahre alte Samaan-Baum, dessen knorrige Zweige Orchideen und andere Epiphyten dekorativ in Beschlag genommen haben.

Der wuchtige, rot-weiße Bau an der Westseite des Platzes beherbergt die **Öffentliche Bibliothek** (2). Hier können wißbegierige Bürger von St. Lucia kostenlos Bücher entleihen. In dem viktorianischen Gebäude aus dem 19. Jh. sind zusätzlich einige Geschäfte und Büros untergebracht. Den Derek Walcott Square begrenzt nach Süden die Brazil Street. Sie

Der Gewürzmarkt von Castries

und ein paar angrenzende Straßen schmücken noch einige der Kolonialbauten mit überhängenden Holzbalkonen und verzierten Giebeln, mit Gitterwerk und Brüstungen.

Am Platz steht gegenüber der Bibliothek die unmittelbar vor der Wende zum 20. Jh. in neogotischem Stil fertiggestellte **Kathedrale der Unbefleckten Empfängnis** (3), Sitz der Erzdiözese der östlichen Karibik. Der graue Steinbau macht von außen einen eher unscheinbaren Eindruck. Innen überraschen lebenspralle, farbenprächtig ausgemalte Szenen aus der Bibel. Die Bilder von dunkelhäutigen Heiligen, Maria und Jesus stellte der Künstler Dunstan St. Omer in elfwöchiger Arbeit rechtzeitig vor dem Besuch des Papstes im Jahre 1985 fertig. In der Apsis sind fünf weibliche Heilige der katholischen Kirche dargestellt, in ihrer Mitte die hl. Lucia. Sie soll zu Beginn des 4. Jh. im sizilianischen Syrakus ein wundertätiges Leben geführt haben und als Märtyrerin gestorben sein. An ihrem Namenstag, dem 13. Dezember, hat Kolumbus im Jahr 1502 angeblich zum ersten Mal seinen Fuß auf das Eiland gesetzt und ihm den Namen verliehen. Heute wird vermutet, daß vielleicht ein späteres spanisches Schiff an der Insel vorbeigefahren und diese getauft haben könnte. Jedenfalls erscheint St. Lucia 1511 erstmals in spanischen Aufzeichnungen und ist bereits 1520 auf einem Globus des Vatikans zu identifizieren.

In dem Viertel vieler enger und kleiner Straßen hinter der Kathedrale zwischen der Peynier Street und Chaussee Road mit lebhaften Geschäften und Imbissen pulsiert das karibische Leben. Schweizer Uhren und kolumbianische Edelsteine wird man hier vergeblich suchen. Diese findet man eher am **William Peter Boulevard** (4), der Haupteinkaufsstraße zwischen dem Constitution Park an der Laborie Street und der Bridge Street. In den durch Panzerglas gesicherten Auslagen glitzern internationale Markenprodukte.

Die große **Markthalle** (5), eine dunkelrot gestrichene Eisenkonstruktion an der Ecke von Jeremie und Peynier Street, kommt ganz ohne Glas aus. Vor allem am Samstag quillt der Vendors Market über vor Leben. Dann bringen die Marktfrauen von weither frisch geerntete Früchte, Papayas, Bananen, Christophene-Gemüse, Süßkartoffeln, Zwiebeln, Plantains oder Avocados und

Castries, Innenstadt: 1 Derek Walcott Square   2 Öffentliche Bibliothek
3 Kathedrale der Unbefleckten Empfängnis   4 William Peter Boulevard
5 Markt   6 Duty Free Shops   7 Morne Fortune   8 Government House

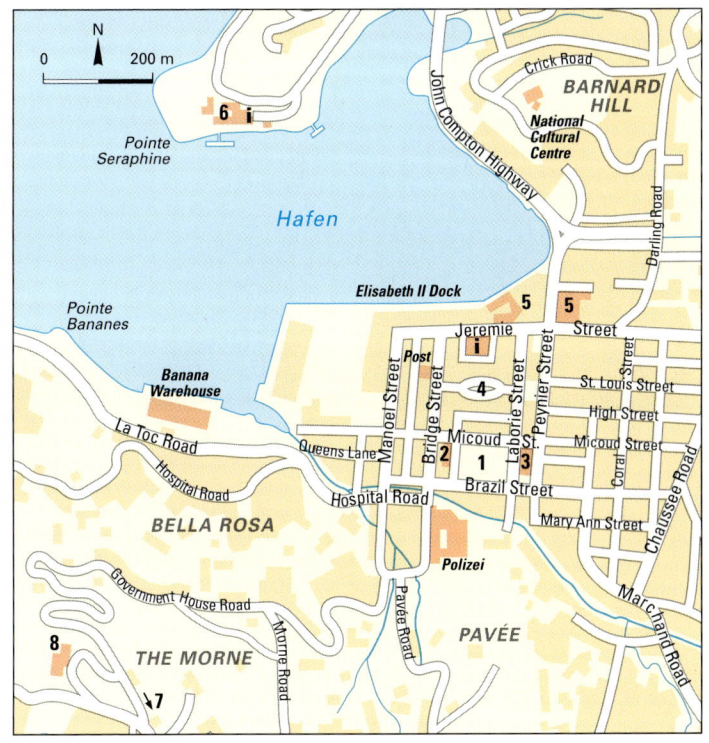

Muskatnuß in die Hauptstadt. Market Guides verdienen sich einige Dollars nebenbei, lotsen Touristen durch das Gedränge und erläutern die verschiedenen unbekannten Früchte, Gemüse und Gewürze. Auf der gegenüberliegenden Seite der Peynier Street überwiegen Marktstände für Kunstgewerbe, T-Shirts und andere Reisemitbringsel. Hier hört man nur den langgezogenen französischen *Patois*-Dialekt, den Einheimische untereinander sprechen und auch nach knapp 200jähriger britischer Kolonialherrschaft nicht abgelegt haben und in dem ihre Insel *Sent Lisi* heißt.

Im bis ins Zentrum reichenden Naturhafen werden Bananenfrachter und Containerschiffe umgeschlagen. Und jeden Tag machen ein oder zwei schneeweiße Kreuzfahrt-

Castries, Hafen und Pointe Seraphine

phine ist ganz auf die Kreuzfahrttouristen abgestimmt. Hier hat die Zentrale des Fremdenverkehrsbüros von St. Lucia ihren Platz. Einige Dutzend Geschäfte sind in mediterranem Baustil zu einem **Shoppingdorf** (6) angeordnet. Das zollfreie Einkaufserlebnis in den Boutiquen mit internationalen Markenfabrikaten, Souvenirs und Volkskunst aus St. Lucia wird den Kreuzfahrern mit einem zeitsparenden Pendelbus sowie einem Wassertaxi in die Innenstadt noch schmackhafter gemacht.

Mit dem Aufkommen der Dampfschiffahrt im letzten Quartal des 19. Jh. erlebte auch der **Hafen** von Castries seinen Aufschwung. Er entwickelte sich neben Kingston auf Jamaika zur wichtigsten Bunkerstation für Kohle in der Karibik. In Spitzenzeiten legten jährlich etwa 1000 Schiffe an den Kais an. Sie bunkerten insgesamt 3,5 Mio. t Kohle, die von Arbeitern in Körben an Bord getragen wurden. Nachdem jedoch 1914 der Panamakanal eröffnet worden war, versanken in den 20er Jahren die Hafenanlagen der Stadt wieder in einen Dornröschenschlaf. Der Kanal ermöglichte vielen Schiffen eine Abkürzung von vielen tausend Seemeilen, außerdem konnten leistungsfähige Schiffsdieselmotoren die Schiffe über längere Distanzen befördern. Ein deutsches U-Boot sorgte während des Zweiten Weltkrieges am 9. März 1942 für einen

schiffe an den Anlegern von **Pointe Seraphine** oder am Kai des Elisabeth II. Dock fest. Auf Pointe Seraphine fällt dem Reisenden ein dreistöckiger weißer Pyramidenbau ins Auge. Er beherbergt das Institut Franco-St. Lucien, das das französische kulturelle Erbe der Insel pflegt und lebendig hält.

Die in die Hafenbucht hineinragende Halbinsel von Pointe Sera-

Derek Walcott

Dichter der Karibischen Inseln

Als Derek Alton Walcott 1992 mit dem Literaturnobelpreis ausgezeichnet wurde, war sein Werk im deutschsprachigen Raum nur einem kleinen Kreis von Experten bekannt. Dabei hat der Poet, Essayist und Dramatiker bereits 16 Aufsatz- und Gedichtbände veröffentlicht sowie eine Zusammenstellung von Essays. Zudem hat Walcott 30 Bühnenstücke verfaßt, wie z. B. das mit Paul Simon gemeinsam erarbeitete und in New York uraufgeführte Musical ›The Capeman‹.

In der Begründung der Schwedischen Akademie für den Nobelpreis heißt es, die Kultur der Westindischen Inseln hätte in ihm ihren großen Dichter gefunden. In seiner Dichtkunst verschmelzen die ethnischen Einflüsse der karibischen Region. Bezeichnend ist sein Selbstbild:

»Ein roter Nigger, der lieben das Meer,
Bin ich, mit echt kolonialem Diplom;
Hab Holländisch, Nigger und Englisch in mir,
Bin entweder niemand oder eine Nation.«

Zumindest in der englischsprachigen literarischen Welt war Walcott schon lange kein Unbekannter mehr. Gegen Ende der 80er Jahre häuften sich Auszeichnungen und Ehrungen: ein Sonderpreis der renommierten MacArthur-Stiftung, ein Stipendium der Guggenheim-Stiftung, die Ehrendoktorwürde der Universität der West Indies, die Ehrenmitgliedschaft in der US-amerikanischen Dichtervereinigung. Schließlich wird das 1990 veröffentlichte, 322 Seiten starke, grandiose epische Gedicht »Omeros« zum letzten Anstoß für die Verleihung des Literaturnobelpreises. Angelehnt an Form und Aufbau der Odyssee von Homer entwickelt Walcott die Geschichte des karibischen Raumes im 20. Jh.

Die kulturelle Identität der karibischen Völker (vor allem des englischen Sprachraums), einer Gesellschaft von afrikanischen Zwangsarbeitern, die von den Kolonialherren nicht als Menschen, somit auch nicht als Träger von Kultur angesehen wurden, ist eines seiner großen Themen.

Donnerhall, als es unbehelligt in die Bucht von Castries einlief und zwei Frachter mit Torpedos versenkte.

Diese bislang letzte kriegerische Handlung auf St. Lucia reiht sich in die lange Tradition bewaffneter Auseinandersetzungen, die Engländer und Franzosen um die Herrschaft der strategisch wichtig gelegenen Insel führten. Am 24. Mai 1796 attak-

Die mit den Resten des überlieferten afrikanischen Erbes sowie der Kultur und Sprache der einstigen Unterdrücker, »die jedoch auch die Sprache von Shakespeare und Joyce ist«, aufgewachsenen karibischen Literaten überraschen die Welt gegenwärtig mit einer »Explosion des Ausdrucks« nach langen Jahren der erzwungenen Sprachlosigkeit. Sie rücken, auch mit Hilfe des wortgewaltigen Nobelpreisträgers aus St. Lucia, den Rand der etablierten Weltkultur näher in ihr Zentrum.

Der 1930 in Castries auf St. Lucia geborene Dichter und Dramatiker besuchte das dortige St. Mary's College und anschließend die University of the West Indies in Kingston, Jamaika. Bis in die 70er Jahre leitete er die Theatergruppe des Trinidad Theatre Workshop. Seit 1981 lehrt Walcott als Professor für englische Literatur und kreatives Schreiben an der Universität von Boston in den USA. In Zukunft will er sich mehr als bisher auf die Karibik konzentrieren. Er hat vor, auf Jamaika Theaterstücke zu inszenieren, Film- und Musikprojekte zu realisieren. Sein Projekt einer Kulturstiftung für die Karibik auf Rat Island, einer kleinen Insel in der Choc Bay nördlich von Castries, der Hauptstadt von St. Lucia, beginnt zaghaft Formen anzunehmen. Es soll ein Ort des Lernens und der Diskussion werden, ein Platz, um Musik, Theater, Dichtung aufzuführen, etwas Neues zu entwickeln.

Die Verbindung von europäischen Literaturvorbildern und mythologischen Themen aus den Karibischen Inseln, seine rhythmische, kraftvolle Lyrik, in die zuweilen Elemente der kreolischen Umgangssprache seiner Heimatinsel St. Lucia einfließen und deren Übersetzung ins Deutsche große Kunstfertigkeit erfordert, haben Derek Walcott in seiner karibischen Heimat, aber auch in Nordamerika und Europa populär gemacht. Wer ihn jedoch als einen »Tarzan (ansieht), der mit der Schreibmaschine aus dem Dschungel gekommen ist und jetzt ganz gebildet die Postkartenschönheit der Karibik beschreibt sowie nebenbei der kraftlos gewordenen europäischen Literaturszene neues Leben einhaucht« (Walcott), täuscht sich. Derek Walcott glaubt zwar an die universelle Kraft der Kunst, kann aus den Erfahrungen verschiedener Kulturen schöpfen, er bleibt jedoch weiterhin Dichter der Karibischen Inseln, die ihn mit literarischer Kraft und einem Reichtum an Themen und Geschichten versorgen.

kierte der britische General Moore mit seinem 27th Inniskilling Infanterieregiment die auf dem Hügel von **Morne Fortune** (7) verschanzten Franzosen. Nach zweitägigen verlustreichen Kämpfen mußten diese sich ergeben. Verwitterte Grabinschriften auf einem Militärfriedhof erzählen vom kurzen Leben gefallener britischer und französischer Soldaten. Ein kleiner Obelisk erinnert an den ›ruhmreichen Angriff‹ des 27th Inniskilling Regiment. Bis zum Beginn des 20. Jh. erweiterten die Engländer die Festungsanlagen von **Fort Charlotte** auf dem Morne Fortune, dem 852 m hohen und etwa zwei Kilometer südlich des Stadtzentrums gelegenen ›Hügel des Glücks‹. Heute erfreuen die teilweise restaurierten Batterien und Redouten militärhistorisch interessierte Besucher oder werden, entsprechend umgebaut, als College genutzt.

Es lohnt sich, die kurvenreiche Auffahrt zum Festungshügel bereits beim viktorianischen **Government House** (8) kurz zu unterbrechen. Hier residiert heute der Generalgouverneur (Gee Gee) der Königin. Die repräsentative Villa läßt sich zwar nicht besichtigen, dafür entschädigt ein weiter Blick auf die Stadt, die Bucht, den Flughafen Vigie und über die Nordwestküste von St. Lucia.

St. Lucia Tourist Board, Pointe Seraphine sowie Jeremie St., beide Castries, ☎ 758-4 52-40 94/59 68; Vigie Airport, ☎ 758-452-2596, Mo–Fr 8–12.30 und 13.30–16 Uhr, Sa 9–12.30 Uhr.

Sandals St. Lucia ($$$$), La Toc Rd., La Toc Bay, ☎ 758-452-3081, Fax 758-452-1012: geschmackvolle All-Inclusive-Anlage in großem Park mit diversen Sportmöglichkeiten, gute Restaurants, für heterosexuelle Paare. **Green Parrot** ($$), Morne Fortune, ☎ 758-452-0712, Fax 758-453-2272: kleines Hotel auf dem ›Hügel des Glücks‹ über der Stadt, Pool, kostenloser Shuttle nach Castries und zum Strand (siehe auch Restau-

rants). **V. J. Eudovic** ($–$$), Goodlands, Morne Fortune, ☎ 758-452-2747, Fax 758-459-0124: einfache Zimmer, teils mit Küchenecke, im Anwesen eines der bekanntesten Holzschnitzer der Insel, Atelierbesuch inklusive. **Chesterfield Inn** ($), Bridge St., ☎ 758-452-1295: einfache Herberge nicht weit vom Stadtzentrum.

San Antoine ($$$$), Old Morne Rd., Morne Fortune, ☎ 758-452-4660: elegantes Restaurant mit formidabler Weinliste und tollem Ausblick. **Green Parrot** ($$$–$$$$), Morne Fortune, ☎ 758-452-3399: originelles Restaurant mit Showprogramm und guten westindischen Fischgerichten. **The Coal Pot** ($$–$$$), Vigie Marina, ☎ 758-452-5566: gelungene Verbindung von neuer karibischer Küche mit französischer Kochkunst, direkt am Wasser. **Rain again** ($–$$$), Derek Walcott Sq., ☎ 758-457-7246: klassische kreolische Küche in historischem Gebäude aus dem Jahre 1885, 8.30–22 Uhr geöffnet. **Naked Virgin** ($–$$), Aroundel Hill, Richtung Morne Fortune, ☎ 758-457-7246: ursprüngliche kreolische Küche, ohne Schickimicki.

Banana Split, St. George St., ☎ 758-450-8125: Musik und Drinks, permanent Partyatmosphäre.

Caribbean Perfumes, The Perfumery, beim Green Parrot Hotel, Morne Fortune, ☎ 758-453-7249: Die karibischen Düfte sind direkt im Hauptgeschäft, aber auch in vielen Hotelboutiquen erhältlich. **Carribelle,** Howelton House, Old Morne Rd., ☎ 758-452-3785: elegante, leichte Kleider mit karibischen Motiven, Batik- und Seidendrukke. **Bagshaw Studio,** La Toc Rd., Castries, ☎ 758-451-9249, Mo–Fr 8.30–17, Sa 8.30–16, So 10–13 Uhr: Werkstatt für

Duty Free Shops am Pointe Seraphine

besonders schöne Seidensiebdrucke, Verkaufsräume in Rodney Bay, Pointe Seraphine oder den Flughäfen. **St. Lucia Philatelic Bureau,** im Hauptpostamt, Bridge St., Castries, ✆ 758-452-3774: viele farbenprächtige Briefmarken von St. Lucia. **Artsibit Gallery,** Ecke Brazil St./Morne Girard Rd., ✆ 758-452-7865: Bilder und Plastiken örtlicher Künstler zu vernünftigen Preisen. **St. Lucia Fine Art,** Pointe Seraphine, ✆ 758-459-0891: führt auch Arbeiten von bekannten Künstlern wie Llewellyn Xavier. **Made in St. Lucia,** Gablewood Mall, Gros Islet Rd., nördl. von Castries, ✆ 758-452-2747: Kunsthandwerk, T-Shirts, Saucen oder Tonkrüge, alles aus heimischer Produktion. **Sunshine Bookshop,** Gablewood Mall, Gros Islet Rd., ✆ 758-452-3222: gut sortierter Buchladen, auch internationale Zeitungen. **Jeremie's,** 83 Brazil St., ✆ 758-452-5079: verkauft CD's und Kassetten von einheimischen Künstlern und Musik anderer Karibischer Inseln.

Fitneß

Mango Moon Total Fitness, Lunar Park, Vigie Marine, ✆ 758-453-9999: super ausgestattetes Fitneßstudio, unterschiedliche Kurse und Einzeltraining möglich. **Body Inc.,** Gablewoods Mall, an der Gros Islet Rd., nördl. von Castries, ✆ 748-451-9744: professionelles Fitneßstudio, mit diversen Kraftmaschinen und Aerobic-Kursen.

Angeln

Captain Mike's Watersports, Vigie Marina, ✆ 758-452-7044: kurvt mit modernen Motorjachten zu halb- und ganztägigen Angeltrips in den fischreichen Gewässern.

Tennis

Tennisplätze finden sich in verschiedenen Hotelanlagen und im St. Lucia Racquet Club, an der Nordspitze nahe dem Le Sport Hotel, Smugglers Village, ✆ 758-450-0551: gut gepflegte Hartplätze.

Touren

Brig Unicorn, Vigie Cove, Anmeldung über Hotels: Der Nachbau einer Brigg aus dem 19. Jh. setzt tägl. um 9.30 Uhr Segel. Der Törn nach Soufrière, mit ausführlichem Landgang sowie Lunch endet um 16.30 Uhr. **Carib Travel,** ☎ 758-452-2151: organisiert mit gut gewarteten Mountainbikes Fahrradtouren über Wege und Landstraßen. **Sadko Submarine,** ☎ 758-458-1500: bietet mehrmals täglich einstündige Tauchtouren mit einem Mini-U-Boot zu den Korallenriffen an der Westküste, Transfer vom Pointe Seraphine, Castries.

La Toc Bay westlich von Castries sowie **Choc Beach** nördlich der Hauptstadt bieten feinsandige Strände. Der Aufenthalt am 3 km langen Sandstreifen der **Vigie Beach** wird nur von Starts und Landungen auf der parallel verlaufenden Rollbahn des Regionalflughafens Vigie Airport beeinträchtigt.

Bank of Nova Scotia, William Peter Blvd., ☎ 758-452-2292. **Barclays Bank,** Bridge St., ☎ 758-452-3306. **National Commercial Bank of St. Lucia,** Bridge St., ☎ 758-456-6000. Banken sind generell geöffnet Mo–Do 8–13 Uhr, Fr 8–12 und 15–17 Uhr.

Hauptpostamt, Bridge St., ☎ 758-452-3774, Mo–Fr 8.15–16 Uhr.

Notfallrufnummer für Polizei, Feuerwehr und Ambulanz, ☎ 999. **Polizeistation Castries,** Bridge St., ☎ 758-452-3854. **Wasserpolizei,** ☎ 758-453-0770, 758-452-2595.

Victoria Hospital, Hospital Rd., ☎ 758-453-7059. **Luft- und Seenotrettung,** ☎ 758-452-2894. **Apotheke:** Clarke's Drugstore, Bridge St., ☎ 758-452-2727, ebenso wie William Pharmacy, Williams Building, Bridge St., ☎ 758-452-2797: beides gut sortierte Apotheken.

St. Lucia Helicopters, Point Seraphine, ☎ 758-453-6950: Airport-Shuttle zwischen den Flughäfen Vigie und Hewanorra sowie Inseltouren.

Minibusse (Jitneys) verkehren zwischen den ländlichen Gebieten Castries und anderen Orten. Sie kommen in der Regel in der Woche frühmorgens gut gefüllt in Castries an und verlassen die Hauptstadt wieder am Nachmittag. Haltestelle ist der Busbahnhof nahe dem Markt von Castries und dem oberen Teil der Jeremie St. Ins nördliche Gros Islet verkehren die Jitneys tagsüber etwa jede halbe Stunde. Eine Tour kostet je nach Entfernung 2–7 EC-$.

Courtesy Taxi Service, Ecke Jeremie St./Coral St., ☎ 758-452-3555. **St. Lucia Taxi Service,** ☎ 758-452-2492. Eine Tour vom Vigie Airport nach Castries kostet etwa 15 EC-$, zur Rodney Bay Marina 40 EC-$, nach Marigot 70 EC-$.

Örtliche und internationale Autovermieter bieten ihre Dienste an, wie z. B. **Budget Car Rental,** Castries, ☎ 758-452-0233, **Avis Rent-a-Car,** Pointe Seraphine, ☎ 758-452-2700, oder **Vigie Airport,** ☎ 758-452-2046. Eine örtliche Fahrerlaubnis (Visitor's Driver's License) kostet bei der Polizei etwa 21 US-$. Autovermieter helfen bei der Beschaffung. Ein Mietwagen kostet pro Tag ab ca. 50 US-$, ohne Kilometerbegrenzung. Achtung: Auf St. Lucia herrscht Linksverkehr!

Pointe Seraphine Ferry Service, ☎ 758-450-3595: verbindet den Kreuzfahrtterminal und die Duty Free Shops von Pointe Seraphine alle 5 Min. mit dem Kai am La Place Carenage.

Von Castries in den Norden

Die Gros Islet Road strebt von Castries am Vigie Airport und der langgezogenen Bucht von Vigie Beach vorbei zur nördlichen Rodney Bay, einem Hauptzentrum des Tourismus. Auf dem Weg dorthin liegen entlang der **Choc Bay** bereits einige der bekanntesten Hotelanlagen von St. Lucia, darunter nicht wenige All-Inclusive-Resorts. Günstigere Unterkünfte kann man eher an der gegenüberliegenden Straßenseite finden.

An der **Reduit Beach,** dem südlichen Strandabschnitt der Rodney Bay, öffnen sich elegante Hotels direkt zum weichen Sandstrand, wo Fächerpalmen im Passatwind rascheln. Hier wird Wassersport großgeschrieben: Baden, Segeln und Windsurfen im türkisblauen, wohltemperierten Wasser der Karibik.

Die hinter der Reduit Beach liegende Lagune, die **Rodney Bay Marina,** ist durch einen Kanal südlich des einst verträumten Fischerörtchens Gros Islet mit dem Meer verbunden. Sie präsentiert sich heute als eine der bekanntesten Marinas der Karibik. Im modernen Jachthafen finden Segler und Motorboote geschützte Liegeplätze, Proviant, Werkstätten zum Überholen und für Reparaturen, außerdem Restaurants und Nachtclubs. Auch Windsurfer haben die geschützte Bucht als beliebtes Revier entdeckt. Eine kleine Fähre pendelt zweimal am Tag zwi-

Panoramablick vom Pidgeon Point auf die Rodney Bay

Der Pidgeon Point, ›Ausguck‹ der Insel

schen Rodney Bay und der Südspitze von Pigeon Point, Ausgangspunkt für eine Erkundung von Pigeon Island und des Strandes von Causeway Beach. Anfang Dezember herrscht in der Marina Hochbetrieb. Dann treffen zwischen 150 und 200 Hochseejachten ein, die Ende November mit der Atlantic Rallye for Cruisers (ARC) von Las Palmas auf Gran Canaria gestartet sind. Nach einem 2700 Seemeilen langen Törn quer über den Atlantik werden sie jubelnd begrüßt.

Unmittelbar nördlich der Durchfahrt zum Jachthafen liegt **Gros Islet.** Auch wenn die modernen Entwicklungen nicht spurlos vorübergegangen sind, ist das Dorf von einem mondänen Badeort Lichtjahre entfernt. Die von der tropischen Sonne gebackenen Straßen werden von einfachen, häufig mit Wellblechplatten gedeckten Häusern gesäumt, eine Kehrseite zu den Resorts und Privatvillen an den Ufern von Rodney Bay und Reduit Beach. Noch immer kündet ein klagender, auf einer Conch-Muschel geblasener Ton das Einlaufen der kleinen heimischen Fischerflotte an. Am Strand werden dann bunt bemalte Boote hinaufgezogen. Fischer verkaufen den Tagesfang an Hausfrauen und Köche nahegelegener Restaurants, unterhalten sich und flicken ihre Netze. Mit einigen Rumshops, dem kleinen Markt und der Kirche St. Jo-

seph sind die Attraktionen von Gros Islet schnell aufgezählt. Seit einigen Jahren versammeln sich dennoch jeden Freitagabend viele hundert Einheimische und Urlauber in den Gassen des Ortes zum *Jump Up*. Bei dieser Straßenparty schallt ab 21 Uhr ohrenbetäubende Soca- und Reggae-Musik aus den Lautsprechern. Alle Rumshops und Bars sind überfüllt, auf den Straßen brutzeln

in Dutzenden von mobilen Grills Hühnchen, Conch-Muscheln oder Rippchen zu würzigen Köstlichkeiten. Inzwischen haben auch Drogendealer den *Jump Up* als Betätigungsfeld und Absatzmarkt entdeckt, vor ihren Angeboten schützt nur entschiedene Ablehnung.

Eine andere ›Droge‹ wird vielleicht bald legal eingeführt. Die Diskussionen nehmen zu, auf St. Lucia

künftig das Glücksspiel zu erlauben. Es soll die Position der Insel als attraktives Urlaubsziel stärken. Der Betrieb von Kasinos ist in vielen anderen mit St. Lucia um die Gunst nordamerikanischer Touristen konkurrierender Regionen in der Karibik – wie Kuba und die Bahamas – inzwischen üblich, zumindest für ausländische Touristen. Hier jedoch sind Roulette, Black Jack und das Spiel von Glücksrädern bislang am Widerstand der katholischen Kirche gescheitert. Sie befürchtet eine Zunahme von Prostitution und Kriminalität bei der einheimischen Bevölkerung.

Im Norden von Gros Islet verbindet seit den 1970er Jahren eine Dammbrücke das Festland mit dem vorgelagerten Pigeon Island. Aus der hügeligen Taubeninsel ist eine Halbinsel geworden: der **Pigeon Point.** Überreste indianischer Besiedlung, gut erhaltene Ruinen britischer Befestigungsanlagen, Offiziersunterkünfte und Magazine sowie die Überreste einer Walfangstation vom Beginn des 20. Jh. machen das Terrain des Pigeon Island National Historic Park zu einem historischen Freilichtmuseum über 1000 Jahre Inselgeschichte und dokumentieren deren frühere Bedeutung. Im Pigeon Island Museum & Interpretive Centre (✆ 758-452-5005, 9–17 Uhr), in einer früheren Offiziersmesse, informiert der St. Lucia National Trust mit Hilfe interaktiver Präsentationen über die indianische Geschichte und die Auseinandersetzungen zwischen französischen und britischen Verbänden um die Herrschaft in der östlichen Karibik.

Schon Mitte des 16. Jh. nutzte der französische Pirat François Le Clerc, besser bekannt unter seinem Spitznamen Jambe de Bois, das Holzbein, Ankerplatz und Ausguck auf Pigeon Island. Von dort spähte er spanische Galeonen aus, um sie zu überfallen und ihnen die Beute abzujagen.

Nachdem britische Soldaten das Terrain 1778 von den Franzosen erobert hatten, versuchten sie von einer befestigten Anhöhe aus die französischen Schiffsbewegungen im etwa über 30 km entfernten Martinique auszumachen. Die Engländer hatten den Franzosen wieder einmal den Krieg erklärt, nachdem diese die rebellischen nordamerikanischen Kolonien in ihrem Unabhängigkeitskampf unterstützt hatten. Von Pigeon Island liefen am 3. April 1782 mehr als 100 Kriegsschiffe unter dem Kommando des britischen Admirals George Rodney aus. Sie versetzten in der *Battle of the Saintes* südlich von Guadeloupe den Verbänden des französischen Admirals Comte de Grasse eine empfindliche Niederlage und sicherten die Vorherrschaft Großbritanniens in der östlichen Karibik.

Bei klarem Wetter reicht der Blick vom Fort Rodney am äußersten Zipfel des Pigeon Point auch heute über St. Lucia – nach Süden die Karibikküste entlang, nach Norden bis zum knapp 150 m hohen Pointe du Cap, dem Nordkap, und bis nach Martinique jenseits der Wasserstraße des St. Lucia Channel.

Entlang der rauheren **Atlantikküste im Nordosten** von St. Lucia findet man keine Resorthotels. Einzelne, meist dürftig ausgebaute Straßen führen zu Felsklippen, einsamen Stränden oder durch Pflanzungen, auf denen Kakao, Bananen und Kokospalmen angebaut werden. In dieser Region soll 1763 Marie-Josèphe-Rose (Joséphine) de Tascher de la Pagerie – 36 Jahre später nach der Heirat mit Napoleon Bonaparte zur Kaiserin der Franzosen gekrönt – auf der Zuckerrohrplantage Paix Bouche Estate das Licht der Welt erblickt haben. Diese Auffassung wird natürlich andernorts heftig bestritten, z. B. in Soufrière auf St. Lucia oder in Trois-Ilets auf Martinique, wo man gleiche Behauptungen aufstellt.

Auf einer Plantagentour über die ausgedehnten Fluren des **Marquis Estate** (St. Lucia Representative Services, ✆ 758-452-3762) lernt man St. Lucia abseits der All-Inclusive-Anlagen und schicken Restaurants an der Karibikküste kennen. Die Rundfahrt durch Bananenpflanzungen, Wälder von Koskospalmen, deren Nüsse zu Kopra verarbeitet werden, vorbei an Kaffee- und Kakaosträuchern, schließt den Besuch einer alten Zuckermühle ein. Sie erinnert an die kolonialen Zeiten, als Sklavenarbeiter auf den Feldern Zuckerrohr anbauen mußten. Nach einer Bootstour auf dem Marquis River, dem einzig schiffbaren Flüßchen auf St. Lucia, beschließt ein Lunch in der Plantagenvilla den Ausflug in die Vergangenheit.

Von Marquis ist es nicht mehr allzuweit bis zur Bucht von **Grand Anse** (gefährliche Strömungen!). An ihrem vier Kilometer langen Sandstrand tummeln sich nur eine Handvoll Urlauber und Einheimische. Von März bis September kriechen Lederschildkröten meist nachts schwerfällig aus dem Wasser an Land. Sie legen zwischen 60 und 120 Eier in den weichen Sand, um diese von der Sonne ausbrüten zu lassen. Mit örtlichen Turtle Watch Initiativen (✆ 758-452-8100) darf man die urzeitlich erscheinenden Echsen zwischen März und Juli aus sicherer Entfernung für die Tiere beobachten.

 Le SPORT ($$$$–$$$$$), Cariblue Beach, Cap Estate, ✆ 758-450-8551, Fax 758-450-0368, lesport.com.lc: nobles Beauty Mekka mit Dutzenden von Sportangeboten, in tropischer Parkanlage am Meer. **Royal St. Lucian** ($$$$), Reduit Beach, Rodney Bay, ✆ 758-452-9999, Fax 758-452-9639: im Stil eines italienischen Palazzo direkt am Strand, gepflegte Anlage, exzellente Restaurants. **Windjammer Landing** ($$$$), Labrelotte Bay, nördl. Ende der Choc Bay, ✆ 758-452-0913, Fax 758-452-9454: Luxusresort mit Einzelhäusern in einer Parklandschaft am Strand, diverse Sport- und Freizeiteinrichtungen. **Harmony Suites** ($$–$$$), Rodney Bay Lagoon, ✆ 758-452-0336, Fax 758-452-8677: geschmackvoll eingerichtete Studios mit Balkon oder Terrasse, einige mit Küchenecke, nur wenige Schritte von der Reduit Beach, ausgezeichnetes Restaurant Mortar & Pestle. **The Islander** ($$), Rodney Bay Marina, ✆ 758-452-8757, Fax 758-452-0958: freundliches Hotel ohne Firlefanz, 15 Minuten Fußweg oder dreiminütiger Bustrip zum Strand. **Bay Gardens** ($–$$), südl. Ende der Rodney Bay, ✆ 758-452-8060, Fax 758-452-8059: moderne, freundliche Anlage nicht weit von der Reduit Beach, Pool und Whirlpool. **La Panache Guest House** ($–$$), Gros Islet, Cas-en-Bas Rd., ✆ 758-450-0765, Fax 758-450-0453: ordentliche und preisgünstige Zimmer mit Bad, Blick auf die Rodney Bay, wunderbares, kleines Restaurant (siehe dort).

Great House ($$$$), Cap Estate, ✆ 758-450-0450: elegante kreolische Küche an der Nordspitze der Insel, abends glitzern die Lichter von Martinique übers Wasser. **The Charthouse** ($$–$$$), Rodney Bay, ✆ 758-452-8113: frischer Fisch, Krebse und Hummer, die besten Grillrippen weit und breit, nach dem Essen gibt es kubanische Zigarren. **The Captain's Cellar** ($$–$$$), Pigeon Island, ✆ 758-450-0253: herzhafte Grillspezialitäten, frische Salate in ehemaliger Kasematte der britischen Befestigungsanlage. **La Creole** ($$–$$$), Rodney Bay, ✆ 758-450-0022: Colombo de Cabrit (Ziege in Curry) und andere gut gewürzte Gerichte vor allem aus Martinique. **The Lime** ($$–$$$), Rodney Bay, ✆ 758-452-0761: karibische Küche zu ordentlichen Preisen, guter Service. **Henry's La Panache** ($$), Gros Islet, Cas-en-Bas Rd., ✆ 758-450-0765: Morgens reservieren! Köstlich, alles frisch vom Markt; wenige, exzellent zubereitete Gerichte, wunderbare Drinks.

Derek Walcott Center Theatre, Cap Estate, ✆ 758-450-0551 (Great House Restaurant): Open-air-Theater mit wechselnden Produktionen karibischer Theater-, Musik- und Tanzgruppen. **Modern Caribbean Art Gallery,** Bois d'Orange, Gros Islet Hwy., ✆ 758-452-9079, Mo–Fr 8.30–17 Uhr: morderne und naive Malerei aus St. Lucia und von anderen Karibischen Inseln, Ausstellung und Verkauf.

Waves, Choc Bay, ✆ 758-451-3000: lockerer Hangout mit kleinen Gerichten und guten Drinks direkt am Strand, öfter Live-Bands. **Shamrock Pub,** Rodney Bay, ✆ 758-452-8725: Sportbar mit TV-Übertragungen von Sportevents aus aller Welt, Do Karaoke, Fr/Sa Live-Bands zum Tanzen. **Folley,** Rodney Bay, ✆ 758-450-0022: Disco-Nachtclub mit wechselnden Musikthemen, direkt beim La Creole Restaurant. **Indies,** Rodney Bay, ✆ 758-452-0727,

Mi, Fr/Sa ab 23 Uhr: In-Disco mit heißem Musikmix. **The Late Lime Night Club,** Rodney Bay, über dem Restaurant The Lime, ✆ 758-452-0761, Mi–Sa ab 22 Uhr: gepflegter Tanzclub.

In der **Shopping Arcade** der Rodney Bay Marina bieten einige Dutzend Geschäfte aller Art ihre Waren an.

Golf
St. Lucia Golf & Country Club, Cap Estate, ✆ 758-450-8523: 9-Loch-Platz, der mit verschiedenen Tees als 18-Loch-Platz gespielt werden kann, auch Kurse bei zwei Pro's möglich.
Reiten
International Riding Stables, Beausejour, Gros Islet, ✆ 758-452-8139, und **Trim's National Riding,** Cas-en-Bas, östl. von Gros Islet, ✆ 758-452-8273: bieten Touren am Strand oder ins Inland.
Wassersport
Buddies Scuba, Rodney Bay Marina, ✆ 758-450-8406: kleine Tauchgruppen, PADI-Zertifikate. **Waves,** Choc Beach, ✆ 758-451-3000: Windsurfing, Sunfish-Segeln, Wasserski. **Destination St. Lucia Ltd.,** Rodney Bay Marina, ✆ 758-453-8531: Jachtcharter von 38 bis 51 ft. und Ausrüstung, auch deutschsprachig. **Mako Watersports,** Rodney Bay Marina, ✆ 758-452-0412: fährt mit seiner Jacht Annie Baby und maximal sechs Sportanglern auf Halb- und Ganztagstrips in die Karibische See.
Touren
Endless Summer Cruises, Rodney Bay Marina, ✆ 758-450-8651: segelt mit eleganten Katamaranen für einen ganzen Tag die Westküste entlang und läuft Marigot Bay und Soufrière an, Ausflüge und Lunch.

Vigie Beach: direkt nördlich des Flughafens, der hellbeige Sand am gut 3 km langen Strand ist besonders bei

Golf auf tropischem Green, kein billiges Urlaubsvergnügen

Einheimischen beliebt. **Reduit Beach:** von Palmen und einigen Hotelanlagen gesäumt, bietet Sandstrand und gute Wassersportmöglichkeiten. **Grand Anse Beach:** an der Atlantikküste der Insel, nahe dem Örtchen Desbarra, mit 3 km der längste Sandstrand der Insel.

Barclays Bank, Rodney Bay Marina, ✆ 758-452-9384. **National Commercial Bank of St. Lucia,** Gros Islet, ✆ 758-450-0928. Generell geöffnet Mo–Do 8–13 Uhr, Fr 8–12 und 15–17 Uhr.

Courtesy Car Rentals, Bois d'Orange, Gros Islet, ✆ 758-452-8140. **H & B Car Rental,** Rodney Bay, ✆ 758-452-0872.

Rodney Bay Marina, ✆ 758-452-0324, Fax 758-452-0185: einer der modernsten Ankerplätze für Privatjachten in der Karibik, bietet 232 Liegeplätze, Einrichtungen zur Reparatur, Verpflegung und Service; eigene Zoll- und Einreiseformalitäten: Customs & Immigration, ✆ 758-452-0235, 8–19 Uhr. **Rodney Bay Ferry,** ✆ 758-452-0087, zweimal tgl. von der Rodney Bay (beim Lime Restaurant) nach Pigeon Point, im Fährpreis ist der Eintritt in den Pidgeon Island National Historic Park und ein Lunch enthalten.

Von Castries in den Süden – entlang der Karibik- und Atlantikküste

Der kurvige, aber inzwischen ordentlich ausgebaute **Leeward Highway** führt die Westküste entlang von Castries nach Süden. Die Straße windet sich – immer wieder mit Ausblicken auf die Karibikküste – über Hügel, durch Bananenplantagen und üppig-grüne Wälder. Ausgedehnte Bananenpflanzungen im breiten Tal des Flusses Roseau demonstrieren, daß sich St. Lucia seit nunmehr 35 Jahren vom Zuckerrohranbau verabschiedet hat. Doch auch die lange als ›grünes Gold‹ angesehenen Bananenstauden sind in die Krise geraten. Sie werden von

billigeren ›Dollar-Bananen‹ US-amerikanischer Früchtemultis, die auf riesigen Anbauflächen in Mittelamerika produzieren, an den Rand gedrängt. Das Roseau-Tal wurde 1994 vom tropischen Wirbelsturm Debbie besonders hart getroffen. Niederschläge von 30 cm schwemmten in wenigen Stunden Brücken und Häuser weg, unterhöhlten Straßen und vernichteten die Ernte.

Wer vom Leeward Highway die **Marigot Bay** erblickt, mag nicht mehr an Unwetter oder schwierige Absatzmärkte denken. Von dichtem Grün bewachsene Hügel rahmen die idyllische Bucht auf drei Seiten ein. Palmen wiegen sich auf einer Landzunge im Passatwind, schneeweiße Jachten dümpeln im Rhythmus der Wellen. Das Wassertaxi Gingerbread Express schippert quer über die Bucht, die geringe Fahrgebühr wird im Dolittle's gegen Verzehr verrechnet. Die gemütliche, märchenhafte Atmosphäre wußten bereits verschiedene Filmemacher zu schätzen. Rex Harrison turnte schon 1967 in einem Disney-Musicalfilm als eleganter Dr. Dolittle, der von einem weisen ›Mamagei‹ namens Polynesia die Sprache der Tiere gelernt hatte, auf dem Rücken einer Giraffe über den Strand.

Knapp 200 Jahre vorher gelang es dem britischen Admiral Samuel Barrington, sich in der versteckten Bucht vor einer französischen Übermacht zu verbergen, indem er die Masten seiner Schiffe mit Palmwedeln tarnen ließ. Einige kleine Hotels, legere Restaurants sowie eine gut ausgestattete Marina haben Marigot Bay als Ankerplatz besonders bei Seglern populär gemacht.

Im Fischerörtchen **Anse La Raye** etwas weiter südlich scheint die Zeit stillzustehen. Einige Fischer gehen noch wie ihre Vorfahren mit Einbäu-

Wie aus dem Bilderbuch – die Marigot Bay

men aufs Meer. Die 50 m lange Einfriedung bei der katholischen Kirche hat der einheimische Künstler Dunstan St. Omer, der auch schon Teile der Kathedrale von Castries ausgemalt hat, mit naiven Wandmalereien geschmückt.

In der übernächsten Bucht bei **Canaries** hängen Fischernetze zum Trocknen am Strand, verraten ausgebleichte, windschiefe Holzhäuser einiges über die schwierigen Lebensumstände ihrer Bewohner. Ein Stand direkt an der Straße mit frisch aufgeschlagener Kokosnuß verspricht köstliche Erfrischung. Die Straße schlängelt sich durch Bambushaine und überschattet von Riesenfarnen weiter nach Süden. Sie biegt landeinwärts in hügelige, üppig bewaldete Regionen ab und erreicht bei Soufrière wieder die Küste.

Hohe Palmen werfen Schatten am dunklen Strand, dunkelgrüne, von üppigem tropischem Wald bewachsene Hügel umgeben **Soufrière** wie bei einem Amphitheater. Die beiden Gipfel der wie Zuckerhüte geformten Vulkankegel, die Pitons, ragen dramatisch und steil aus dem Karibischen Meer. Sie ergänzen das Bild der schönsten Bucht von St. Lucia, die als ein Wahrzeichen der Karibischen Inseln schlechthin gilt. Im Jahre 1746 gründeten die Franzosen Soufrière als Hauptstadt ihrer Kolonie Sainte Lucie. Sie benannten die Niederlassung nach den nahe gelegenen schwefelhaltigen Quellen und Fumarolen (Soufrière = Schwefelgrube). Schon 33 Jahre zuvor hatte der französische Sonnen-

könig Ludwig XIV. drei Brüder der ihm treu ergebenen Familie Deveaux aus der Normandie mit einer Landschenkung von 800 ha um Soufrière belohnt. Auf deren Soufrière-Plantagen wurden schon bald von afrikanischen Sklaven Kaffee, Kakao, Seebaumwolle, Zucker und Tabak angebaut. Das mächtige Rad einer Wassermühle aus dem Jahre 1765 wurde inzwischen restauriert. Einst bewegte es Walzen zum Zermahlen des frisch geschlagenen Zuckerrohrs, im 19. Jh. versorgte es sogar einige Zeit das Dorf mit elektrischem Strom. Rostige Bottiche, in denen Melasse gekocht wurde, Reste von Aquädukten, Mauern und Treppen, die ins Nichts führen, dokumentieren eine längst vergangene, wirtschaftliche Betriebsamkeit. Joséphine Tascher, die spätere Gemahlin von Napoleon, soll auf der benachbarten Plantage Mal Maison aufgewachsen sein und die Familie Deveaux oft besucht haben. Viele Bewohner von Soufrière bestehen sogar darauf, daß die Kaiserin der Franzosen 1763 auch im Ort geboren wurde.

Die **Diamond Botanical Gardens and Mineral Baths** (✆ 758-452-4759, 10–17 Uhr) gehörten einst zum Soufrière Estate. Ein gepflegter Weg schlängelt sich durch ein tropisches Pflanzenparadies mit Bougainvillea, Hibiskus, Flamboyant und Heliconien. Vorbei an Pavillons, Ruhebänken und Steingärten führt er zu zwei Badepools und entlang einem von Farnen gesäumten Pfad weiter zu einem Wasserfall, dessen mineralhaltige Ablagerungen die Felsen gelborange gefärbt haben. Selbst Superman (II) war von dieser Kulisse so beeindruckt, daß er seiner Lois hier eine Paradiesvogelblume pflückte.

Die Bäder wurden schon auf Veranlassung von König Ludwig XVI. zur Erholung der stationierten französischen Offiziere und Soldaten angelegt. Zuvor hatte der damalige Gouverneur von Sainte Lucie, Baron de Laborie, 1786 einige Proben zur Analyse nach Paris geschickt, und die Zusammensetzung des schwefligen Wassers stand den heilenden Quellen des berühmten Kurortes Aix-les-Bains in nichts nach. Die Bäder konnten ihre therapeutische Wirkung für rheumatische und arthritische Beschwerden jedoch kaum entfalten. In den folgenden Jahren der Französischen Revolution machte die Guillotine auf dem Marktplatz des Ortes, der kurze Zeit La Convention genannt wurde, mit vielen Adligen und deren Sympathisanten kurzen Prozeß. Nachdem die Franzosen zunächst alle Sklaven zu freien Menschen erklärt hatten und diesen Beschluß erst viel später widerriefen, machten entlaufene Sklaven und Deserteure nicht nur die Gegend um Soufrière unsicher. Den inzwischen auf St. Lucia präsenten Engländern gelang es nach 1795, im sogenannten Brigantenkrieg, erst mit

Der Diamond Waterfall verdankt seine Farbenpracht schwefligen Mineralien

Blick vom Panorama Point auf Soufrière

Waffengewalt die alten Verhältnisse wiederherzustellen.

Das heutige **Soufrière** von etwa 9000 Einwohnern paßt sich aus der Ferne ins malerische Gesamtbild ein. Doch aus der Nähe sieht die vermeintliche Idylle etwas nüchterner aus. Vom Klima angegriffene Häuser aus viktorianischer Zeit, die Simse dekorativ im Gingerbread-Stil verziert, wechseln mit türkis, hellblau oder rot gestrichenen Holzhütten. Mangelnde Kanalisation macht sich als unangenehmer Geruch bemerkbar. Die Region mit den größten landschaftlichen Attraktionen und ein anwachsender Fremdenverkehr hat die Menschen bislang kaum reicher gemacht oder Arbeitslosigkeit und Armut verbannt. Viele leben nach wie vor von der Hand in den Mund.

Einen Besuch ist das Fischerörtchen allemal wert. Zum Wochenmarkt am Samstag breiten die Marktfrauen ihre Waren auf den Ständen oder auch direkt auf dem Boden entlang der ›Strandpromenade‹ aus. Es ist nicht viel, was ihre Gärten über den Eigenbedarf hinaus an landwirtschaftlichen Erzeugnissen abwerfen. Und auch die Vielfalt läßt sich natürlich nicht mit der auf dem Markt von Castries messen. Um die heimische Wirtschaft und die Bauern zu unterstützen und den Trend zu importierten US-amerikanischen Produkten abzubremsen, hat die Regierung jüngst eine landesweite Kampagne mit der Aufforderung »Buy local« gestartet.

Die kleinen Geschäfte konzentrieren sich auf der Hauptstraße in der Umgebung des Kirchplatzes. An seiner Südwestecke steht eines der wenigen gut hergerichteten Kolonialhäuser. Blickfang des Platzes ist die Pfarrkirche aus massivem, dunkelgrauen Mauerwerk. Ein offener

Holzdachstuhl überdeckt den schlichten, hellen Innenraum, dessen angenehme Kühle die Einheimischen nach ihren Besorgungen wie auch müde Touristen zu einer kurzen Andachtspause einlädt.

Wieder erholt, geht es zurück Richtung Hafen, in das alte Fischerviertel von Soufrière. Ehrfurchtgebietend überragt der steile Kegelberg des Petit Piton die bunten,

meist verwitterten Holzhäuser, die das Meeresufer säumen und sich bis zu den Hügeln der Umgebung erstrecken. In Sichtweite ihrer Wohnungen haben die Fischer ihre kleinen Boote vor Anker liegen. Ihren Fang verkaufen sie in der Fischhalle direkt am Meer.

Am Ufer entlang führt die Hafenstraße, der einige Palmen und Grünanlagen den Anstrich einer Prome-

Typische Architektur in Soufrière

nade verleihen sollen, zu den Boots-stegen. Bevor die Besucher wieder in ihre Boote klettern, können sie am Ende der Hafenstraße in das Arts and Crafts Centre schauen – vielleicht findet sich hier ein Mitbringsel mit Karibikflair.

Über die Hafenanleger von Soufrière wurde bis zu Beginn des 20. Jh. ein großer Teil der damals noch bedeutenden Kakao- und Kaffee-Ernte der Insel umgeschlagen. Heute legen die Ausflugsboote aus Castries und Rodney Bay an, bringen Fischer ihren Fang für lokale Abnehmer an Land. Minibusse und Taxen starten von hier Touren zu den nahegelegenen **Sulphur Springs,** eine werbewirksam »Drive-in-Vol-

cano« genannte unwirtliche Szenerie mit Schwefelquellen, Solfataren und Blubbertöpfen (✆ 758-459-5500, 9–17 Uhr, beschilderte Abzweigung an der Straße nach Vieux Fort südlich von Soufrière). Gase, Schlamm und Wasser sprudeln, brodeln und zischen, bis zu 170° Celsius heiß, an die Erdoberfläche. Vor 40 000 Jahren ist hier der Kegel des mächtigen Vulkans Qualibou nach einem gewaltigen Ausbruch eingestürzt. Seine Caldera von acht Kilometern im Durchmesser gibt noch heute faulig riechendes Zeugnis von der Hitze in der Tiefe ab, die einst die ganze Insel schuf.

Auch die beiden, aus hochgedrückter, erkaltender Lava entstandenen Pitons an der nahen Küste markieren wie vulkanische Keile den Rand des alten Kraters. Zum letzten Mal habe sich der ruhende

Vulkan 1766 mit einer Dampfexplosion in Erinnerung gerufen, beruhigen die Führer Fragen besorgter Besucher. Ihr Service ist eigentlich im Eintrittspreis enthalten, ein Trinkgeld wird dennoch erwartet. Mittlerweile ist es untersagt, abseits der markierten Pfade auf eigene Erkundung zu gehen, etwa um die gelben, schwefelhaltigen Ablagerungen genauer zu studieren. Vor einigen Jahren hat sich einer der örtlichen Guides selbst böse Verbrennungen zugezogen, als er durch eine poröse Schicht brach und plötzlich bis zu den Hüften in einem kochendheißem Schlammloch steckte.

Versuche, das Naturschauspiel anders als durch Besichtigungen kommerziell auszuwerten, sind bislang gescheitert. Im 19. Jh. wurde einige Jahre lang Schwefel abgebaut und exportiert, der geforderte Preis erwies sich auf dem Weltmarkt jedoch letztlich als nicht konkurrenzfähig. Kurzfristige Bemühungen während der Erdölkrise in den 1970er Jahren, die thermische Energie in elektrischen Strom zu verwandeln, mußten wegen fehlender Investitionsmittel und der hohen Korrosion durch die schwefeligen Gase wieder eingestellt werden. Einige verrostete Rohre, die unvermittelt in der Landschaft aus dem Boden ragen, erinnern an das gescheiterte Experiment.

Die beiden **Pitons** südlich von Soufrière steigen mit ihren westlichen Flanken direkt und steil aus dem Wasser. Für die Indianer galt der 798 m hohe Gros Piton als

Yokahu, der Gott der Nahrung. Der 750 m hohe Petit Piton war in ihrer Glaubenswelt die Verkörperung von *Atabeyra,* der Göttin der Fruchtbarkeit. Ausgrabungen und Petroglyphen auf Bildersteinen belegen, daß die Arawak zwischen den beiden Bergspitzen Kultstätten hatten. In der Nähe des Petit Piton verblüfft ein einzigartiger Wasserfall – er wird aus kaltem Quell- und heißem Mineralwasser gespeist.

Seit vielen Jahren fordern beide Berge Wanderer und Kletterer heraus. Mit einem einheimischen Führer ist der Aufstieg zum höheren, aber nicht so steilen Gros Piton noch am ehesten möglich. Hitze und hohe Luftfeuchtigkeit erfordern jedoch eine gute Kondition. Auch auf den Petit Piton werden Touren angeboten. Einige Unfälle, die in den letzten Jahren durch rutschiges und bröckeliges Gestein verursacht waren, sollten jedoch zur Vorsicht und Zurückhaltung mahnen.

Hinter einer Felsnase nördlich der Soufrière Bay öffnet sich die zauberhafte, von einem Strand gesäumte Bucht von **Anse Chastanet.** Wer sich ihr mit dem Wassertaxi von Soufrière nähert, ist gut beraten, denn die schmale, mit gewaltigen Schlaglöchern übersäte Erdpiste erlaubt nur langsames Schrittempo. Eine renommierte Tauchbasis und die besten Tauch- und Schnorchelgründe der Insel in einem naturgeschützten Meeresgebiet vor der Küste sind für viele Grund genug, hierher anzureisen, auch wenn sie nicht das Glück haben, in den traumhaften Chalets des Luxushotels zu übernachten.

Der Leeward Highway klettert kurvenreich durch dicht bewachsene Hügel und nähert sich dann auf dem Weg nach Süden wieder der Küste. Im Fischerort **Choiseul** lohnt ein Stopp – nicht allein wegen der Kirche, die fast auf dem Strand erbaut ist, oder des munteren Fischmarktes. Im Arts and Crafts Centre des Ortes lassen sich kunstvolles und praktisches Kunsthandwerk, Töpferwaren, Geschnitztes oder Stühle aus Kiefernholz mit geflochtenen Rücklehnen erwerben.

Wer etwas Zeit und ein gutes Fahrzeug hat, kann sich entlang der holperigen Küstenstraße zum Örtchen **La Pointe** zu Füßen des Gros Pitons ›durchschlagen‹. Kunsthandwerker formen in indianischer Tradition aus Ton transportable Feuerstätten und gleich dazu die passenden Tontöpfe, in denen schmackhafte Gerichte gegart werden können.

Nur wenige Kilometer von Choiseul entfernt, mündet der **Dorée River** nach kurzem Lauf in die Karibische See. Die spektakuläre, bis zu 40 m tiefe Schlucht des Flüßchens sollte man nur mit Hilfe von Ortskennern erkunden. Bei **Balembouche** (= Walfischmaul), nahe der Mündung des gleichnamigen Flusses, dokumentieren indianische Petroglyphen, daß St. Lucia lange vor Ankunft der ersten Europäer besiedelt war. Die deutschstämmige Besitzerin des Balembouche Estate kann einiges über die Fundstätten sowie interessante Ausflugsmöglich-keiten der Region erzählen (✆ 758-459-3244, Fax 758-459-3242, einige Zimmer, Abendessen). Die natürlichen Pools und Rutschen des zügig zum Meer fließenden benachbarten Piaye River sind noch besser als Dorée und Balembouche River für ein erfrischendes Bad geeignet.

Vorbei am Fischerdorf Laborie geht es weiter zum Südzipfel der Insel. Dort liegt **Vieux Fort,** die zweitgrößte Stadt der Insel. Schon im Jahre 1600 versuchten die Holländer, ein Basislager beim heutigen Vieux Fort zu etablieren. Vergeblich, der Widerstand der dort ansässigen Kariben war zu stark. Um 1605 strandeten 67 Engländer auf dem Weg nach Guyana mit ihrem Segler Olive Blossom in der Region. Obwohl sie glaubten, sich mit den Kariben verständigt zu haben, waren nach fünf Wochen bereits 48 von ihnen massakriert, die Überlebenden machten sich Hals über Kopf in Ruderbooten auf den Weg nach Guyana.

Vieux Fort war einst Zentrum einer auf Sklavenarbeit basierenden Zuckerindustrie. Auf den Ebenen des Südens gedieh das Zuckerrohr besser als auf dem hügeligen und bergigen Terrain weiter im Norden. Jeden Sonnabend bringt ein quirliger Markt Leben in den unspektakulären Ort, der sich ohne besondere Attraktionen als eine Mischung aus leicht verwitterten älteren Gebäuden und schmucklosen modernen Bauten präsentiert. In einigen Betrieben werden Kartonagen, Elektrogeräte, Spielzeug montiert, Kokosnußprodukte verarbeitet und verpackt.

Wanderungen im tropischen Regenwald

Grün – der überwältigende erste Eindruck des dichten Dschungels verdichtet sich zu einer Farbe. Dann wird die Wahrnehmung genauer. Unter dem Blätterbaldachin hochaufragender Baumstämme, wie Blue Mahoe, Mahagoni, karibischer Kiefern oder Gummibäumen, streben Schlingpflanzen, Palmen und Baumfarne dem Licht entgegen. Dort, wo Sonnenstrahlen in die Tiefe vordringen, entfalten Hibiskus, wilde Orchideen und Heliconien aus der Familie der Bananenpflanzen ihre vielfarbigen Blütenstände. Auf dem Boden gedeihen Grase, Moose und niedrige Farne.

Inmitten des bergigen Südens von St. Lucia, im Hinterland von Soufrière, verbirgt sich ein etwa 200 km² großes Areal tropischen Regenwaldes. Keine Straße durchquert hier die Insel. Selbst die Wanderwege rund um den Mount Gimie, mit 951 m höchster Gipfel der Insel, dürfen nur mit Genehmigung des Department of Forest and Land (✆ 758-450-2231) betreten werden. Der Rainforest Trail zieht sich einige anstrengende Stunden von Fond St. Jaques östlich von Soufrière bis nach Mahaut. Von dort führt eine Straße nach Micoud an der Atlantikküste.

Victoria begleitet im Auftrag der Land- und Forstverwaltung Gruppen auf Tagestouren durch die üppige Vegetation. »Gute, feste Schuhe sind wichtig«, ermahnt sie, »es kann rutschig werden«. Im Durchschnitt fallen hier zwischen 1500 und 2000 mm Niederschlag im Jahr. Die Temperaturen sind gleichbleibend hoch, fallen fast nie unter 20° Celsius. Ein Klima, das in kälteren Regionen nur künstlich in Treibhäusern existiert, ermöglicht den Pflanzen optimale Wachstumsbedingungen. Hier gedeihen mehr als 100 verschiedene Arten von Farnen, darunter Baumfarne, die mehr als zehn Meter hoch werden. Es gibt Bambusarten, die jeden Tag einen Zentimeter wachsen, Gummibäume mit Stämmen von einem halben Meter Durchmesser. Die Stämme der Mahagonibäume weisen keine Jahresringe auf. Es gibt in diesem Klima keine Jahreszeiten, die sich von den Temperaturen deutlich voneinander unterscheiden. Durch den Rausch der verschiedenen Grüntöne führt Victoria zu versteckten Wasserfällen – eine herrliche Erfrischung. Eine lange Reihe von Pilzen ernährt sich von dem vermodernden Stamm eines umgestürzten Baumes und erweckt den Eindruck einer munteren Marschkolonne.

In den dichten Wäldern leben nicht nur viele hundert verschiedene Pflanzenarten, erläutert die Wanderführerin, sondern auch einige Schlangenarten, riesige Schmetterlinge, Spinnen und andere Insekten. Fledermäuse bekommt man tagsüber kaum zu Gesicht. Sie werden nachts munter, fangen Insekten und laben sich an den Heliconien. Nur wer großes Glück hat, bekommt den Nationalvogel von St. Lucia, eine Blaumaskenamazone zu Gesicht – den Green Parrot. Der mit grünem Gefieder, blauem Kopf, rötlicher Brust und gelbem Schwanz auffällig gezeichnete Papagei (lat. *amazona versicolor*) heißt auf der Insel nur Jacquot. Bei vielen Familien war er früher als besondere Delikatesse im Kochtopf geschätzt. Seitdem der Vogel unter Naturschutz steht, ist der Bestand wieder auf einige hundert Exemplare angewachsen. Häufiger ist der St. Lucia-Schwarzfink zu sehen, der Pied Blanc gerufen wird. Kolibris, die mit kaum wahrnehmbarem, schnellem Flügelschlag von Blüte zu Blüte tanzen, müssen, so erklärt Victoria, wegen ihres hektischen Lebenswandels täglich das Zweieinhalbfache ihres eigenen Körpergewichts an Nahrung aufnehmen.

Jungfräulicher, vom Menschen unberührter Regenwald ist auf St. Lucia kaum noch zu finden. Schon die Indianer und auch spätere Siedler und Bewohner nutzten den unerschöpflich scheinenden Reichtum der Wälder, schlugen tropische Hölzer zum Boots- oder Hausbau. Wer durch den dichten Dschungel wandert, wird dies kaum bemerken. Die Natur hat sämtliche Spuren längst überwuchert.

Drei Viertel davon gehen in die ehemalige Kolonialmacht Großbritannien, der Rest vorwiegend in die USA und die anderen karibischen Staaten.

Hewanorra, Land der Leguane, nannten die indianischen Arawak St. Lucia. So heißt heute der moderne internationale Flughafen, dessen Rollbahn quer vor der Stadt Vieux Fort und der südlichen Inselspitze liegt. Im Zweiten Weltkrieg installierten die USA hier den Luftstützpunkt Beane Airfield als Zwischenstopp und letzte Station zum Auftanken der Maschinen, die auf dem Weg nach Südeuropa den Atlantik überquerten.

Vom **Cape Moule à Chique,** auf dessen 220 m hohen Hügel an der Südspitze von St. Lucia ein Leuchtturm den Schiffen den Weg weist, kann man bei gutem Wetter in Richtung Süden das nur 35 km entfernte St. Vincent ausmachen. In den steilen Klippen der Halbinsel leben Tausende von Seevögeln.

Vor der Ostküste des Kaps, in der Bucht von Anse de Sable, brechen sich die Wogen des Atlantiks an den Felsen der beiden kleinen **Maria Islands.** Das kleine Naturreservat für Seevögel wird vom St. Lucia National Trust betreut (✆ 758-452-5005, 758-453-1495, Mi–So 9–17 Uhr). Auf den winzigen Eilanden leben mit der Grasschlange Kouwes und dem in intensiven Blau- und Grüntönen gefärbten Salamander Zandoli Te zwei endemische Tierarten, also solche, die nur hier vorkommen. Die Inseln dürfen nur auf geführten Touren und nicht während der Brutzeit besichtigt werden.

Auf dem **Windward Highway** geht es von Vieux Fort bis Castries wieder nach Norden, gut 50 km entlang einer meist felsigen und zerklüfteten Atlantikküste. Wenn Wind aufbrist, brandet die langgezogene Dünung des Atlantischen Ozeans gegen die dunklen Lavafelsen.

Ein vorgelagertes Korallenriff schirmt die **Savannes Bay** gegen die mächtigen Wogen des Atlantiks ab. So konnte sich in der Bucht ein besonderer, inzwischen als Nature Reserve geschützter Lebensraum entwickeln, mit Seegraswäldern, Muschelkolonien und großem Fischreichtum.

Der Highway führt nun in einiger Entfernung zum Meer weiter Richtung Norden. Kleine Stichstraßen enden auf umbrandeten Felskaps und in einsamen Buchten. Über Micoud, dem einzigen Hafen der Ostküste, geht es zwischen Plantagen einige Kilometer landeinwärts bis Mon Repos.

Kurz hinter dem Örtchen Mon Repos befindet sich heute einer der schönsten botanischen Gärten der Insel. Die verschlungenen Wege durch Wälder, tropische Blumenpracht und den medizinischen Kräutergarten von **Mamiku Gardens** (✆ 758-45-3729, 9–17 Uhr) erschließen das Gelände einer früheren Zuckerrohrplantage. Der französische Gouverneur von St. Lucia, Baron de Micoud, ließ sie im Jahre 1766 errichten. Später diente die herrschaftliche Villa als Kommandoposten der britischen Kolonialarmee. Dekorative Ruinen erinnern an blutige Kämpfe zwischen britischen Truppen und entlaufenen aufständischen Sklaven, bei denen die Plantage in Flammen aufging.

Nur wenig weiter im Norden schauen zwei kleine Felseninseln aus dem Wasser der Praslin Bay. Zwischen Mai und Juli werden die Eilande von einigen Hundert der dort nistenden Fregattvögel in Beschlag genommen. Die **Frigate Islands** sind wie die Maria Islands im Süden als Nature Reserve geschützt und dürfen nur mit Erlaubnis des St. Lucia National Trust besucht werden. Von einem neu angelegten Wanderweg entlang der Küste von Mandélé bis zur Praslin Bay kann man die Vögel beim Fangen von Fischen beobachten. In den Sommermonaten kreisen stets einige Dutzend mit eindrucksvoller Flügelspannweite von zwei Metern über ›ihrer‹ Insel. Selten wird man auf einer Wanderung die scheue und harmlose Schlange Tête Chien aus der Familie der Boa Constrictor zu Gesicht bekommen, die zuweilen versteckt im Unterholz schläft. Unangenehmer kann da schon die Begegnung mit der eigentlich in Südamerika heimischen Lanzenotter Fer-de-Lance sein. Sie ist ebenfalls äußerst selten, ihr giftiger und äußerst schmerzhafter Biß erfordert jedoch zügige ärztliche Betreuung. Gute Wanderschuhe, nicht etwa offene Sandalen, sind bei Touren durch offenes Gelände mit Gras und Unterholz bereits ein guter Schutz.

In **Dennery** liegen bunt bemalte Fischerboote hochgezogen am Strand. Nicht wenige von ihnen werden, wie schon vor mehreren hundert Jahren bei den indianischen Bewohnern üblich, mühsam aus einem einzigen Stamm des Gommier, des Gummibaumes, gefertigt. Beiderseits des Windward Highways erstrecken sich nun endlos erscheinende Bananenplantagen. Über die Stauden mit den noch grünen Früchten sind meist blaue Plastikfolien gezogen. Sie sollen die Früchte vor Schädlingen und vor zu starker Sonnenstrahlung schützen. Wenn Bananendampfer am Pointe Banes in Castries angelegt haben, sieht man eine lange Karawane japanischer Kleintransporter auf dem Weg zum Hafen, hoch beladen mit frisch geschlagenen, grünlichen Stauden. Die Ertragslage der Bananenbauern ist angespannt und verschlechtert sich seit einigen Jahren. Nachdem die Europäische Union 1999 vor der Handelsmacht der USA eingeknickt ist, sind die Bananen von St. Lucia und den anderen Karibischen Inseln schutzlos dem gnadenlosen Konkurrenzkampf mit den ›Dollar-Bananen‹ US-amerikanischer Konzerne aus mittel- und südamerikanischer Massenproduktion ausgesetzt. Die Existenz tausender Kleinbauern ist massiv bedroht.

Am **Barre de l'Isle Ridge,** einem 300 m hohen Sattel, ist der bergige Rücken der Insel erreicht. Hier auf der Ost-West-Wasserscheide wachsen keine Bananen, sondern Baumfarne, Palmen und Nadelhölzer.

Die Bucht von Anse Chastanet begeistert
Segler, Schnorchler und Taucher

Wer sich die Erlaubnis vom Forest
and Land Department einholt (✆
758-450-2231, 758-450-2078) oder
sich einem Anbieter von Ausflugstouren anvertraut, kann auf halbtägi-
gen einsamen Wandertouren entlang dem Barre de l'Isle Trail und
zum Mount La Combe die unbe-
rührte Berg- und Hügellandschaft
des Inselinneren erkunden. Schöne
Aussichtspunkte ermöglichen den
Blick auf die Täler und Küsten aus
der Vogelperspektive.

Die Straße vom Barre de l'Isle
folgt dem Lauf des Cul de Sac River
in einem weiten Bogen nach Norden. In dessen Tal begleiten den Reisenden auf dem Rückweg nach Castries wieder die blau verpackten
Früchte ausgedehnter Bananenplantagen.

St. Lucia Tourist Board, Soufrière,
✆ 758-452-7419; Hewanorra Airport, ✆ 758-454-6644.

Jalousie Hilton Resort & Spa
($$$$$), zwischen den Pitons,
✆ 758-459-7666, Fax 758-459-7667,
jalousie-hilton.com: luxuriöse Villen und
Suiten am Strand. **Ladera Resort**
($$$$–$$$$$), Leeward Hwy., südl. von
Soufrière, ✆ 758-459-7323, Fax 758-
459-5156, ladera-resort.com: wenige individuell gestaltete, geräumige Zimmer
hoch über der Küste zwischen den
Pitons, exzellentes Restaurant. **Anse
Chastanet** ($$$$–$$$$$), Bucht von
Anse Chastanet, nördl. von Soufrière, ✆
758-459-7000, Fax 758-459-7700, anse
chastanet.com: zauberhafte Lage mit
Chalets am üppig bewaldeten Hügel, direkt am Meer, z. T. Blick auf die Pitons,
zwei Strände, Wassersport und hervorragende Tauchbasis, gute Restaurants und
Bars. **Still Plantation & Beach Resort**
($$–$$$), Soufrière, ✆ 758-459-7261,
Fax 758-459-7301: Studios und Apartments am Strand oder einige Minuten
entfernt auf der Plantage, vorzügliches
Restaurant. **Marigot Beach Club**

($$–$$$), Marigot Bay, ☏ 758-451-4974, Fax 758-451-4973: Zimmer und Apartments am aufsteigenden Ufer der traumhaften Bucht, Wassersportzentrum mit Tauchbasis, Strandbar mit leckeren Kleinigkeiten zum Essen. **Club Mediterranée** ($$–$$$), Vieux Fort, ☏ 758-454-3100, Fax 758-454-6017: Reservierung über heimische Reisebüros, All-Inclusive-Resort mit umfangreichem Freizeitangebot. **Kayere Pann Inn** ($–$$), Castries Rd., am nördl. Rand von Soufrière, ☏ 758-459-7441: sauberes Bed & Breakfast mit Blick auf die Pitons und die Bucht. **Kimattria Hotel** ($–$$), Vieux Fort, auf dem Hügel südl. des Hafens, ☏ 758-454-6328: einfaches, altmodisches Hotel, mit luftiger Veranda, die herzhafte Küche bietet kreolischen Fisch.

Dasheene ($$$$), im Ladera Resort, südl. von Soufrière, ☏ 758-459-7323: köstliche, preisgekrönte Kreationen des einheimischen Chefkochs. **Piton** ($$$$), im Anse Chastanet Hotel, Soufrière, ☏ 758-459-7000: feine französisch-karibische Küche zum Genießen. **The Still** ($$–$$$), Bay St., Soufrière: kreolische Plantagenküche, herzhaft, mit lokalen Zutaten. **Balembouche Estate** ($$–$$$), Leeward Hwy., südöstl. von Choiseul, ☏ 748-455-1244: stilvolles Dinner im 200 Jahre alten Plantagenhaus; die deutschstämmige Besitzerin Uta Lawaetz vermietet auch einige Zimmer. **Mr. JJ** ($–$$$), Marigot Bay, ☏ 758-451-4076: köstlich zubereitete Fische und Schalentiere, feurige und milde Saucen nach Geheimrezept. **Dolittle's Restaurant & Beach Bar** ($–$$), Marigot Bay: legere Atmosphäre, Drinks und Snacks, direkt am Wasser. **Bang**, Anse de Pitons ($–$$), ☏ 758-459-7864: origineller Beach-Hangout von Lord Glenconner, dem ›Erfinder‹ der Millionärsinsel Mustique, gute Drinks und feurige Brathähnchen, Reggae-Musik, die meisten Gäste kommen per Boot. **La Pirata** ($–$$), Vieux Fort, an der Küstenstraße westl. des Ortes, ☏ 758-454-6610: freundliches italienisches Restaurant mit guten Pastagerichten und Suppen. **Camilla's** ($), Bridge St., Soufrière, ☏ 758-459-5379: ländlich-kreolische Küche, einige Zimmer.

Frighday Night Street Jam, Marigot Bay, organisiert vom Restaurant Mr. JJ: frisch Gegrilltes und heiße Musik, bis der letzte gegangen ist. **The Reef,** Anse de Sable Beach, Vieux Fort, ☏ 758-454-7400: Essen, Trinken, Pool-Billard und gute Musik, Mo–Fr bis 23 Uhr, am Wochenende bis zum Abwinken.

Choiseul Arts and Crafts Centre, La Fargue, Choiseul, ☏ 758-454-3226, Mo–Fr 8–16, Sa 10–16 Uhr: Kunsthandwerk in indianischer und afrikanischer Tradition.

Wassersport
The Moorings Yacht Charters, Marigot Bay, ☏ 758-451-4256: Charterboote mit und ohne Crew, Hotel und Restaurant in der Traumbucht. **Island Windsurfing Ltd.,** Anse de Sable Beach, Vieux Fort, ☏ 758-454-7400, ab 10 Uhr: das beste Windsurfing Center von St. Lucia.
Reiten
Trekkers, Morne Coubaril Estate, Soufrière, ☏ 758-459-7340: Ausritte mit Pferden und Ponys auf dem Landsitz und zu verschiedenen Ausflugszielen.
Touren
Morne Coubaril Estate, nahe Soufrière, ☏ 758-459-7340: Anbau und Verarbeitung von Maniok, Kakao und Kopra, Besichtigung einer ehemaligen Landarbeitersiedlung. **Errard Plantation,** Dennery, Anmeldung ☏ 758-453-1260: Besichtigung der Plantage, Information und Kulturprogramm zum Kakaoanbau, kreolisches Lunchmenu.

In der **Marigot Bay** lädt ein kleiner, von Palmen gesäumter Strand zum Bad. Die Strände in der Bucht von **Anse Chastenet** und an der **Jalousie Bay** nördlich und südlich von Soufrière eignen sich vortrefflich zum Baden und Schnorcheln. Nahe dem **Point Sable** bei Vieux Fort kann man sich sonnen, surfen und auch baden, wenn man Wellengang und Strömungen beachtet.

Barclays Bank, Soufrière, ✆ 758-459-7255; Vieux Fort, ✆ 758-454-6255. **National Bank of St. Lucia,** Soufrière, ✆ 758-459-7450; Vieux Fort, ✆ 758-454-7780.

Die **Poststation** ist in Soufrière direkt an der Strandpromenade, in Vieux Fort in der Theodore St.

Polizei Soufrière, ✆ 758-459-7333.

St. Jude's Hospital, Vieux Fort, ✆ 758-454-6041. **Öffentliche Praxis** Soufrière, ✆ 758-459-7258. **Öffentliche Praxis Dennery,** ✆ 758-453-3310. **Zahnarzt Soufrière,** ✆ 758-459-5564;

Ben's Taxi Service, Market Rd., Soufrière, ✆ 758-459-5457. **Vieux Fort Taxi Service,** ✆ 758-454-2643. **Southern Taxi Association,** Hewanorra Airport, ✆ 758-454-6136.

Cool Breeze Jeep Rental, Soufrière, ✆ 758-459-7729. **Avis Rent-a-Car,** Hewanorra Airport, ✆ 758-454-6325. **Budget Car Rental,** Hewanorra Airport, ✆ 758-454-5311.

St. Lucia Helicopters, ✆ 758-453-6950: Airport-Shuttle zwischen den Flughäfen Hewanorra und Vigie sowie Inseltouren.

Soufrière Water Taxi Association, ✆ 758-459-7239, 758-454-5420: tuckert zwischen Soufrière sowie verschiedenen Küstenhotels und Sehenswürdigkeiten.

Die Korallengärten vor St. Lucia

Die meisten Besucher, die nach St. Lucia reisen, erträumen sich auf der Insel einen paradiesischen Badeurlaub vor tropisch grüner Kulisse und mit glasklarem, türkisblauem Meer. Sie werden nicht enttäuscht – die karibische Westküste von St. Lucia gehört zu den schönsten Tauchgebieten der Kleinen Antillen mit einer Vielfalt von Fischen und Korallen, die ihresgleichen sucht.

Zwischen dem Riff am Pointe du Cap – an der Nordspitze von St. Lucia – und dem Wrack des Frachters Waiwinette vor den Klippen der Halbinsel Moule à Chique – ganz im Süden bei Vieux Fort – verteilen sich mehr als zwei Dutzend lohnender Tauchgründe. Die meisten von ihnen liegen in einem geschützten Seegebiet vor Soufrière, zwischen der Bucht Anse Chastanet und dem Blue Hole unterhalb vom Gipfel des Gros Piton. Nur wenige Schwimmflossenschläge vom weichen Sandstrand der Bucht Anse Chastanet entfernt eröffnet sich eine unterseeische Zauberlandschaft, die vom Ufer nicht einmal zu erahnen ist.

Venusfächerkorallen, biegsame Verästelungen, die sich im Rhythmus des Meeres hin- und herwiegen, langgezogene gelbe Trompetenfische, oft begleitet von ebenfalls gelb gezeichneten Schweinsfischen, getüpfelte Papageifische, die an Algen weiden, und vom Sonnenlicht be-

Im Unterwasserparadies an der Westküste

schienene Unterwasserwiesen, über die sich riesige Schwärme, »Schulen« tropischer Lippfische bewegen. Zutrauliche gelb-blaue Engelsfische fressen buchstäblich aus der Hand. Markant rötlich gezeichnete Soldatenfische scheinen im warmen Wasser zu stehen, bevor sie vor näher kommenden Tauchern abdrehen und sich ruhig in tiefer gelegene Regionen zurückziehen. Sogar Seepferdchen lassen sich ausmachen, ein sicheres Zeichen für ausgezeichnete Wasserqualität. Bei Seepferdchen und Seenadeln übernehmen die Männchen die Brutpflege, nicht nur unter Wasser ein selten zu beobachtendes Phänomen. Sie tragen die Eier am Bauch, bis die Jungen schlüpfen.

Nach dreijähriger Diskussion und langer Vorbereitung ist seit 1998 eine gesetzliche Regelung in Kraft, die zum Ziel hat, das Korallenriff vor der Küste zu schützen, dabei den örtlichen Fischern jedoch nicht die Existenz zu rauben. Zugleich erhalten Jachten sichere Ankerplätze, die außerhalb der gefährdeten Riffzone liegen, werden Maßnahmen zur Reduzierung der Abwässer aus der Landwirtschaft in die Tat umgesetzt.

Die Wasserqualität und der Fischreichtum der Korallenriffe im Bereich der Soufrière Marine Management Authority hat sich in letzter Zeit deutlich verbessert. Winzige Polypen vieler tausend Korallentierchen produzieren den Kalk, der die Zaubergärten der Riffe erst möglich macht. Sie können nur in sauberem, warmem Wasser existieren. Die Stöcke der Steinkorallen wachsen langsam zu vielgestaltigen und exotisch gefärbten Formationen heran. Hirnkorallen ziehen ihr Gerüst über bucklige Steine, Hornkorallen und die filigranen Gebilde der Geweihkorallen wachsen neben tiefblauen Vasenschwämmen und gelben Röhrenschwämmen. Putzergarnelen tanzen in den fleischigen, blütenähnlichen Kelchen von Seeanemonen. Eine verlockende, fast unwirklich farbige Traumwelt.

Scuba St. Lucia beim wunderschön gelegenen Hotel Anse Chastanet oder andere Tauchbasen bieten Schnorchel- und Tauchtrips für Anfänger und anspruchsvolle Taucher in die Korallengärten vor der Küste, zu den Steilwänden, wie Superman's Flight vor dem Bergkegel des Petit Piton, oder zu Wracks. Den Frachter Lesleen M. hat man 1986 in 20 m Tiefe versenkt. Die Fische haben den gut 50 m langen Frachter längst als künstliches Riff akzeptiert. Reling und Aufbauten sind mit Weichkorallen, Gorgonien und Schwämmen bewachsen. Wer in solchen Wracks oder an Felsspalten einer Muräne begegnet, sollte das Motto beherzigen, das allgemein für alle Schorchler und Rifftaucher gilt: »Look but do not touch!« – ansehen, aber nichts anfassen.

Scuba St. Lucia, beim Anse Chastanet Hotel, Soufrière, ☏ 758-459-7755: toll ausgestattetes PADI-Tauchzentrum, mit Korallengärten und Wracks vor der Haustür, gute Schnorchelgründe. **Rosemond's Trench Divers,** Marigot Bay, ☏ 758-451-4761: PADI-Tauchschule, Sondertarife für ›Jachties‹.

St. Vincent und die nördlichen Grenadinen

**Kingstown und die Südküste –
Geschäftiger Gemüsemarkt
und beschauliche Badebuchten**

**Die Westküste –
indianische Felszeichnungen,
erfrischende Wasserfälle und
ein schlafender Vulkan**

**Die Ostküste –
Plantagen, Blütenpracht und
Pfeilwurz**

**Die nördlichen Grenadinen –
Seglerdorado in türkisblauem
Meer**

Das Palm Island Resort aus der Vogelperspektive

St. Vincent und die nördlichen Grenadinen

Wie ein großer tiefgrüner Smaragd in der Karibischen See erscheint die von tropischem Regenwald bedeckte Vulkaninsel aus dem Flugzeug. Nach Süden erstreckt sich die Inselkette der Grenadinen im türkisfarbenen Wasser, ein Paradies für Segler und Taucher.

Die Hauptstadt Kingstown und die Südküste

Kingstown, Hauptstadt von St. Vincent mit etwa 40 000 Einwohnern, liegt im Südwesten der Insel in einer weitgeschwungenen Bucht. An ihrem Deep Water Wharf können tiefgehende Frachter ihre Ladung aufnehmen oder löschen. Die Bucht ist von Hügeln umgeben, an deren von Bäumen und Büschen bewachsenen Hängen sich die Wohnhäuser hinaufziehen. Die Kariben, die lange vor den Europäern die Insel erobert hatten, nannten ihr Eiland *Hairoun,* Heimat der Seligen. Der Name St. Vincent gründet sich auf den Tagesheiligen des katholischen Kalenders am 22. Januar. An jenem Tag sollen spanische Entdecker die Insel erstmalig gesichtet haben.

Die Innenstadt von Kingstown ist leicht zu überblicken. Sie erstreckt sich zwischen Grenville und Halifax Street im Norden sowie der Bay Street im Süden und den etwas mehr als einem halben Dutzend Querstraßen zwischen ihnen. Im Geviert zwischen Bedford und Hillsboro Street sowie Halifax und Bay Street breitet sich der muntere **Markt** (1) aus. Am Freitag und Samstag vormittag, wenn zusätzlich Marktfrauen vom Lande eintreffen, herrscht ein besonders quirliges Treiben. Gemüse und Früchte liegen auf Tüchern und Kisten ausgebreitet, von bunten Sonnenschirmen vor der Sonne geschützt. Es wird geklönt, diskutiert, die frische Ware angepriesen. Von anderen Ständen ziehen verführerische Düfte kleiner Garküchen vorüber.

Das aus örtlichem vulkanischen Stein erbaute **Gerichtsgebäude** (2) steht bereits seit 1798 an der belebten Kreuzung von Hillsboro und Halifax Street im Ortszentrum. Hier treffen sich die Abgeordneten des 15köpfigen Parlamentes. Arkadengänge säumen die Straßen. In ihnen verbergen sich die Eingänge zu Geschäften, Büros, einigen Restaurants und Rumshops.

›Steckbrief‹

Lage: Inselstaat der Windward Islands, Kleine Antillen; ca. 150 km westlich von Barbados zwischen St. Lucia im Norden und Grenada im Süden
Fläche: 389 km², Hauptinsel St. Vincent 345 km², mehr als 30 kleinere Inseln, die Grenadinen, insgesamt 44 km²
Hauptstadt: Kingstown, knapp 40 000 Einwohner
Bevölkerung: ca. 118 000 Einwohner, d. h. 303 pro km²; ca. 90 % westafrikanischer Abstammung, ca. 5 % indischer Herkunft, ca. 3 % Weiße, wenige hundert Nachfahren der Kariben leben im Inselnorden
Religion: knapp 60 % protestantische Christen, vorwiegend Anglikaner und Methodisten, knapp 11 % Katholiken, der Rest unterschiedliche christliche Glaubensrichtungen und naturreligiöse Sekten
Amtssprache: Englisch; Umgangssprache franz. *Patois* und Englisch
Bildungssystem: Schulbesuch ist kostenfrei, aber nicht verpflichtend; weiterführende Schulen meist konfessionell; Analphabetenrate ca. 10 %
Staatsform: konstitutionelle Monarchie mit Ein-Kammer-Parlament, Wahlrecht mit 18 Jahren, Staatsoberhaupt ist die britische Königin, vertreten durch den Generalgouverneur
Unabhängigkeit: 27. Oktober 1979, nach mehr als 200 Jahren französischer und britischer Kolonialherrschaft sowie einigen Jahren Teilautonomie
Wirtschaft: Bruttoinlandsprodukt 260 Mio. US-$, pro Einwohner ca. 2200 US-$; überwiegend landwirtschaftliche Produkte (Bananen, Pfeilwurz), langsam wachsender Tourismus; Arbeitslosenrate ca. 30 %
Währung: 1 East Caribbean Dollar (EC-$) = 100 Cent

An der Upper Bay Street wurde 1990 mit Hilfe japanischer Investoren ein neuer **Fischmarkt** (3) eröffnet, der folgerichtig Little Tokyo genannt wird. Schräg gegenüber, im Gebäude der aus dunklen Bruchsteinen errichteten **Polizeihauptwache** (4), können Urlauber gegen Gebühr eine Fahrerlaubnis für die Insel erwerben. Meist bewacht ein Polizist in makelloser Uniform den Eingang zum Gebäude. Ende Juni bis Anfang Juli ziehen Calypso- und Steelbands mit maskierten, tanzenden Menschen durch die Straßen der Innenstadt, wenn *Vincy Mas,* der Karneval auf St. Vincent, gefeiert wird.

Auf dem Gemüsemarkt ▷

Kingstown und die Hafenbucht

An der stadtauswärts zur Westküste führenden Grenville Street steht die anglikanische **Kathedrale St. George** (5). Der wuchtige Bau wurde etwa 1820 errichtet. Seine Außenmauern sind in einem blassen Ocker getönt. Im Inneren ziert den Mittelgang ein Kronleuchter, der aus der Ladung eines vor der Küste gestrandeten Schiffes stammt. Darunter erinnert eine meist von einem Läufer verdeckte Steinplatte an den britischen Offizier Alexander Leith. Ihm war es 1795 gelungen, Chatoyer, den Anführer der *Black Caribs*, im Zweikampf zu töten. Damit fehlte dem bislang erfolgreichen Aufstand die Führungspersönlichkeit. Chatoyer gilt heute als ein Nationalheld von St. Vincent. Ein in leuchtendrote Ge-

wänder gehüllter Engel schmückt auffällig das nach Süden zeigende Kirchenfenster des Querschiffes. Er war eigentlich für die St. Paul's Cathedral in London bestimmt gewesen. Doch Königin Viktoria, die das Glasfenster in Erinnerung an ihren verstorbenen Enkel gestiftet hatte, war empört über den für ein Engelsgewand unschicklichen Farbton. Sie ließ das Fenster in die Asservatenkammer der Kathedrale verbannen, aus der es erst in den 1930er Jahren für den dauerhaften Einsatz in den Kolonien hervorgeholt wurde.

Schräg gegenüber an der North River Road ragen die Türme der römisch-katholischen **Kathedrale St. Mary** (6) und ihres Presbyteriums auf. Der skurrile Kirchenbau wurde 1823 aus dunklem Vulkangestein und in einem seltsamen Stilmix errichtet. Nach mehrfachen Um- und Anbauten fügen sich Elemente aus

Romanik, Gotik, Renaissance und Barock, Türme, Bogen, Spiralen und Verzierungen zusammen, wo sie nicht zusammengehören. Innen wirkt die Kathedrale eher unscheinbar.

Von dem 183 m hohen Berkshire Hill, der den Norden der Kingstown Bay begrenzt, bewacht die Festung **Fort Charlotte** (7; ✆ 784-456-1165, Zugang durchgehend geöffnet) Hafen und Stadt. Sie liegt etwa drei Kilometer oder einen 45minütigen, teils steilen Fußweg von der Innenstadt entfernt. Das Bollwerk wurde nach Charlotte von Mecklenburg, der Gemahlin des britischen Königs Georg III. benannt. Viele der 34 Kanonen sind nicht gen See gerichtet, sondern zeigen auf das Inselinnere. Für die britische Kolonialverwaltung galten eben nicht nur Franzosen oder Piraten, sondern gleichfalls die

Kingstown, Innenstadt: **1** Markt **2** Gerichtsgebäude **3** Fischmarkt **4** Polizeihauptwache **5** Kathedrale St. George **6** Kathedrale St. Mary **7** Fort Charlotte **8** Botanischer Garten **9** Archäologisches Museum

Die katholische
Kathedrale St. Mary

Sklaven sowie die wenigen noch im unzugänglichen Inselnorden lebenden, kampferprobten *Black Caribs* auch nach deren Niederlage im Brigantenkrieg als mögliche Bedrohung ihrer Herrschaft. In den ehemaligen Offiziersunterkünften sind gegen eine geringe Eintrittsgebühr die Wandgemälde des einheimischen Künstlers Lindsay Prescott zur Geschichte des Inselstaates und der *Black Caribs* zu sehen.

Der weite Blick über die Inselkette der Grenadinen im Süden ist die eigentliche Attraktion der Festung. Bei klarem Wetter läßt sich am Horizont sogar Grenada ausmachen. Die Festungsbäckerei liegt heute verlassen da. Noch vor wenigen Jahren versorgte sie die Insassen eines Frauengefängnisses, das nicht weit unterhalb der Klippe liegt, sowie das Hospital der Stadt mit frisch gebackenem Brot.

Sehenswert ist auch der **Botanische Garten** (8; ☎ 784-457-1003, 6–18 Uhr). Er wurde von den Engländern bereits 1765 als erster in der Karibik angelegt. Die Zufahrt zur 8 ha großen Anlage geht vom Leeward Highway bei Kingstowns nördlichem Außenbezirk Montrose ab. Unter den Bäumen des Landschaftsparks sieht man nicht selten Hochzeitsgesellschaften oder kirchliche Gruppen, die die gepflegte Anlage als Rahmen ihrer Zusammenkünfte schätzen. Vor allem die Hibiskusallee, in der mehr als 50 verschiedene Arten der farbenprächtigen Pflanze blühen, gehört zu den beliebtesten Kulissen für Hochzeitsfotos. Der Eintritt zum Botanischen Garten ist kostenlos, auch wenn die zahlreichen selbsternannten Führer an seinem Eingang etwas anderes vorgeben. Vielleicht ist es dennoch keine schlechte Idee, nach vorheriger verbindlicher Absprache über den Preis auf ihre Dienste zurückzugreifen. So kann man viel über die unterschiedlichen Pflanzen, ihre Geschichte und ihren Nutzen erfahren.

Mitten im Park steht ein ausladender Brotfruchtbaum. Er soll direkt von einem Setzling abstammen, den Kapitän Bligh von seiner zweiten Fahrt aus der Südsee mit der HMS Providence in die Karibik mitbrachte. Drei seiner Blätter sind in der Nationalflagge von St. Vincent stilisiert dargestellt. In einem kleinen Vogelhaus im hinteren Teil des Botanischen Gartens hört man das Gekrächze von etwa 20 St. Vincent-

Papageien. Ein Aufzuchtprogramm für junge Tiere, die später in die Freiheit entlassen werden, soll helfen, den Bestand des in den unzugänglichen Regenwäldern des Inselinneren lebenden farbenprächtigen Amazonas-Guildingly zu stabilisieren.

In einem unscheinbaren, kleinen Gebäude, in dem früher der Kurator des Gartens seinen Sitz hatte, ist seit einigen Jahren das **Archäologische Museum** (9; Mi 9–12, Sa 15–18 Uhr) untergebracht. Es ist vor allem das Werk seines Leiters, Dr. Earle Kirby, der unter sehr schwierigen Rahmenbedingungen und ohne große finanzielle Mittel eine erstaunlich vielfältige Sammlung zur präkolumbianischen Geschichte von St. Vincent und der südöstlichen Karibik zusammengetragen hat. Der eigentlich längst pensionierte, in Fachkreisen hoch angesehene Historiker hatte ursprünglich Tiermedizin studiert. Er unterbreitet interessierten Besuchern gern seine durch viele Funde unterstützten, aber von der traditionellen Geschichtsforschung abweichenden Thesen. Danach sind im 13. Jh. – lange vor Kolumbus und den Spaniern – afrikanische Seefahrer aus Mali mit ihrem Anführer Abubakari und mehreren Schiffen in diesem Teil der Karibik gelandet. Nur hätten sie, anders als die spanischen Entdecker, gegen die Passatwinde nicht den Weg zurück in ihre Heimat gefunden und von ihren Abenteuern berichten können. Sie mußten sich statt dessen in die karibische Welt integrieren. Entlaufene Sklaven vor der Küste gestrandeter

Blick über die Kingstown Bay

Schiffe hätten nach dieser Theorie allenfalls die Bevölkerung der *Black-Carib*-Dörfer aufgefrischt, sie jedoch nicht begründet.

Wer Kingstown nach Südosten verläßt, gelangt schnell zum E. T. Joshua Airport und gleich darauf nach **Villa Beach** und **Indian Bay.** Die beiden Viertel gehören zu den wohlhabenderen Wohngebieten am Rande der Stadt. An ihren Buchten finden sich auch die meisten Hotels der Insel für Urlauber und Geschäftsleute sowie verschiedene Fischrestaurants. Das üppig bewachsene Inselchen **Young Island**

liegt malerisch direkt vor der Küste von Villa Beach. Das nach einem früheren britischen Gouverneur benannte Eiland macht einen märchenhaften Eindruck. Hinter seinen von Palmen gesäumten Sandstränden und der kleinen Marina breitet sich eine Hotelanlage mit mehreren Restaurants aus, die die Insel komplett einnimmt. Eine Minifähre bringt Hotel- und Restaurantgäste sowie die Mitarbeiter schnell über die etwa 150 m breite Meerenge des Young Island Cut. Wassertaxis umkurven Young Island und setzen interessierte Feriengäste für eine Besichtigung am **Fort Duvernette** ab, einem vorgelagerten Felsen, den die britische Kolonialmacht gegen Ende des 18. Jh. in eine Festung umwandelte. Heute wird die Anlage vom St. Vincent National Trust betreut. Die Indian Bay gehört ebenso wie die benachbarte halbrunde Blue Lagoon Bucht zu den beliebten Ankerplätzen für private Segeljachten.

Tourist Office, Bay Street, ✆ 784-457-1502.

Young Island Resort ($$$$$), Young Island, ✆ 784-458-4826, Fax 784-457-4567: exklusives Resorthotel auf einer Privatinsel, 70 m vor der Küste, Cocktailparty am Do, zum Wochenende mit Musikgruppen. **Camelot Inn** ($$$$), Kingstown Park, ✆ 784-456-2100, Fax 784-456-2233: elegante Anlage mit Blick auf die Stadt, sehr gutes Terrassenrestaurant King Arthur Dining Room. **Casa de Columbus** ($$$), Indian Bay Beach, ✆ 784-458-4001, Fax 784-457-4777, casadecolumbus.com: nettes Strandhotel mit Bar, Restaurant und Dachterrasse, viele Sportangebote. **Cobblestone Inn** ($$), Upper Bay St., ✆ 784-456-1937, Fax 784-456-1938: Stadthotel in renoviertem, ehemaligen Lagerhaus, das Parterre nehmen Geschäfte und Basil's Restaurant ein. **Beachcombers Hotel** ($$), Villa Beach, ✆ 784-458-4283, Fax 784-458-4385: nett in tropischem Garten angelegtes Chalethotel. **Coconut Beach Inn** ($$), Indian Bay, ✆ und Fax 784-457-4900: gute Lage gegenüber von Young Island, legendäre Jolly Roger Bar.

The French Restaurant ($$–$$$$), Young Island Cut, ✆ 784-457-4930: kleine Lunchspezialitäten, lecker zubereitete Fische und Hummer, donnerstags und samstags abends Pianomusik. **Basil's Bar & Restaurant** ($$), Bay St., ✆ 784-457-2713: originelle Bar und gutes Fischrestaurant, Ableger des legendären Originals auf der Insel Mustique.

Jolly Roger Bar ($–$$), ✆ 784-457-490: gute Stimmung, gutes Essen und eine Galerie. **Coconut Beach Inn** ($–$$), Indian Bay, ✆ 784-457-4900: westindische Küche.

The Attic, Ecke Melville St./Back St., ✆ 784-457-2558: Jazzclub, am Wochenende mit Live-Musik. **Level Three,** Grenville St., ✆ 784-456-2015: ideal für die mittlere Altersgruppe mit Oldies but Goldies. **Aquatic Club,** Young Island Cut, ✆ 784-458-4205: am Wochenende wird es spät bzw. früh. **Touch Entertainment Centre,** Back St., ✆ 784-457-1825: Mi, Fr, So mit Disco und House.

Artisans Art & Crafts Shop, Ecke Bay St./Egmont St., ✆ 784-458-4436: Kunsthandwerk und Mode aus St. Vincent. **St. Vincent Craftsmen Centre,** James St., ✆ 784-457-1288: Kleidung, Schnitzereien und Töpferwaren unterschiedlicher Qualität. **St. Vincent Handcraft Centre,** Frenches Gate, ✆ 784-457-2516: Wer will, kann Kunsthandwerkern bei der Arbeit zusehen und ihre Produkte erwerben. **St. Vincent Philatelic Services,** Bay St., ✆ 784-457-1911: farbenprächtige Briefmarken der Insel. **Music World,** Egmont St., ✆ 784-547-1884: Calypso, Soca und Reggae in guter Auswahl.

Tauchen
Dive St. Vincent, Young Island Cut, ✆ 784-457-4928: bietet PADI/NAUI-Kurse und verleiht Tauchausrüstungen.
Angeln
Crystal Blue Sportfishing, Indian Bay, ✆ 784-457-4532, Fax 784-456-2232: Angeltrips für Sportfischer.
Tennis
Tennisspieler finden in verschiedenen Hotels gut gepflegte Plätze. Der **Cecil Cyrus Squash Complex,** St. James Pl., ✆

784-456-1805, unterhält zwei Squash-Plätze und einen Tenniscourt.

Touren

Barefoot Yacht Charters, Blue Lagoon, ☎ 784-456-9526, Fax 784-456-9238: verfügt über eine Flotte feiner Segelboote und Katamarane sowie über eine Segelschule. **Blue Water Charters,** Aquatic Club, Villa, ☎ 784-456-1232: verleiht Boote mit und ohne Besatzung. **Fantasea Tours**, Villa Beach, ☎ 784-457-4477: steuert mit seinem Power-Boot verschiedene Ziele auf St. Vincent und den Grenadineninseln an. **Baleine Tours,** ☎ 784-457-4089: startet von Villa Beach mit Bootstouren entlang der Küste zu den Wasserfällen von Baleine und weiteren Zielen. **HazECO Tours,** ☎ 784-457-8634: Bus- und Wandertouren zum Vulkan sowie ›Flora and Founa Tours‹. **SVG-Tours,** ☎ 784-458-4534: ausgezeichnet geführte Wander- und Bustouren, auch abseits üblicher Strecken, im Mesopotamia Valley, zum Vulkankrater und durch den Regenwald.

 Bank of Nova Scotia, Halifax St., ☎ 784-457-1601. **Barclays Bank,** Halifax St., ☎ 784-456-1706: beide Mo–Do 8–15, Fr 8–17 Uhr.

 Hauptpostamt, Halifax St., Mo–Fr 8.30–15, Sa 8.30–11.30 Uhr.

Notruf/Feuerwehr/Ambulanz, ☎ 999. **Polizeihauptwache**, Bay St., ☎ 784-457-1211. **Küstenwache,** ☎ 784-457-4578.

Kingstown General Hospital, ☎ 784-456-1185: alle wichtigen Einrichtungen und eine Notfallambulanz. Private **Medical Associates Clinic,** Kingstown, ☎ 784-457-2598: bietet professionellen Service. Komplizierte Fälle werden nach Trinidad, Barbados, Caracas oder Miami ausgeflogen. **Zahnarzt** Dr.

Francois Truchot, ☎ 784-457-2136. **Davis Drug Mart,** Ecke Tyrrel St./McCoy St.; **Deane's Pharmacy,** Halifax St.: führen beide verschreibungspflichtige Medikamente und Drogerieartikel.

 St. Vincent Grenadines Air, E. T. Joshua Airport, ☎ 784-457-5124, svgair.com: bietet einen zuverlässigen Air-Taxi-Service mit gut gewarteten, zweimotorigen Flugzeugen.

 Private Minibusse kosten je nach Strecke 1–6 EC-$. Ein Schild an der Frontscheibe zeigt ihre Fahrtstrecke an. Die Busse halten auf Handzeichen.

 Es gibt ausreichend **Taxis.** Die Wagen haben keinen Taxameter, die Tarife für Strecken oder bestimmte Zeiten sind festgelegt. Eine aktuelle Preisliste (in EC-$) liegt im Administration Building in der Bay St. aus. Es ist sinnvoll, den Preis vor einer Fahrt zu klären.

 Eine zeitweilige Fahrerlaubnis erhält man bei Vorlage eines nationalen Führerscheins sowie gegen eine Gebühr von 40 EC-$ bei der Polizei am Flughafen, in der Polizeistation an der Bay St. oder im Büro der Licensing Authority in der Halifax St. Achtung: Auf St. Vincent herrscht Linksverkehr!
Avis, ☎ 784-456-2929: Vermietung direkt am Flughafen. **Kim's Rentals Ltd.,** Grenville St., ☎ 784-456-1884: vermietet auch Jeeps und andere Fahrzeuge mit Vierradantrieb.

 Regelmäßige Fährverbindungen zu den Grenadinen mit der MV Barracuda nach Bequia, Canouan, Mayreau und Union Island, mit der Bequia Express zwischen Kingstown und Bequia sowie der MV Admiral I ebenfalls zwischen Kingstown und Bequia. Preise je nach Entfernung 10–20 EC-$.

Die Westküste

Der **Leeward Highway** führt an der windabgewandten Westseite der Insel von Kingstown im Süden bis zur 40 km entfernten Richmond Beach. Kurvige, weiter im Norden auch recht holperige Straßen lassen keine hohen Geschwindigkeiten zu. Spektakuläre Aussichtspunkte auf die Küste und die Berge, kleine Fischerdörfer an Küsteneinschnitten, verlassene Ruinen früherer Zuckerrohrfabriken und geheimnisvolle Petroglyphen – Felszeichnungen längst vergangener indianischer Kulturen – machen einen Ausflug zur Panoramafahrt.

Gleich hinter Kingstown läßt sich vom Leeward Highway links die **Campden Park Bay** und der dort neuangelegte Gewerbepark ausmachen. Neben einem Container Terminal und einigen anderen Produktionsbetrieben wird hier das beliebte Hairoun-Bier von einer deutschen Brauerei abgefüllt.

Bei der **Buccament Bay** trifft die Straße auf die Küste. Am dunkelsandigen Strand, der zum Baden einlädt, liegen meist einige Fischerboote. In Buccament unterhält die Regierung eine Station, bei der Bananen verpackt und umgeschlagen werden. Die Früchte kommen von Plantagen aus dem landwirtschaftlich intensiv genutzten Buccament Valley, in das eine schmale Stichstraße am Buccament River entlang führt.

Über die Dörfer Peniston und Vermont am oberen Flußlauf gelangt man bald zum Ausgangspunkt der **Vermont Nature Trails.** Auch wenn die Pfade für die ein- bis zweistündigen Wanderungen in den Regenwald ausgebaut und markiert sind, sollten Besucher festes Schuhwerk nicht vergessen. Ein Insektenmittel kann ebenfalls nicht schaden, denn neben vielen anderen Tieren und Pflanzen fühlen sich auch Moskitos und Chiggers genannte, Sandflöhen ähnliche Insekten in dem feuchtwarmen Klima des tropischen Dschungels wohl. Hinweis- und Erläuterungsschilder informieren über die üppige Flora und Fauna im hügeligen Terrain des Naturschutzgebiets.

Wer den knapp drei Kilometer langen **Parrot Lookout Trail** entlangwandert, hat zumindestens frühmorgens oder gegen Nachmittag die Chance, außer Kolibris, Falken oder Krabbenbussarden einen der seltenen St. Vincent-Papageien zu sehen. Doch meist hört man nur sein Krächzen, wenn er auf der Suche nach Nahrung von Ast zu Ast fliegt.

Zurück an der Küste schließt sich nördlich der Buccament Bay gleich der Fischerort **Layou** an. An der Layou Bay ziehen die Fischer ihre bunt bemalten Boote nach dem Fang an den Strand. Häufig sieht man sie im Schatten der Palmen bei einem Schwätzchen ihre Netze flicken. Im Hinterland des Ortes gedeihen Kokosnüsse auf ausgedehnten Plantagen. Entlang der Westküste wurden an verschiedenen Stellen indianische Felszeichnungen gefunden.

Der imposante, 6 m große **Carib Stone** unmittelbar hinter Layou liegt auf einem privaten Grundstück. Deutlich ist auf ihm ein Gesicht zu erkennen, das vermutlich *Yokahu,* den Gott der Nahrung, symbolisieren soll. Da die Zeichnungen etwa 600 n. Chr. entstanden, können jedoch nicht Kariben, die erst 600 Jahre später die Insel erreichten, sondern Ciboney oder Arawak die Kultstätte geschaffen haben. Wer Interesse an einer Besichtigung hat, kann sich beim Besitzer des Grundstücks (Victor Hendrikson, ✆ 784-458-7243, geringe Gebühr) anmelden. Auf der Strecke weiter nach Norden zieht sich der kurvige Leeward Highway immer mehr von der Küste zurück. Viele der kleinen, von schwarzem Lavasand gesäumten Buchten sind nur vom Wasser aus erreichbar.

Barrouallie, wenige Kilometer nördlich von Layou, galt einst als wichtiger Hafen für Walfänger. Auch heute noch gehen die Fischer des kleinen Ortes mit ihren Ruderbooten und Handharpunen im Frühjahr auf die Jagd nach den kleinen Pilotwalen, die hier Blackfish genannt werden. Auf dem Hof der örtlichen anglikanischen Schule ist ein Steinaltar der Kariben zu besichtigen.

Die unmittelbar nördlich von Barrouallie gelegene **Wallilabou Bay** ist ein beliebter Anker-, Bade- und Picknickplatz. Hier legen die Bootsausflügler von Kingstown zu den Baleine-Wasserfällen eine Rast ein, genauso, wie diejenigen, die mit dem Auto auf dem Leeward Highway unterwegs sind. Segler, die in die Bucht einlaufen, erhalten schnell

Der selten gewordene St. Vincent-Papagei

Besuch von kleinen Ruderbooten, von denen die Dorfjugend ihnen Nachschub für die Bordkombüse verkauft. Weiter im Norden wird die Straße schlechter, die Gegend einsamer. Auch die **Cumberland Bay** mit ihrem kleinen Lavastrand und Kokosnußpalmen sowie einem Imbiß eignet sich gut für eine Rast.

Franzosen aus Martinique tauften ihre Siedlung einst **Chateaubelair** nach dem lauen Wind, der stets vom Meer weht und die tropische Hitze angenehm mildert. Durch die 70 m breite Meerespassage zwischen dem Festland und der vorgelagerten Felseninsel Chauteaubelair Islet ziehen die Ausflugsschiffe zu den Baleine-Fällen weiter im Norden ihre Bahn.

Bei **Richmond Beach** endet der Leeward Highway. Von hier geht es nur noch ein kleines Stück mit Allradfahrzeugen weiter oder besser zu Fuß. Eine Packstation für Bananen sammelt die Ernte aus den umliegenden kleinen Pflanzungen der Farmer und sorgt für den Transport zur Hauptstadt Kingstown. Vielleicht ist die Idee nicht schlecht, eine Rast am langen schwarzen Lavastrand einzulegen, bevor man sich auf die 45minütige Wanderung durch den tropischen Wald macht, die auf unebenen Wegen zu den **Trinity Falls** am Oberlauf des Wallilabou River führt. Die dreistufigen Kaskaden der Wasserfälle stürzen in ein natürliches Bassin, deren Strudel ein Bad zum gefährlichen Abenteuer machen würden. Eine Erfrischung ohne Risiko ist in Nebenpools, über die das Wasser talwärts strömt, möglich.

Die spektakulären **Baleine Falls** liegen noch weiter im Norden. Man erreicht sie nur nach einer anstrengenden Tour durch gebirgiges Terrain, besser aber per Boot. Verschiedene Veranstalter bieten von Kingstown oder Villa Beach Ausflugstrips an. Wer vom Schiff durch das flache Wasser an die Küste watet, gelangt nach einem fünfminütigen Spaziergang zu den Fällen. Das erfrischende, durch den nahen Vulkan La Soufrière wohltemperierte Wasser stürzt knapp 20 m über einen von Farnen bewachsenen Felsen in die Tiefe. In dem natürlichen Pool läßt sich wunderbar baden. Geübte und Mutige können die schmackhaften Panzerkrebse, die unter überhängenden Felsen im Wasser leben, mit der Hand fangen.

In Richmond beginnt auch ein schwieriger Wanderweg zum **Soufrière-Krater.** Auch wer über eine gute Kondition verfügt, sollte sich bei dem gut dreistündigen Fußmarsch zum Kraterrand einem örtlichen Führer anvertrauen und mit ausreichenden Vorräten und Wasser versorgen. Von den Bambushainen und tropischen Pflanzen der Küste taucht man bald ein in dichten Regenwald. In größerer Höhe wird die Vegetation kärglicher. Das Gestrüpp und steppenartiges Grasland wird von den Bahnen längst erkalteter Lavaströme unterbrochen. Am Kraterrand gedeihen nur noch einige Moose und Flechten. Aus Spalten und Schründen auf dem Kraterboden ziehen bisweilen dünne Rauchschwaden in den Himmel. Sie erinnern daran, daß der Vulkan nur schläft. Nach verheerenden Ausbrüchen in den Jahren 1718, 1812 und 1902, denen jeweils tausende Menschen zum Opfer fielen, hat der letzte größere Ausbruch 1979 dank des verbesserten Frühwarnsystem ›nur‹ die Bananenplantagen im Norden von St. Vincent vernichtet. Die mineralhaltige Asche, die bei den Ausbrüchen auf die umgebende Region regnet, wirkt auf den Boden wie eine großflächige Düngung. Häufig

Auf dem Kraterrand des Soufrière

umhüllen Wolken den Vulkangipfel, doch wer Glück hat, einen klaren Tag zu erwischen, wird mit einem atemberaubenden Blick aus 1234 m Höhe über die Insel und das Karibische Meer für die Anstrengungen des Aufstiegs belohnt. Der Abstieg am Osthang des Vulkankegels bis Rabacca ist deutlich einfacher.

🛏 **Petit Byahaut** ($$$–$$$$), Petit Byahaut Bay, ☎ 784-457-7008: alternatives All-Inclusive-Resort mit eleganten Zelten, 6 km nordwestlich von Kingstown, Naturumgebung, Wassersport, vorzügliches Restaurant, nur per Boot zu erreichen (Wassertaxi ca. 5 US-$ pro Strecke). **Wallilabou Bay Hotel** ($–$$), Wallilabou Bay, ☎ 784-458-7270: ordentliches Hotel sowie Restaurant, in dem häufig Segler einkehren.

🍴 **Emerald Valley** ($$$), Peniston Valley, ☎ 784-456-7824, Fax 784-456-2622: wunderbares Restaurant mit Plätzen am Pool, Spezialität Hummer; unterschiedliche Öffnungszeiten. Außerdem einige Zimmer sowie ein kleines Kasino mit einigen Roulettetischen.

🏃 **Emerald Equestrian Centre,** Queensberry, bei Peniston/Vermont, ☎ 784-458-7247, Fax 784-456-7578: bietet Ausflüge zu Pferd vom Strand bis in den Regenwald an.

Die Ostküste

Wer Kingstown nicht über Villa Beach auf der kurvenreichen Straße nahe der Küste verläßt, sondern den Vigie Highway entlang nach Nordosten fährt, erreicht bald das fruchtbare, von drei Flüssen bewässerte Marriaqua Valley. Es wird nach seinem wichtigsten Ort meist **Mesopotamia Valley** oder kurz Mespo genannt. Vor allem Bananen, aber auch Kokos- und Muskatnüsse, Brotfrucht und allerlei andere Frucht- und Gemüsesorten, die auf den von vulkanischer Asche gedüngten Feldern im Überfluß gedeihen, findet man am Sonnabend auf dem Markt der Hauptstadt Kingstown.

Am nördlichen Ende des Mesopotamia Valley liegen die **Montreal Gardens** (☎ 784-458-1198, 9–17 Uhr). Sie umgaben früher die Villa einer Zuckerrohrplantage, deren Überreste man noch erkennen kann. Heute werden in der paradiesischen Gartenanlage tropische Blumen, vor allem rote und weiße Anthurien gezüchtet.

Von Mesopotamia führt eine Straße zur Atlantikküste. Sie verläuft am Yambou River entlang, an dessen rechtem Ufer sich noch Steine mit indianischen Felszeichnungen erhalten haben. Bei Peruvian Vale erreicht man den **Windward Highway,** der meist nicht weit von der Wasserlinie entfernt nach Norden strebt. Die Wogen des rauhen Atlantiks brechen sich hier an einigen Sandsteinfelsen. Mehrere Bananen- und Kokosnußpackstationen sammeln die Ernte der umliegenden Plantagen und machen sie versandfertig. Nördlich von Mangrove überrascht ein mehr als 100 m langer Straßentunnel. Die britische Kolonialregierung ließ den

Black Point Tunnel 1815 von Sklaven aus den Vulkanfelsen schlagen und sprengen. Er diente als strategische Verbindung und zum besseren Transport für den Zucker der Plantagen aus dem Nordosten von St. Vincent.

Das von weitläufigen Kokospalmenwäldern umrahmte Ortsbild von **Georgetown** wenig weiter im Norden wirkt etwas trostlos. Graue vulkanische Asche auf einigen Hausdächern unterstreicht ebenso wie eine Reihe verlassener Häuser den ärmlichen Gesamteindruck. Nachdem vor einigen Jahren die Zuckermühle in der Nähe von Georgetown den Betrieb eingestellt hat, sind viele Arbeitsplätze, die zuvor Familien ernährten, weggefallen. Ruinen von insgesamt 160 Zuckermühlen auf St. Vincent belegen den dramatischen Wandel der Landwirtschaft in den letzten 40 Jahren.

Hinter dem **Rabacca Dry River** nördlich von Georgetown beginnt ein Bergwanderweg, der zum Kraterrand des Soufrière hinauf und bis Richmond an der Westküste auf einer schwierigen Passage wieder bergab führt. Das ›trockene Flußbett‹ ist erst beim Ausbruch des Soufrière 1902 entstanden, als sich zähflüssige Lava hier zum Meer herunterwälzte. Die Straße, die man passagenweise nur noch mit großer Phantasie als Highway bezeichnen kann, führt weiter nach Norden, zunächst durch die endlos scheinenden Kokospalmenwälder von Rabacca Farms, die von Kleinbauern bewirtschaftet werden.

In **Sandy Bay** leben viele Nachkommen der *Black Caribs*, die sich nach der endgültigen Niederlage im Kampf gegen die Engländer in die Berge flüchten konnten. Der größte Teil von ihnen wurde nach dem verlorenen Brigantenkrieg gegen Ende des 18. Jh. auf Inseln vor der Festlandküste von Honduras und Belize deportiert.

Nur mit geländegängigen Fahrzeugen ist die ungepflasterte Piste von Sandy Bay nach **Owia** zu bewältigen. Ein kleiner Verarbeitungsbetrieb westlich des Dorfes macht die in der Region geerntete Pfeilwurz versandfertig. Schon die Kariben nutzten den Extrakt der Arrow-

Felszeichnungen am Yambou River

root als Gegenmittel für Wunden von vergifteten Pfeilen. Die stärkehaltige Wurzel (lat. *maranta arundinacea),* aus der man ein Stärkemittel für Diätkost, Speiseeis und Babynahrung gewinnt, wird seit einiger Zeit auch zur Beschichtung von Computerpapier verwendet. Die Pflanze gedeiht besonders gut in der lockeren vulkanischen Erde im Norden und Osten der Insel. St. Vincent deckt etwa vier Fünftel des Weltbedarfs an Arrowroot.

Nördlich von Owia liegt nur noch **Fancy,** ein armes Dörfchen am Rande der Zivilisation und doch nur knapp 60 Straßenkilometer von Kingstown entfernt. Mit örtlichen Führern kann man sich von hier auf den gut drei Kilometer langen Weg zu den Baleine-Wasserfällen machen.

🍴 **Footsteps Restaurant & Bar** ($), Main Rd., Georgetown, ☎ 784-458-6433: einfach und günstig, westindische Küche, in der ersten Etage über dem Lebensmittelladen im Ortszentrum.

Die nördlichen Grenadinen

Alle 34 größeren und kleineren Grenadineninseln, die zu St. Vincent gehören, messen zusammen nur etwas mehr als 44 km². Die größte von ihnen ist Bequia mit 18 km², während Petit St. Vincent mit weniger als 0,5 km² über die Wasseroberfläche

guckt. Puderfeine, sonnenbeschienene Sandstrände in einsamen Buchten, meist dekorativ von schattenspendenden Palmen gesäumt, dazu eine türkisfarbene See, traumhafte Schnorchel- und Tauchreviere – die Grenadinen sind der wahr gewordene Traum von einem Inselparadies. Kein Wunder, daß in den Monaten zwischen Weihnachten und Ostern, wenn in Europa und Nordamerika ungemütliche Temperaturen herrschen, Segler aus aller Welt zwischen den Karibischen Inseln kreuzen. Acht der nördlichen Grenadinen sind bewohnt. Bequia, Mustique, Canouan und Union Island kann man mit kleinen Flugzeugen erreichen. Fährlinien verbinden St. Vincent mit Port Elizabeth auf Bequia, mit Canouan, Mayreau und Clifton auf Union Island.

Bequia, Petit Nevis und die Isle à Quatre

Bequia (sprich: Beck-wie) liegt mit seinen schönen Stränden, herrlichen Buchten, Korallenriffen und Wanderwegen nur 15 km und eine kurze Fährpassage von St. Vincent entfernt. Der Name aus der Sprache der Kariben bedeutet »Insel in den Wolken«, vielleicht, weil sich über den grün bewachsenen Hügeln, wie dem 230 m hohen Mount Pleasant, zuweilen eine leichte Bewölkung formiert.

Die nördlichen Grenadinen

Kingstown

St. Vincent

Young
Island

Bequia

Admiralty
Bay

Port Elizabeth

Derrick

Petit Nevis

Battowia

Isle à Quatre

Baliceaux

Pillories

All Awash
Island

Karibisches Meer

Lovell Village
Britannia
Bay

Mustique

Petit Mustique

Savan
Island

Petit
Canouan

Canouan

Charlestown

Atlantischer

Ozean

North Mayreau Channel

Catholic
Island

Mayreau

Tobago
Cays

Union
Island

Sail Rock

Chatham
Bay

Clifton

Ashton

Palm Island

ST. VINCENT UND
DIE GRENADINEN

Martinique Channel

Petit St. Vincent

Windward

Petit
Martinique

Hillsborough

Grand
Bay

GRENADA

Carriacou

N

0   10 km

Die **Admiralty Bay** beim Hauptort Port Elizabeth gilt als einer der beliebtesten Ankerplätze für Segler aller Nationen und Bootsklassen in der Karibik. Von hier starten Fähren nach Kingstown und den anderen Grenadineninseln. Hier wohnt auch der größte Teil der etwa 5000 Bewohner, unter ihnen auch eine Reihe deutscher Auswanderer.

Im gemütlichen und zuweilen lebhaften Ort **Port Elizabeth** fallen die älteren Holzhäuser im Gingerbread-Stil auf, mit geschnitzten und gemalten Verzierungen der Giebel. Restaurants und Hotels, diverse Geschäfte und Boutiquen versorgen Bewohner und Besucher. In den Bars werden bis in die Nacht fruch-

tige Rumcocktails serviert. Mit Taxis und Wassertaxis lassen sich alle Orte und Strände der Insel schnell erreichen, doch wer will, kann Bequia auch zu Fuß erkunden.

Die **Hamilton Battery** wurde gegen Ende des 18. Jh. zum Schutz der britischen Besitzansprüche nördlich von Port Elizabeth auf einer Anhöhe errichtet. Sie bietet nach einem Spaziergang einen herrlichen Blick auf die Admiralty Bay und den schönen Strand von Margaret Beach. Er trägt den Namen der englischen Prinzessin, die 1958 hier badete.

Etwas länger und kurvenreicher ist der Wanderweg von Port Elizabeth auf den Gipfel des **Mount Pleasant.** Der herrliche, einsame, wie eine Sichel geformte Strand der Hope Bay liegt unterhalb des Hügels und ist dem Atlantik zugewandt. Von hier aus geht es weiter

Athneal Olivierre im Walfangmuseum

in den Norden nach Spring Bay, zu einer Plantage, vorbei an den Überresten einer früheren Zuckermühle bis Bequia Head an der Nordspitze der Insel.

An der Südküste, nicht weit von den Ankerplätzen in der Friendship Bay, lohnt ein Besuch des winzigen **Walfangmuseums** bei Paget Farm. Die kleine Ausstellung (ohne festgelegte Öffnungszeiten und Telefon) erinnert an die Tradition von Bequia als Insel der Walfänger. In ihren Hochzeiten im 19. Jh. wurden von der kleinen Insel mehr als 2 Mio. Liter Walöl im Jahr exportiert. Athneal Olivierre, der letzte Harpunier, erläutert gegen eine kleine Gebühr die zusammengetragenen Erinnerungsstücke in dem weiß-blau gestrichenen Haus, das man durch einen aus zwei mächtigen Walknochen geformten Torbogen betritt.

Vor der Südküste liegt das Eiland **Petit Nevis,** an dessen Riff sich wunderbar schnorcheln läßt. Von den sechs Walfängerstationen, in denen einst die Tiere zerlegt und verarbeitet wurden, ist nicht mehr viel erhalten. Der kommerzielle Walfang auf Bequia endete bereits 1920, doch auch heute noch steht den Fischern eine jährliche Quote von drei Tieren zu. Sie wird aber in der Saison zwischen Februar und April meist nur zu einem Drittel wahrgenommen.

Südlich von Petit Nevis liegt die einsame **Isle à Quatre,** die mit knapp 4 km² ihren Namen rechtfertigt. Die Schiffe für den Walfang bauten die Inselbewohner selbst. Auch wenn in heutiger Zeit immer

mehr Boote aus Kunststoff anstatt aus Holz hergestellt werden, haben die Schiffbauer von Bequia bei Seglern einen hervorragenden Ruf. In der Admiralty Bay liegen immer einige halbfertige Segelschiffe, die in traditioneller Bauweise sehr sorgfältig gefertigt werden.

Die Osterregatta auf Bequia, an der nur Arbeitsboote, Fischer und vielleicht auch einige Schmuggler teilnehmen, gehört zu den Höhepunkten der Saison. Teilnehmer kommen mit ihren häufig prächtig bemalten Seglern sogar aus Trinidad und St. Lucia. Wer sich keine große Segeljacht leisten kann, hat auf Bequia die Chance, ein Modell in kleinerem Maßstab zu erwerben. Die Modellschiffbauer verkaufen ihre detailgetreu konstruierten Boote weltweit. An Regatten von Modellschiffen nehmen auch die Eigenkonstruktionen vieler Jugendlicher teil.

Tourist Office Bequia, Port Elizabeth, Bequia, ☎ 784-458-3286.

Friendship Bay Resort ($$$–$$$$), Bequia, ☎ 784-458-3222, Fax 784-458-3840: herrliche Lage in tropischer Parkanlage über einem Traumstrand. **Spring on Bequia** ($$–$$$), Spring Bay, Bequia, ☎ 784-458-3414, Fax 784-457-3305: Restaurant und 10 nette Räume auf einer alten Plantage nahe der Bucht. **Frangipani** ($–$$$), Admiralty Bay, Bequia, ☎ 784-458-3255, Fax 784-458-3824: auch ausgezeichnetes Restaurant und Bar, die geschmackvoll restaurierte Anlage gehört dem Premierminister von St. Vincent.

Die Routen der ›Jachties‹

Mit dem Segler durch die Grenadinen

Port Elizabeth auf Bequia und die Admiralty Bay

Die echten Jachties kommen auf der *barefoot*-Route quer über den Atlantik. Ab Mitte November, wenn die Hurrikan-Saison vorbei ist, werden auf den Kanarischen Inseln die Leinen losgemacht. Nach dem Motto »Segle südwärts, bis die Butter schmilzt, dann hart Steuerbord und Du bist im Passatwind, der Dich nach Westen trägt«, machen jedes Jahr etwa 300 Privatjachten aus Europa die gut dreiwöchige Passage von 2700 Seemeilen auf den Spuren von Kolumbus zur meist befahrenen Langfahrtsegelstrecke der Welt. Die meisten Segler kommen jedoch nicht barfuß, sondern jetten dem karibischen Segeltraum entgegen, der ungewöhnliche Sinnesfreuden verspricht. Auch ohne seglerische Vorbildung genießt man das traumhaft warme Wasser, blauen Himmel, rosigorange Sonnenaufgänge und imposante Farbspektakel, wenn der Feuerball abends im Meer versinkt. In der Hochsaison zwischen Weihnachten und Ostern kreuzt eine Armada zwischen den Inseln.

Dutzende von Firmen bieten Jachten jeder Größe an, mit Skipper, Bootsmann und Koch, oder *bareboat* – also für Crews, die alleine segeln wollen. Ein Kojencharterplatz für eine Kreuzfahrt im schönsten Segelrevier der Weltmeere ist je nach Saison, Route und Schiff zwischen 550 und 1550 € pro Woche zu haben – ohne den Flug in die Karibik, versteht sich. Und ohne die vielen kleinen Extras, zu denen auch einige legendäre Bars auf einsamen Inseln gehören, in denen zu fruchtigen Rumcocktails reichlich Seemannsgarn gesponnen wird. Wer während eines Törns entsetzt die Schwindsucht seiner anfangs prall mit Eastern Caribbean Dollars (EC) gefüllten Brieftasche bemerkt, kann den lockeren karibischen Spruch »EC come, EC go« besser verstehen.

Die klassische Grenadinen-Route führt zwischen Dutzenden kleiner Inseln und Klippen hindurch, die sich wie Springsteine in einem Bach zwischen St. Vincent und Grenada verteilen. Die Distanzen zwischen ihnen sind kurz, immer bleiben die zurückgelassene und die angesteuerte Insel im Blick. Von Port Elizabeth auf Bequia geht es an Petit Nevis vorbei zur ›Promi-Insel‹ Mustique und natürlich gleich zu Basil's Bar in der Britannia Bay. Auf Canouan nimmt sich ein neues Luxusresort fürsorglich der Superreichen an. Einsame Ankerplätze gibt es trotzdem noch, auch auf Mayreau, das viele Segler noch immer nach seinem früheren Namen Eustace nennen. Das traumhafte Horseshoe Reef schützt die einsamen Tobago Cays vor den Wogen des Atlantiks. Beim Schnorcheln blickt man in eine andere Welt, die oberhalb des Wasserspiegels beim Segeln noch so vertraut schien. An den Tresen von Union Island trifft sich das internationale Seglervolk zum Gedankenaustausch über Wind, Wellen und Sternenhimmel. Auf der kurzen Strecke zwischen Petit St. Vincent und Petit Martinique überquert man unbemerkt die Grenze zu Grenada. Erst in Hillsborough auf Carriacou heißt es bei der Einwanderungs- und Zollbehörde: »Clear customs!« Vorsichtige Skipper umfahren den Unterwasservulkan, der auf dem Weg nach St. George's südwestlich des Eilands Kick'em Jenny für kabbelige See sorgen kann.

Vor allem zwischen Juli und Oktober können schwere Wetter den Törn durch die Grenadinen auch mit seglerischen Herausforderungen garnieren. Der Speedometer zeigt schnell über 10 Knoten an, Regenschauer, die schon von weitem auszumachen sind, nahen mit Windeseile. Bootsbesatzungen, die sich vorher allenthalben über die Intensität der Sonnenstrahlung und den notwendigen Schutzfaktor der Body Lotion ausgetauscht haben, kommen sich in der Arbeit an Bord schnell näher. Meist ist am nächsten Morgen die See wieder glatt und der Tag kann mit einem Sprung ins klare, 26° Celcius warme Wasser beginnen. Aber abends gibt es dann natürlich doppelt so viel zu erzählen, vielleicht bei Basil's oder einer anderen Bar am Karibikstrand.

Le Petit Jardin ($$$–$$$$), Back St., Port Elizabeth, Bequia, ✆ 784-458-3318: Lunch und Dinner, hervorragend zubereitete Fische und Krustentiere sind die Spezialität des Hauses. **Whaleboner Inn** ($$$), Admiralty Bay, Bequia, ✆ 784-458-3233: westindische Küche mit britischen (Fish & Chips) sowie neapolitanischen (Pizza) Eskapaden. **Gingerbread** ($–$$$), Port Elizabeth, Bequia, ✆ 784-458-3800, Fax 784-458-3907: Frühstück, Lunch und Dinner, Meeresfrüchte, Currygerichte, auch einige Apartments. **Dieter's Delicatessen** ($–$$), gegenüber vom Markt in Port Elizabeth, Bequia, ✆ 784-457-3113: deutscher Käse, Saft und Vollkornbrot. **Doris Fresh Foods** ($), neben Dieter's Delicatessen, Port Elizabeth, Bequia, ✆ 784-458-3625: »Wir sprechen Deutsch«.

 Crab Hole on Bequia, Port Elizabeth, Bequia, ✆ 784-458-3290: bedruckte Seidenstoffe. **Sargeant's Model Boatshop,** Port Elizabeth, Bequia, ✆ 784-458-3344: der renommierte Modellschiffbauer hat Boote von 100–10 000 US-$ auf Lager.

 Wassersport
Sunsports, Gingerbread Complex, Bequia, ✆ 784-458-3577: verleiht Sunfish-Segler sowie Jachten, ist gleichzeitig eine voll ausgerüstete Tauchstation mit PADI-Zertifikat, unterhält außerdem einen Tennisplatz. **Paradise Windsurfing,** Friendship Bay, Bequia, ✆ 784-458-3222: verleiht Bretter an fünf verschiedenen Revieren vor der Insel.
Touren
Mit der **Friendship Rose,** einem traditionellen Schoner aus Bequia, kann man an Tagesausflügen mit Picknick und Schnorchelabenteuer teilnehmen, ✆ 784-458-3202.

 Barclays Bank, Port Elizabeth, Bequia, ✆ 784-458-3215.

 Notfall/Feuerwehr/Ambulanz, Bequia, ✆ 999.

 Casualty Hospital, Port Elizabeth, Bequia, ✆ 784-458-3294. **Apotheke:** Imperial Pharmacy, Port Elizabeth, Bach St., Bequia, ✆ 784-458-3373.

 Einige Inseln wie Bequia, Union Island, Canouan oder Mustique haben Flugplätze, die Kingstown auf St. Vincent in Kurzflügen von 15–20 Minuten erreichbar machen. Eine der zuverlässigsten Charterfluggesellschaften der Karibik, die **Mustique Airways,** ✆ 784-458-4380, hat ihren Sitz auf der Nobelinsel. Sie bietet ihre Dienste mit bis zu neunsitzigen Maschinen innerhalb der Grenadinen und bis nach Barbados oder Trinidad an.

 Phil's Car Rental, Port Elizabeth, Bequia, ✆ 784-458-3304.

 Regelmäßiger Fährverkehr mit Kingstown, St. Vincent (s. S. 147).

Mustique und Baliceaux

Die private Prominenteninsel **Mustique** liegt etwa 15 km südöstlich von Bequia. Die 6 km² große Insel hat sich seit den 1960er Jahren zu einem Schlupfwinkel des internationalen Jet-sets gemausert. Zuvor grasten Kühe und Schafe an den grünen Hügeln, wurden Kokosnüsse, Seebaumwolle und Zuckerrohr auf einer Plantage produziert. Jetzt residieren hier die Superreichen aus Adel, Finanzwelt, Musik und Film in 80 durchgestylten Villen. Die knapp

In Basil's Bar auf Mustique spinnen Segelfreunde aller Welt ihr Seemannsgarn

600 Bewohner, meist als Bedienstete in den Unterkünften oder Dienstleistungseinrichtungen beschäftigt, leben in den beiden Siedlungen Lovell Village und Dover's Village.

Kreuzfahrtschiffe oder Fähren legen auf Mustique nicht an, die Insel erreicht man mit privaten Jachten oder der inseleigenen Fluggesellschaft. Die meisten Tagesbesucher hegen den Wunsch, einen der legendären Besitzer der Villen zu sehen, Mick Jagger etwa, Raquel Welch oder gar Prinzessin Margaret. Doch die Multimillionäre verbringen höchstens einige Wochen im Jahr hier in ihren palastähnlichen Villen. Am Abend trifft man sich in der legendären Basil's Bar direkt am Strand mit Blick auf die in der Britannia Bay dümpelnden Jachten.

Von den sechs Stränden der buchtenreichen Insel ist die **Macaroni Beach** besonders hervorzuheben. Der leuchtendweiße Sandstrand kontrastiert wunderbar zum Meer, das in verschiedenen Blau- und Grüntönen schimmert. Vor der L'Ansecoy – auch Sandy Bay genannt – schaut das Wrack des 20 000 t großen Kreuzfahrtliners Antilles aus

Mustique

Millionärsclub im Karibischen Meer

Als der schottische Millionenerbe und Bierbaron Colin Tennant 1958 für die einsame, von Gestrüpp bewachsene und nur knapp 600 ha kleine Grenadineninsel Moskito in der britischen Kolonie der Windward Islands 45 000 Pfund auf den Tisch legte, sah das nicht nach einem besonders guten Geschäft aus. Doch nachdem zwei Jahre später Prinzessin Margaret unter weltweiter Anteilnahme der Regenbogenpresse den Hoffotografen des britischen Königshauses ehelichte und der gewiefte Schotte ihr ein 4 ha großes Grundstück auf einer Landzunge zwischen der Gallicaux und der Deep Bay im Süden seiner Insel als Hochzeitsgeschenk präsentierte, kam die Geschichte plötzlich ins Rollen. Mit Hilfe der blaublütigen Trendsetterin entwickelte sich die frühere Kopra-, Baumwoll- und Zuckerrohrinsel zu einem Treffpunkt des Jet-sets von britischem Adel, Popgrößen und Hollywood-Filmprominenz. Auf dem alsbald in Mustique umgetauften 5 km langen und 2,5 km breiten Eiland entstanden mondäne Villen mit opulenten tropischen Gärten, Pools und Tennisplätzen.

Tennant wurde wegen seiner unbestreitbaren Verdienste um das Vaterland von der Queen in den Adelsstand erhoben und konnte sich fortan mit Lord Glenconner anreden lassen. Seine Villa, die er später an Sergej Kausov, den ehemaligen KGB-Agenten und späteren Ehemann von Tina Onassis verkaufte, ähnelte einem indischen Palast. Der britische Popsänger und Schauspieler David Bowie ließ sich ein balinesisches Bambuspalais errichten. Shogun, die tempelähnliche Anlage des schwedischen Architekten Arne Hasselquist, könnte auch an der Küste der japanischen Insel Kyushu stehen. Auch andere ›Celebrities‹, wie Raquel Welch, Mick Jagger, Elton John oder Tommy Hilfiger, fühlten sich nun ebenfalls vom Ambiente der kleinen Karibikinsel angezogen. Sie erwarben Eigentum und verleben einige Wochen, meist zwischen Weihnachten und Neujahr, im sonnigen Klima der Tropen.

Seit 1968 gehört die Insel der privaten Mustique Company, die die illustren und betuchten Eigentümer repräsentiert. Der Premierminister von St. Vincent ist immerhin in ihrem Aufsichtsrat vertreten. Tennant selbst verkaufte nach langen Streitigkeiten seinen Besitz und betreibt heute eine bei Seglern beliebte Bar zwischen den beiden Kegelbergen der Pitons im Süden von St. Lucia.

Auch normale Sterbliche dürfen die buchtenreiche Privatinsel betreten und an ihren schneeweißen Sandstränden baden. Zu den knapp 80 Privatvillen kommen noch Geschäfte und Boutiquen, zwei luxuriöse Hotels, einige Häuser für das Personal sowie ein Reitstall und die wohl

Die Villen der ›Happy Few‹ verstecken sich im tropischen Grün

bekannteste Strandbar der Karibik. In Basil's Bar, auf Stelzen direkt am Strand der Britannia Bay gebaut, verbrüdern sich abends Besatzungen der in der Bucht ankernden Jachten und einige der Mieter und Eigentümer von Mustique bei Champagnercocktails und Hummerhäppchen.

Etwas mehr als 40 Villen können gemietet werden, wenn deren Besitzer nicht gerade selbst auf der Insel sind, darunter auch Les Jolies Eaux, das Anwesen ihrer königlichen Hoheit. Wer sein bürgerliches Haupt auf dieselben Kissen wie Prinzessin Margaret betten will, muß nur etwas tiefer in die Tasche greifen. In der sommerlichen Nebensaison kostet die Villa der ›fröhlichen Wasser‹ etwa 7000 US $ pro Woche.

dem Wasser, nachdem dessen Kapitän sich 1971 versteuerte und den Schiffsriesen aufs Riff setzte.

Auf **Baliceaux,** einem winzigen Eiland nördlich von Mustique, sammelten die Briten 1797 zunächst die *Black Caribs* von St. Vincent, die sie nach deren fehlgeschlagenen Aufstand von hier auf Inseln vor Honduras und Belize deportierten.

 Villa Rentals ($$$$$), Mustique, Reservierung in Deutschland, Malsenstr. 66, 80638 München, ☎ 0 89/5 43 95 04: Luxusvillen zu Luxuspreisen, Personal inklusive. **The Cotton House** ($$$$$), Mustique, ☎ 784-456-4777, Fax 809-456-5667: luxuriöses All-Inclusive-Resort mit einfallsreicher Kochkunst. **Firefly** ($$$$–$$$$$), Mustique, ☎ 784-456-3414, Fax 784-456-3514: elegantes Resort mit Restaurant und Bar.

 Basil's Bar ($–$$$), Mustique, ☎ 784-458-4621: legendäre Bar mit prominenter Gästeliste, mittwochs Barbecue, gefolgt vom *Jump Up* zum Abtanzen, exzellente Fischgerichte. **Johanna Banana** ($–$$$), Mustique: Frühstück und Abendessen, guter Cappuccino und Espresso, englische Tageszeitungen.

 Treasure Fashion, Britannia Bay, Mustique: elegante und ausgefallene Bademoden sowie Souvenirs. **Basil's Boutique,** Mustique: Bade- und andere Moden aus der Karibik und von Bali.

Tauchen
Mustique Watersports, im Cotton House, Mustique, ☎ 784-456-4777: verleiht Tauchausrüstungen, bietet Kurse an.
Reiten
Equestrian Centre, Mustique, ☎ 784-458-4316: organisiert Ausritte und gibt Reitunterricht.

➕ **Island Clinic,** ☎ 784-458-4621, mit Anschluß -353 verbinden lassen.

✈ **Mustique Airways,** ☎ 784-458-4380: kleine, aber zuverlässige Chartermaschinen, fliegen innerhalb der Grenadinen sowie bis nach Barbados und Trinidad.

⛴ Regelmäßiger Fährverkehr mit Kingstown, St. Vincent (s. S. 147).

Canouan

Die Insel von knapp 8 km^2 Größe ähnelt in ihrem Umriß entfernt einem Stiefel. Hier leben etwa 1000 Einwohner. Canouan ist nach dem karibischen Wort für Schildkröte benannt. An seinen Stränden vergruben einst Wasserschildkröten ihre Eier zum Ausbrüten in den warmen Sand. Inzwischen hat das ehemals für sein ursprüngliches Inselleben bekannte Eiland ebenfalls zum Sprung in eine Zukunft als exklusiver Ankerplatz angesetzt. Einige mondäne Hotels und Resortanlagen zielen auf eine gutbetuchte Klientel. Darüber hinaus zieht ein exklusives Kasino in der Rameau Bay noch mehr ›big rollers‹ auf die kleine Grenadineninsel.

Vom grünen Hügel des Mount Royal im Norden bieten sich schöne Ausblicke auf sandige Buchten, Lagunen und die Karibische See sowie zu den vorgelagerten Korallenriffen. Die besten Ankerplätze für Segler liegen in den Buchten des Westens: in der kleinen Corbec Bay im Norden sowie der weit geschweiften

Charlestown Bay. Im Hauptort **Charlestown** leben auch die meisten Einwohner der Insel. In den Korallenriffen vor der Westküste läßt sich wunderbar schnorcheln und tauchen.

Südlich von Canouan rücken die Grenadinen enger zusammen. Auf den kleinen Eilanden wohnen oft nur wenige Menschen. Häufig ist jedoch immer noch genug Platz für einen Rumshop, in dem höllisch scharfer Rum ausgeschenkt wird, den man nur verdünnt trinken kann oder mit einem Glas Wasser schnell nachspülen muß, um die Flammen im Rachen zu löschen.

 Carenage Bay Beach & Golf Club ($$$$$), ✆ 784-458-8000, Fax 784-458-8885: mondäne Resortanlage am Strand, mit 18-Loch-Golfplatz und PADI-Tauchbasis, Kasino. **Canouan Beach Hotel** ($$$–$$$$), South Glossy Bay, ✆ 784-458-8000, Fax 784-458-8885: luxuriöses Strandhotel mit meist europäischen Gästen.

 Blueway International, im Carenage Beach Club, ✆ 784-458-8044: offeriert Tauch- und Schnorchelabenteuer sowie Bootsausflüge.

National Commercial Ltd., ✆ 784-458-8595.

Clinic, Canouan, ✆ 784-458-8305.

Canouan ist in Kurzflügen von 15–20 Minuten von Kingstown, St. Vincent, zu erreichen.

Regelmäßiger Fährverkehr mit Kingstown, St. Vincent (s. S. 147).

Mayreau und die Tobago Cays

Auf dem 3 km² kleinen **Mayreau** gibt es nur eine kurze Straße, auf der zwei Autos verkehren. Die 170 Einwohner gehen zu Fuß, etwa zur kleinen Traumbucht Salt Whistle Bay im Norden, einem idealen Ankerplatz für Segler. Die von Stränden eingerahmte Bay wird im Süden von einem Riff begrenzt, das Schnorchler in Entzücken versetzt, Seglern jedoch erhöhte Aufmerksamkeit abverlangt. Ein Strandrestaurant, in dem auch Deutsch verstanden wird, versorgt vor allem Besatzungen der in der Bucht liegenden Schiffe vom Frühstück bis zum Abendessen.

Möglichkeiten für hektische Aktivitäten sind auf der Trauminsel nur begrenzt. Man kann baden, schnorcheln, tauchen und segeln oder ganz entspannt im Schatten einer Palme in der Hängematte dösen und dabei die Gedanken und Blicke über das Wasser schweifen lassen. Einmal in der Woche wird es auf Mayreau munter, wenn ein Kreuzfahrtschiff vor der Küste ankert und einige hundert Passagiere zum Baden und zu einer fröhlichen Barbecue-Strandparty ausgeschifft werden.

Dann kann man sich immer noch auf die benachbarten winzigen **Tobago Cays** flüchten. Horseshoe und World's End Reef schützen die unbewohnten Inselchen vor den Wo-

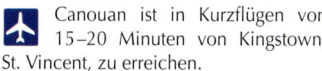
Die Tobago Cays – keine Sinnestäuschung ▷

gen des Atlantiks. Petit Rameau, Petit Bateau, Baradal, Jamesby und Petit Tobac gehören mit ihren weißsandigen Palmenstränden zu den märchenhaftesten Ankerplätzen für Segler. Tauchern und Schnorchlern eröffnet sich an den Riffen eine grandiose Unterwasserwelt – Korallengärten und Myriaden von bunten tropischen Fischen leuchten im glasklaren Wasser. Da die empfindlichen Riffe Gefahr liefen, zu Tode geliebt zu werden, stehen die Tobago Cays seit kurzem als National Marine Park unter besonderem Schutz.

🛏 **Saltwhistle Bay Club** ($$$$$), ☎ 784-458-8444, Fax 784-458-8944: romantische Anlage für Paradiessucher mit genügend Kleingeld, wunderbares Fischrestaurant. **Dennis Hideaway** ($$–$$$), ☎ 784-458-8594: einige Guest Houses auf einem Hügel, freundliches Restaurant.

🍴 **J & C Bar und Restaurant** ($$–$$$), ☎ 784-458-8558: toller Blick auf die Saline Bay, angenehme Musik, gutes Essen, vor allem natürlich Fisch und Krustentiere.

 Regelmäßiger Fährverkehr mit Kingstown, St. Vincent (s. S. 147).

Union Island, Palm Island und Petit St. Vincent

Nur wenig weiter südlich ragt **Union Island** aus der Karibischen See. Die 7 km² große Insel kann man an ihrer hügeligen Silhouette schon von weitem erkennen. Der Mount Taboi, der wegen seiner ›majestätischen‹ Höhe von 305 m auch Mount Parnassus genannt wird, ist die höchste Erhebung auf den Grenadinen. In **Clifton,** seinem Hauptort und -hafen, leben die meisten der 2000 Einwohner. Von Union Island starten viele Segeltouren durch die Grenadinen, denen man sich auch alleine oder zu zweit anschließen kann. Der geschäftige Hafen, in dem stets viele Jachten ankern und auch das Postschiff aus Kingstown anlegt, der kleine Flugplatz, auf dem Tagesausflügler von anderen Grenadineninseln, von St. Vincent und Grenada eintreffen, die Geschäfte, Hotels und Restaurants lassen Union Island fast wie eine Metropole der Grenadinen wirken. Clifton nennt sich auch *Jump Up*-Zentrum der Grenadinen: Fetzige Soca- und Reggae-Bands verwandeln abends regelmäßig den Anchorage Yacht Club oder andere Bars zu ausgelassenen Tanzpalästen.

Wer in Ruhe baden oder am Strand liegen möchte, sollte nicht lange in der Clifton Bay suchen. Ein Fußweg führt über Ashton, dem zweiten Inselort an der Südküste, jenseits der Hügel im Inselinneren zu einem wunderbaren, wenig besuchten Strand an der **Chatham Bay.** Bis nach Ashton verkehrt auch ein Minibus.

Auf kurzen Wanderstrecken kann man nördlich von Clifton Harbor den Fort Hill erklimmen. Von dort sieht man die Bucht von Clifton Har-

Der Hafen von Clifton auf Union Island

bor, die im blaugrünen Wasser liegenden Boote und die ausgedehnten Newlands und Thompson Reefs,
die den Hafen vor der Dünung des
Atlantiks schützen.

Palm Island liegt wie eine kleine
Trabanteninsel weniger als einen Kilometer östlich von Union Island. Es
war noch vor 40 Jahren als moskito-
verseuchte Mangroveninsel Prune
Island auf den Seekarten eingetra-
gen. Nachdem die texanischen

Weltumsegler John und Mary Cald-
well den unbewohnten Flecken für
99 Jahre gepachtet hatten, im Laufe
der Jahre einige tausend Palmen
pflanzten, Wege anlegten und Gebäude errichteten, präsentiert es
sich heute als tropisches Paradies.
Wer in dem abgeschiedenen Luxusresort wohnt oder die Insel mit dem
Schiff besucht, hat die Wahl zwischen fünf kleinen Traumstränden,
kann durch Palmenwälder wandern
oder sich in einem der Restaurants
verwöhnen lassen.

Auch das nur 0,4 km^2 große **Petit
St. Vincent,** meist nur PSV genannt,

Palm Island – hier einmal Robinson sein…

gehört zu den privaten Inselparadie-
sen der Grenadinen. Ein einziges
Resort ohne jeden Glamour, aber
mit privater Atmosphäre und allem
erdenklichen Komfort, spricht Urlauber mit prall gefüllter Brieftasche
an. Die im Süden gelegene, größere
Nachbarinsel Petite Martinique gehört bereits zum Staatsgebiet von
Grenada.

Tourist Office Union Island, Clifton, Union Island, ✆ 784-458-
8350.

Clifton Beach Hotel ($–$$), Union
Island, ✆ und Fax 784-458-8235:
Mischung aus Hotel, Gasthaus und
Apartmentanlage, Restaurant mit westindischer Küche. **Palm Island Beach Club**
($$$$$), Palm Island, ✆ 784-458-8824,
Fax 784-458-8804: exklusives Inselhotel,
mit Gourmetrestaurant und umfangrei-
chem Sportangebot. **Petit St. Vincent
Resort** ($$$$$), ✆ 784-458-8801, Fax
784-458-8428: Luxuscottages in abge-
schiedener Inselanlage, mit allem Komfort, den Geld möglich macht.

Anchorage Yacht Club, Union Island, ✆ 784-458-8221, Fax 784-
458-8365: Hier werden nicht nur Jachten
versorgt, sondern zudem ihre Besatzungen mit würziger kreolischer Küche,
morgens ab 7 Uhr gibt es frische Bröt-
chen und Croissants, britische und französische Zeitungen, auch einige Zimmer
und Bungalows. **Sydney's Bar & Restaurant,** Union Island, ✆ 784-458-8320: gute Musik und leckere kreolische Spezialitäten.

Castello Paradise, Union Island,
Galerie mit Arbeiten lokaler
Künstler, dazu Souvenirs und Bademo-
den. **Okaou,** Union Island, Bilder und
Geschnitztes örtlicher Künstler, brasilia-
nische Bademode.

Wassersport
Grenadine Dive, Union Island, im
Sunny Grenadines Hotel, ✆ 784-458-
8138: verleiht Ausrüstungen, bietet
Tauchkurse und Bootstrips. **Palm Island**

Beach Club, ✆ 784-458-8824: gut geeignet zum Schnorcheln, Segeln oder Surfen. **Petit St. Vincent Resort,** ✆ 784-458-8801: bietet seinen Gästen Windsurfing, Wasserski und Segelspaß mit Sunfish und Hobie-Cats. **Anchorage Yacht Club,** Union Island, ✆ 784-458-8221: Möglichkeit zum Chartern voll ausgerüsteter Jachten für Tages- und Mehrtagestrips.

 National Commercial Ltd., Union Island, ✆ 784-458-8347.

 Polizei, Union Island, ✆ 784-458-8227.

 Health Centre, Union Island, ✆ 784-458-8339.

 Union Island erreicht man von Kingstown, St. Vincent, in Kurzflügen von 15–20 Minuten.

 Regelmäßiger Fährverkehr mit Kingstown, St. Vincent (s. S. 147).

171

Grenada –
Gewürzinsel
der Karibik

**St. George's und der
Inselsüden – Festungen über
einem pittoresken Hafen und
feinster Sandstrand**

**Felsenküste, Strände und
tropischer Regenwald –
rund um die Insel**

**Die südlichen Grenadinen –
unentdeckte Eilande der Karibik**

Muskatnüsse – das wichtigste Exportgut Grenadas

Grenada – Gewürzinsel der Karibik

Südlich der malerischen Hauptstadt St. George's erstrekken sich traumhafte Strandbuchten. Entlang der Küsten kultivieren Kleinbauern tropische Früchte und Gewürze. Im bergigen Inselinneren wächst tropischer Regenwald. Das Segel- und Tauchrevier der Grenadineninseln Carriacou und Petit Martinique ergänzt den Reichtum der Landschaften von Grenada.

Die Hauptstadt St. George's und der Inselsüden

Die Wharf Road umrundet das hufeisenförmig eingeschnittene Hafenbecken der Carenage im Zentrum von St. George's. Entlang der Kaipromenade stehen alte Lagerhäuser aus französischer und britischer Kolonialzeit, teilweise restauriert und zu Restaurants, Cafés, Büros und Geschäften umgestaltet. Wie in einem Amphitheater ziehen sich die weißen und pastellfarbigen Häuser an den Hängen um die Hafenbucht hinauf. Viele der Häuser sind aus Backsteinen erbaut, einige tragen noch Dächer aus roten Ziegeln. Sie erinnern an die Zeiten, als Schiffe aus der Karibik voll beladen mit Zucker, Rum und Gewürzen nach England segelten und von dort mit Ziegeln und Backsteinen im Rumpf als Ballast zur Stabilisierung der Schiffe zurückkehrten.

Von den Anhöhen um St. George's verheißen Überreste alter Festungsbauten, wie das auf einem Felsvorsprung errichtete Fort George, und einige Kirchtürme weltlichen und kirchlichen Schutz. Dahinter zeichnet sich die Silhouette der bewaldeten Berge ab. Die terrassenförmig angelegte Hauptstadt von Grenada mit ihren engen, steilen Gassen zwischen Häusern und Kirchen gehört zu den am attraktivsten gelegenen Hafenstädten der Karibik.

Kolumbus hatte die Insel auf seiner dritten Reise 1498 im Vorübersegeln gesichtet und Concepción getauft. Spätere spanische Seefahrer entwickelten mehr Phantasie – die grünen Hügel erinnerten sie an das heimatliche Andalusien und so tauchte bald der Name der südspanischen Stadt Granada auf den Seekarten als neue Bezeichnung auf. Das für die iberischen Goldsucher uninteressante Eiland wurde von ihnen nie besiedelt. Erst französische

›Steckbrief‹ Grenada

Lage: südlichster Inselstaat der Windward Islands, Kleine Antillen; ca. 160 km nördlich von Venezuela

Fläche: 344 km², Hauptinsel Grenada 305 km², zwei Nebeninseln und einige Eilande

Hauptstadt: St. George's, mit Randgemeinden ca. 8000 Einwohner

Bevölkerung: ca. 100 000 Einwohner, d. h. 290 pro km²; über 90 % Nachkommen westafrikanischer Sklaven, ca. 3 % stammen von indischen Vertragsarbeitern ab, weniger als 1 % Weiße

Religion: knapp 60 % römisch-katholische, knapp 15 % anglikanische Christen, der Rest andere protestantische Richtungen, vor allem Methodisten und Adventisten, außerdem Anhänger von Naturreligionen

Amtssprache: Englisch; Umgangssprache vor allem bei Älteren *Patois*

Bildungssystem: Schulbesuch an Grund- und weiterführenden Schulen ist kostenfrei, aber nicht verpflichtend; eine Hochschule nahe St. George's für medizinischen Nachwuchs; Analphabetenrate ca. 15 %

Staatsform: konstitutionelle Monarchie mit Zwei-Kammern-Parlament, Wahlrecht mit 18 Jahren, Staatsoberhaupt ist die britische Königin, vertreten durch den Generalgouverneur

Unabhängigkeit: 7. Februar 1974, nach knapp 325 Jahren französischer und britischer Kolonialherrschaft sowie einigen Jahren Teilautonomie

Wirtschaft: Bruttoinlandsprodukt 295 Mio. US-$, pro Einwohner ca. 3100 US-$; wichtigster Wirtschaftszweig ist die Landwirtschaft, vor allem Muskatnuß, Bananen, Kakao; wachsender Tourismus entwickelt sich zu bedeutendem ökonomischem Faktor; Arbeitslosenrate ca. 20 %

Währung: 1 East Caribbean Dollar (EC-$) = 100 Cent

Kolonisten ließen sich ab Mitte des 17. Jh. auf der Insel nieder und nannten sie Grenade. Der heftige Widerstand der hier lebenden Kariben wurde mit militärischer Gewalt gebrochen, die indianischen Bewohner niedergemacht.

Die Jahrzehnte dauernden Auseinandersetzungen zwischen Großbritannien und Frankreich machten auch um Grenade keinen Bogen. Während des Siebenjährigen Krieges (1756–1763) in Europa, der in Amerika auch als Kolonialkrieg ausgetragen wurde, eroberte der englische Admiral Rodney die Insel, die fortan Grenada hieß. Nach einigen Jahren des Hin und Her blieb Grenada seit dem Vertrag von Versailles 1783 endgültig britisch. Die Zahl afrikanischer Arbeitssklaven, die ähnlich wie auf anderen Karibikinseln auf den Zuckerrohrplantagen schuften mußten, nahm nun drastisch zu.

Grenada, Inselüberblick

Die Innenstadt

An der Hafenstraße entlang der **Carenage** von St. George's ist immer etwas los. Lastwagen liefern Waren von hier zu anderen Inselorten oder bringen Vorräte für Geschäfte und Lagerräume. Während des Karnevals im August ziehen der ausgelassene *J'Ouvert*-Umzug Tanzender

und farbenprächtig Kostümierter sowie die Musikgruppen der Parade of the Bands die Wharf Road an der Carenage entlang.

Am Kai legen die Schiffe zu den benachbarten Inseln an. Moderne Schnellfähren, Postschiffe, auch in kräftigem Rot und Blau angemalte Lastensegler und kleine Fischerboote dümpeln im Wasser, dazwischen Motorkatamarane, die unter lauten Calypso- und Reggaeklängen zu Ausflugsfahrten mit Urlaubern in See stechen. Ein Wassertaxi pendelt hinüber zum Cruise Ship Dock an der südlichen Einfahrt zum Hafenbecken, wo fast jeden Tag eines der blendendweißen Hotelschiffe der Kreuzfahrtlinien für einen Kurzbesuch festmacht. Segeljachten, die St. George's ansteuern, liegen in der südlich anschließenden, fast kreisrunden Bucht The Lagoon. Hier hat auch der Yacht Club von Grenada seinen Sitz.

Schon zu französischen Kolonialzeiten hieß das Hafenbecken *carénage* (Werft zum Kielholen), wurden hier Schiffe gereinigt und ausgebessert. Eigentlich sind die beiden nebeneinander liegenden Buchten Teil eines erloschenen Vulkans, dessen Ränder abgebröckelt sind. Vor mehr als 100 Jahren machte dieser sich plötzlich noch einmal bemerkbar. Der Wasserspiegel in der Carenage sank plötzlich um fast zwei Meter, Blasen mit schwefelhaltigen Gasen blubberten zur Oberfläche, das Wasser stieg mehrfach an und fiel wieder, bis es sich schließlich beruhigte.

Eine von der italienischen Costa-Reederei gestiftete Bronzestatue »Christ of the Deep« direkt am Kai erfleht den Segen des Himmels für die Bewohner der Stadt. Sie hatten am 22. Oktober 1961 die 600 Schiffbrüchigen des Kreuzfahrers Bianca C beherzt gerettet, nachdem dieser durch eine Kesselexplosion im Maschinenraum in Brand geraten war. Ein britisches Kriegsschiff schleppte den noch schwelenden Oceanliner in tieferes Wasser, wo er sank und inzwischen als künstliches Riff die Taucher erfreut.

Schon seit 1846 können die Einwohner von St. George's eine **Öffentliche Bibliothek** (1) nutzen. Seit 1892 warten die Bücher in einem aus Backsteinen errichteten früheren Lagerhaus an der Wharf Street, das jüngst mit EU-Mitteln restauriert wurde, auf eifrige Leser. Kurz hinter der Bibliothek klettern die Straßen und Treppen den steilen Hügelabhang eines Felssporns empor, an dessen Ende sich das massive Fort George ausbreitet. Tunnelarbeiter stellten schon 1895 eine nach dem britischen Gouverneur Sir Walther Sendall benannte 100 m lange Unterführung fertig, die den Hafenbezirk um die Carenage besser mit dem lebhaften Wohn- und Marktviertel entlang der Esplanade im Norden verband.

Im **Nationalmuseum** (2) an der Ecke von Young und Monckton

Der farbenfrohe Markt von St. George's ▷

Street kann man sich an Hand einer bunten Mischung unterschiedlicher Exponate über die Geschichte von Grenada informieren (☎ 473-440-3725, Mo–Fr 9–16.30, Sa 10.30–13 Uhr). Eine französische Kaserne aus dem Jahr 1704, die später als Gefängnis und dann als Hotel diente, bildet den historischen Rahmen. In ihren Räumen sind Felszeichnungen

St. George's, Innenstadt:
1 Bibliothek **2** Nationalmuseum **3** Fort George **4** St. Andrew
5 St. George **6** York House **7** Kathedrale **8** Markt

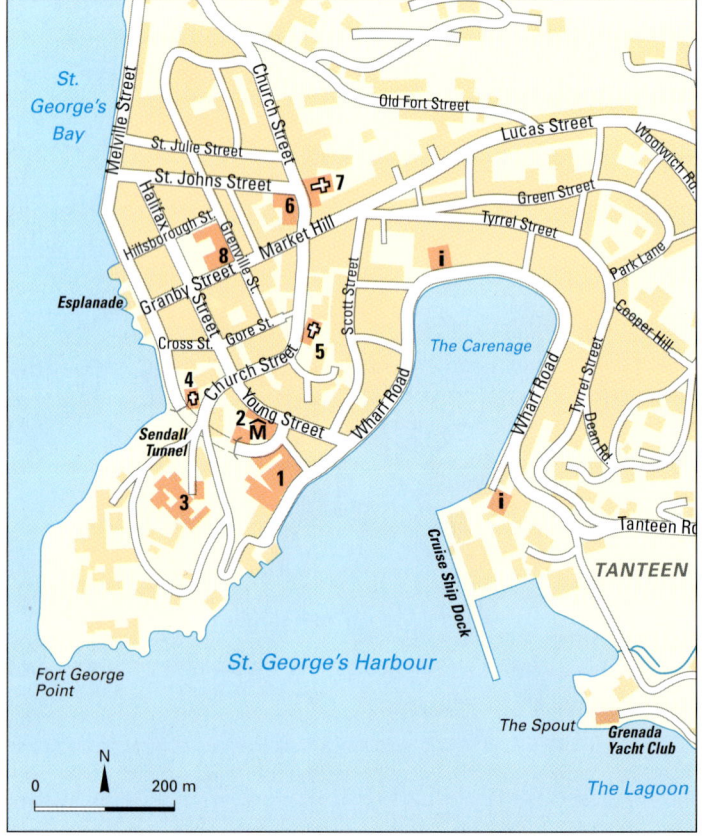

der Arawak, eine Badewanne der späteren Kaiserin Joséphine von Frankreich, Gerätschaften von Zukkerrohrplantagen und Muscheln aus der Karibischen See ausgestellt. Eine Fotopräsentation dokumentiert die Ereignisse um die Ermordung des Premiers Maurice Bishop und die Invasion der US-Marines im Jahr 1983.

Das mächtige, nach Georg III., dem englischen König an der Wende zum 19. Jh., benannte **Fort George** (3) bewacht die Hafeneinfahrt. Schon 1705 legten die Franzosen den Grundstein zu einem Fort Royale, das von den Briten erobert, von den Franzosen rückerobert und mehrfach um- und ausgebaut, inzwischen als Hauptquartier der Royal Grenada Police Force dient. Ein Netz von unterirdischen Gängen führt zu Wachstuben, Kasematten und ehemaligen Verliesen. Alte Kanonen sind noch immer auf See gerichtet. Einige werden nach wie vor zum Salutschießen genutzt. Im Innenhof erinnert eine Plakette an die Ermordung von Premierminister Maurice Bishop und neun seiner Mitstreiter durch Einheiten der Miliz am 19. Oktober 1983. Vom Vorplatz des Forts bietet sich ein Panoramablick auf die Carenage, die Stadt, die bewaldeten Berge und bis zum etwa zwei Kilometer entfernten Fort Frederick im Osten.

An der Church Street, die überwiegend auf dem Kamm des Bergrückens entlangführt, liegen drei der vier Hauptkirchen von St. George's. Eine davon ist die presbyterianische

Kirche St. Andrew (4), die auch schlicht Scots Kirk oder einfach Kirk genannt wird. Der gelbe Backsteinbau von 1833 birgt keine besonderen Schätze.

Der mit neogotischen Stilelementen verzierte Uhrturm der anglikanischen **Kirche St. George** (5) aus dem Jahre 1825 zeigt den Bürgern der Hauptstadt die genaue Uhrzeit nach allen vier Seiten. Erinnerungstafeln im Kirchenschiff erinnern an Gefallene und Ermordete während der von Frankreich inspirierten Fédon-Rebellion von 1795, unter denen sich auch der damalige britische Gouverneur Ninian Home befand. Kurz nach der Französischen Revolution, die zunächst Freiheitsrechte für alle Menschen unabhängig von ihrer Hautfarbe propagiert hatte, gelang es dem französischen Mulatten Julian Fédon mit Unterstützung aus Martinique eine Revolte der Sklavenarbeiter auf den Zuckerrohrplantagen der Engländer zu initiieren. Grenada war der britischen Krone erst 1783 im Vertrag von Versailles wieder zugesprochen worden. Knapp 50 Briten starben in den folgenden Kämpfen oder wurden als Gefangene niedergemacht. Die Aufständischen beherrschten Grenada über ein Jahr, konnten jedoch das Fort George nicht erobern. Einem großen, mit Kriegsschiffen herbeigeschafften Truppenkontingent der Engländer gelang es schließlich, die Rebellen niederzukämpfen. Dutzende von ihnen endeten in St. George's am Galgen. Julian Fédon entzog sich seinen Verfolgern. Es ist bis heute nicht klar, ob er ins französische Martinique flüchten konnte.

Die erkerartigen Vorbauten an einigen Hauseingängen entlang der Church Street nicht weit von der anglikanischen Kirche nennt man *Sedan Porches*. Sie halfen wohlhabenden Bürgern in der Kolonialzeit, ohne weitere Umstände und trockenen Fußes aus den Sesseln ihrer Sänften (engl. *sedan chairs)* in die Häuser zu gelangen.

Nur wenige Meter weiter, ebenfalls an der Church Street, liegt das **York House** (6). Hier tagen beide Kammern des Parlaments sowie das oberste Gericht von Grenada. Es wurde 1801 in frühem georgianischen Stil aus dunklem Backstein und mit weiß abgesetzten Fensterrahmungen und Arkaden erbaut.

Schräg gegenüber steht der in vielen Jahren nachgedunkelte, weithin sichtbare Turm der römisch-katholischen **Kathedrale St. George** (7) von 1818. Das im neoromanischen Stil erbaute Kirchenschiff stammt aus dem Jahre 1884.

Die abschüssige Market Hill und Granby Street führen direkt zum quirligen und farbenprächtigen **Markt** (8), der sich bis zur Hillsborough Street ausbreitet. Vor allem Gemüse, Früchte und Gewürze sind in einer unglaublichen Vielfalt auf Ständen und Tüchern ausgebreitet, hinter denen selbstbewußte schwarze Marktfrauen ihre Ware anpreisen.

Der Markt erscheint vor allem am Sonnabendvormittag wie ein Brennpunkt des Lebens der Stadt, turbulent, laut und munter. Hier werden zuweilen politische oder religiöse Versammlungen abgehalten, Minibusse pendeln zu anderen Stadtteilen oder Orten in der Umgebung. Bei der Melville Street stößt man auf das hier Esplanade genannte Ufer an der St. George's Bay mit Lagerhäu-

Blick auf St. George's

sern und dem zentralen Fisch- und Fleischmarkt.

Fort Frederick und **Fort Matthew** liegen strategisch günstig auf dem Richmond Hill östlich von St. George's. Nachdem es den Franzosen 1779 mit einer überraschenden militärischen Attacke gelungen war, die Engländer für kurze Zeit von Grenada zu vertreiben, begannen sie einen Ring von militärischen Ba-

stionen rund um die Stadt zu errichten. Diese sollten mit weitreichenden Kanonen die Wirkung von Fort George verstärken, gleichzeitig aber auch einen etwaigen Angriff von der Landseite aufhalten können. Mächtige Zisternen sammelten Trinkwasser für viele Wochen; große Lagerräume, ja sogar eigene Gärten sollten lange Belagerungszeiten überbrücken können. Nachdem die

Maurice Bishop und die importierte Konterrevolution

Eigentlich hat das fehlgeschlagene politische Experiment nur vier Jahre gedauert, es war von inneren Auseinandersetzungen und außenpolitischen Turbulenzen begleitet. Der Anführer wurde von den eigenen Leuten umgebracht, große Teile der Bevölkerung begrüßten die Invasionsarmee, und das Land stand zwei Jahre danach unter einer Art US-amerikanischer Militärverwaltung. Doch auch zwei Jahrzehnte nach dem unblutigen Putsch, der Maurice Bishop und seine New Jewel Movement für kurze Zeit an die Macht brachte, ist der damals junge Anwalt in der Bevölkerung nicht vergessen, wird von einigen sogar wie ein Idol verehrt. Die Revolutionsnostalgie spielt sich mehr im Privaten ab, in Gesprächen in den Rumshops oder am Küchentisch über Politik, über die Arbeitslosigkeit und die Erinnerung an Bishop.

Ende der 1970er Jahre war der Premierminister Eric Gairy schon mehr als ein Dutzend Jahre an der Macht. Seine aus der Gewerkschaftsbewegung gewachsene Grenada United Labour Party (GULP) herrschte seit 1967 und behielt die Macht auch nach der vollständigen Unabhängigkeit Grenadas am 7. Februar 1974. Der zunehmend exzentrische Machtpolitiker, der mit seinen spiritualistischen Theorien über außerirdische Mächte sogar die Uno-Vollversammlung bei einer Rede verblüffte, der sich hemmungslos persönlich bereicherte und die Opposition mit einer Mongoose Squad genannten Bande von Schlägertypen terrorisierte, wurde am 13. März 1979 während einer Auslandsreise vom New Jewel Movement gestürzt (Jewel = Joint Endeavour for Welfare, Education and Liberation).

Maurice Bishop, Führer dieser Vereinigung verschiedener, überwiegend linker oppositioneller Kräfte begann als neuer Premierminister gleich mit einer Politik aus sozialen Veränderungen und von praktischen Maßnahmen, um die marode Wirtschaft der Insel wieder in Schwung zu bringen. Gesundheits- und Elektrizitätsversorgung machten deutliche Fortschritte, Frauen erhielten Mutterschaftsurlaub, konnten sich in Gemeindezentren über Empfängnisverhütung und im Arbeitsrecht weiterbilden. Arbeitslose erhielten brachliegendes Land unter dem Motto »Idle Lands for idle Hands« (»Unbestelltes Land für untätige Hände«) zum Bewirtschaften, ohne daß man dessen Besitzer enteignete. Fischer lernten mit Hilfe von Kubanern etwas über neue

Fangtechniken und Hochseefischerei. Vor allem Kubaner engagierten sich beim Bau eines neuen internationalen Flughafens im Südwesten der Insel. Grenada nahm ebenfalls Beziehungen zur Sowjetunion auf. Bei der Reagan-Regierung in Washington läuteten sämtliche Alarmglocken. Man befürchtete ein zweites Kuba und die Entwicklung der Karibik zu einem »marxistisch-leninistischen Meer«.

Den Vorwand zum Eingreifen lieferten interne Entwicklungen auf Grenada selbst, als eine Gruppe von Hardlinern am 19. Oktober 1983 gegen Bishop putschte und diesen festsetzte. Eine aufgebrachte Menge konnte den Volkshelden befreien, doch die Miliz griff ihn beim Fort George kurze Zeit später wieder auf. Maurice Bishop, seine Lebensgefährtin und acht seiner Mitarbeiter wurden noch an der Festungsmauer liquidiert. Ein Hilfeersuchen anderer ostkaribischer Inselstaaten und die »Sorge um die Sicherheit amerikanischer Studenten« der medizinischen Hochschule ließen bereits sechs Tage später 6000 US-Marines und Fallschirmjäger einen schnellen Sieg über die 250 Mann starke Inselmiliz erringen. Das ›kommunistische Krebsgeschwür‹ in der südlichen Karibik war ausgemerzt. Viele Grenadiner begrüßten die US-Truppen mit offenen Armen, machten diese doch auch die Putschisten unschädlich, die den beliebten Premier Maurice Bishop an die Wand gestellt hatten. Eine großzügige, doch recht kurzatmige Wirtschaftshilfe der USA sorgte in den Folgejahren für neue Straßen und Brücken sowie für gute Stimmung.

Ein unscheinbares, roh aus Zement gefertigtes Standbild nicht weit vom Fort George an der Straße nach Tivoli im Nordosten ist alljährlich Ziel einer kleinen Demonstration zum Todestag des unvergessenen Revolutionärs. Für viele bleibt Maurice Bishop ein Märtyrer ihrer eigenen unerfüllten Träume.

Franzosen wenige Jahre später wieder gezwungen waren, die Insel zu räumen, stellten die Engländer die halb erbauten Festungen fertig. Mitte des 19. Jh. wurde in Fort Matthew ein Hospital für geistig Kranke eingerichtet, das bis 1987 fortbestand. Als die US-Luftwaffe während der Invasion 1983 Fort Frederick bombardieren wollte, in dem sich eine Zentrale der Revolutionären Volksarmee Grenadas befand, traf sie statt dessen und mit tödlichen Folgen für 18 Insassen das nicht weit entfernte Refugium für Geistesgestörte. Inzwischen ist das Fort in die Obhut des National Trust übergegangen und wird restauriert.

Der Inselsüden

Die mehr als drei Kilometer lange, sichelförmige **Grand Anse Bay** öffnet sich nur wenig südlich von St. George's zur Karibischen See. An dem von Palmen gesäumten, weichen Sandstrand haben die meisten Hotels der Insel ihren Platz gefunden. Da sie jedoch einen ausreichenden Abstand zueinander einhalten müssen und keines die Höhe der Kokospalmen überragen darf, hat die Bay ihren angenehm entspannten Charakter bewahren können. Einige Strandverkäufer bieten Kunsthandwerk und Reiseandenken an. Zahlreiche Tauchstationen, die meist den Strandhotels angeschlossen sind, starten ihre Trips von der Grand Anse Beach. Vor der Südwestküste Grenadas liegen die meisten interessanten Tauchgründe. In den Korallenriffen sind sogar schwarze Korallen und viele Seeanemonen zu finden, dazu einige gesunkene Schiffe, die die Meeresbewohner längst als künstliche Riffe in Beschlag genommen haben.

Das Wrack der Bianca C nimmt sicherlich in der ganzen Karibik eine besondere Stellung ein. Der 1961 gesunkene, fast 200 m lange Kreuzfahrer von 19 000 t liegt in einer Tiefe zwischen 27 und 50 m. Nachdem vor einigen Jahren das Heck weggebrochen und umgekippt ist, wird vor allem das Vorderteil des Schiffes von Tauchern besucht – Sonnendeck und ehemaliger Swimmingpool oder die Promenade mit der Reling. Das Steuerrad der Kommandobrücke findet man inzwischen im Nationalmuseum in St. George's.

Eine Nebenstraße führt von der Grand Anse Bay zur Nachbarbucht Morne Rouge Bay. Auf der felsigen Landzunge **Quarantine Point,** die beide Buchten voneinander trennt, unterhielten die Engländer einst eine Isolierstation für Pockenkranke. Heute bietet sich hier ›nur‹ noch ein herrlicher Blick über die Grand Anse Bay bis nach St. George's und in die wie ein U geformte, von üppig bewachsenen Hügeln begrenzte Strandbucht von Morne Rouge. Hier hat mit einem Strandresort und der Disco Fantazia 2001 allerdings auch schon der Fortschritt eingesetzt.

Spazierwege winden sich durch die paradiesische Blüten- und Pflanzenpracht der **Bay Gardens** bei St. Paul's, einem östlichen Vorort von

St. George's (Mt. Airy, ✆ 473-440-5338, 9–16 Uhr). Weit besser gepflegt als der Botanische Garten im Süden der Hauptstadt, ist die Fülle der Gewürzpflanzen und die natürliche Vegetation der tropischen Wälder auf wenigen Hektar zusammengestellt. In den De La Grenade Industries im gleichen Ort kann man der Produktion von Marmeladen, Gelees, Sirup oder Likören zusehen und einige Mitbringsel von der Reise erwerben.
Laura Spice and Herb Garden, Teil einer ehemaligen Plantage und sechs Kilometer östlich vom Strand Grand Anse entfernt, gehört zur Minor Gewürzkooperative (Laura, ✆ 473-443-2604, Mo–Fr 8–16 Uhr).

Die von der EU mitfinanzierte Grünanlage stellt Gewürze und Kräuter der Insel in einem kultivierten Garten aus.

Südlich von St. George's ragen einige langgezogene Halbinseln wie Finger in die Karibische See. Zwischen ihnen verbergen sich Buchten mit einigen Stränden, Hotels und Marinas. Besonders Segler schätzen die meist windgeschützten Ankerplätze von True Blue Bay, Prickly Bay, Mt. Hartman Bay und um Hog Island. Die gepflegten Gebäude auf einer Landzunge westlich der **True Blue Bay** gehören zu einer internationalen medizinischen Hochschule. Die gefährdete Sicherheit ihrer US-amerikanischen Studenten wurde 1983 von der Regierung unter Reagan als ein Beweggrund für das militärische Eingreifen der USA genannt.

Hibiskusblüte in den Bay Gardens

Entlang der buchtenreichen Südküste, wie auf der Halbinsel **Westerhall Point**, liegen einige der gepfleg-
testen privaten Anwesen von
Grenada, häufig mit herrlichem
Blick auf das Meer, nicht selten sogar mit eigenem Strandabschnitt.

Um die La Sagesse Bay und ihren
schönen Strand wurde mit dem **La
Sagesse Nature Center** (s. Unterkünfte) eine weitläufige, grüne
Landschaft mit Teichen und Man-
grovenwald erhalten, durch die verschiedene Wanderwege führen. Das
Areal gehörte früher zum Besitz von
Lord Brownlow, einem königlichen
Stallmeister und Verwandten von
Königin Elisabeth II. Die Regierung
der New Jewel Movement verstaat-
lichte das Gelände gleich 1979 und
führte es als Musterfarm weiter. Danach verfiel die Anlage, bis sie Ende
der 80er Jahre ihrer heutigen Be-
stimmung zugeführt wurde. Hotel-
gäste wohnen in dem ehemaligen
Strandhaus des Adelsgutes. Die
landwirtschaftlichen Flächen der
Plantage sind parzelliert und auf
Kleinbauern aufgeteilt. In einem
staatlich unterstützten Projekt bauen
diese dort Bananen an.

ℹ️ **Grenada Board of Tourism**, The
Carenage, St. George's, ☎ 473-
440-2279, Fax 473-440-6637, Mo–Fr
8–16 Uhr. Zusätzliche Informationsbüros
am Flughafen und am Kreuzfahrtterminal.

🛏️ **Calabash** ($$$$$), L'Anse aux
Epines, Prickly Bay, P. O. Box 382,
St. George's, ☎ 473-444-4334, Fax 473-
444-5050, calabashhotel.com: Luxusan-
lage mit eleganten Suiten direkt an der
Prickly Bay, Wassersport, hervorragendes
Restaurant Cicely's. **La Source** ($$$$$),
Pink Gin Beach, P. O. Box 852, Point Salines, ☎ 473-444-2556, Fax 473-444-
2561, lasource.com.gd: All-Inclusive-Resort auf ehemaliger Muskatnußplantage,
mit allen Annehmlichkeiten zur Entspan-
nung. **Spice Island Beach Resort**
($$$$–$$$$$), Grand Anse, P. O. Box 6,
☎ 473-444-4258, Fax 473-444-4807:
traumhafte Anlage direkt am breiten
Strand von Grand Anse, wunderbare Restaurants mit Kombination von internationaler und einheimischer Küche. **Al-
lamanda Beach Resort & Spa** ($$$–
$$$$), Grand Anse, P. O. Box 27, ☎ 473-
444-4645, Fax 473-444-4647: neues,
schön gestaltetes Hotel am breiten
Strand, Segel- und Tauchschule auf dem
Gelände. **Flamboyant Hotel & Cottages**
($$$), Grand Anse, P. O. Box 214, ☎
473-444-4247, Fax 473-444-1234: am
südlichen Strandende der Grand Anse
Beach, über Terrasse an den Hang gebaut, herrlicher Ausblick auf die Bay.
Horse Shoe Beach Hotel ($$–$$$),
L'Anse aux Epines, P. O. Box 174, ☎ 473-
444-4244, Fax 473-444-4844: gemütli-
ches Hotel auf kleiner, bewachsener Anhöhe, mit kurzem Spaziergang zum
Strand, auch Shuttle zur Grand Anse Bay.
La Sagesse ($$), La Sagesse Nature Cen-
ter, P. O. Box 44, St. David's, ☎ und Fax
473-444-6458: versteckte, kleine Anlage
im Naturschutzgebiet mit Cottages und
preisgünstigen Zimmern, nur 10 m vom
Strand entfernt, gemütliches Restaurant.
Tropicana Inn ($–$$), Lagoon Rd., Belmont, ☎ 473-440-1568, Fax 473-440-
9797: einfache, ordentliche Herberge im
Süden von St. George's, preisgünstiges
Restaurant.

❌ **Canboulay** ($$$–$$$$), Morne
Rouge, ☎ 473-444-4401: herrli-
che Aussicht auf die Bucht, internationa-
le Küche mit karibisch-afrikanischen Ak-

An der Mt. Hartman Bay im Inselsüden

zenten. **Indigo's Restaurant & Bar** ($$–$$$), Old Mill Ave., True Blue Bay Resort, ☎ 473-444-2000: luftiges Patio-Restaurant, tagsüber mit Snacks, abends mit leckeren Gerichten und Cocktails an der Bar, einige Zimmer und Cottages, Tauchbasis auf dem Gelände. **Coconut Beach** ($$–$$$), Grand Anse Beach, ☎ 473-444-4644: delikate kreolische Küche, Hummer und Fischgerichte, am Nordende des Strandes. **Tabanca at Journey's End** ($$–$$$), Grand Anse Beach, ☎ 473-444-1300: frischer Fisch, delikat zubereitet, mit Blick auf die See und die Bucht. **Mamma's** ($$), Lagoon Rd., Belmont, ☎ 473-440-1459: karibische Küche mit einigen seltenen Eintopfgerichten, wie Armadillo oder gebackenen Seeigeln, herzhaft gekocht, große Portionen. **La Boulangerie** ($), Le Marquis Shopping Complex, Grand Anse, ☎ 473-444-1131: Baguettes, Croissants und Café sowie leckere, kleine Mittagssnacks.

Marryshow Folk Theatre, Herbert Blaize St., St. George's, ☎ 473-440-2451: von der Universität der West Indies betreute Bühne, zeigt Volksmusikabende, Tänze und Theaterstücke aus verschiedenen Ländern.

Fantazia 2001, im Holiday Beach Resort, Morne Rouge Beach, ☎ 473-444-2288: heißeste Disco der Insel mit super Light- und Lasershow, Live Acts am Wochenende. **Boatyard,** L'Anse aux Epines, Prickly Bay, ☎ 473-444-4662: Freitagabend um 23 Uhr beginnt die DJ-Show, die erst zum Frühstück endet. **Casablanca,** Grand Anse, ☎ 473-444-1631: Sportbar mit TV-Bildschirmen für Sportübertragungen aus aller Welt sowie allerlei Brett- und Tischspielen, bis 3 Uhr morgens geöffnet. **Beachside Terrace,** Flamboyant Hotel, Grand Anse, ☎ 473-444-4247: Mittwoch und Sonnabend spielt eine 20köpfige Steelband, freitags steht Barbecue am Strand mit Calypso-Musik auf dem Programm.

Arawak Islands, Upper Belmont Rd., Belmont, ☎ 473-444-3577:

189

Jede Bar lockt mit fruchtigen Cocktails

Duftkombinationen aus tropischen Blüten und Gewürzen, als Parfüm, Pulver oder getrocknete Blütenblätter. **Art Fabrik,** Young St., St. George's, ✆ 473-440-0568: Batikstoffe und -mode mit aparten Mustern. **Art Grenada,** Grand Anse Shopping Centre, ✆ 473-444-2317: Kunstgalerie, die auch Arbeiten des naiven Malers Canute Caliste aus Carriacou führt. **Creation Arts & Crafts,** The Carenage, St. George's, ✆ 473-444-0570: gut gearbeitetes Kunsthandwerk aus Grenada und den anderen Karibischen Inseln. **Gift Remembered,** Cross St., St. George's, ✆ 473-440-2482: Kunsthandwerk und Kitsch, Reisemitbringsel und Andenken, auch Geschmackvolles. **Grenada Craft Centre,** Lagoon Rd., Belmont, ✆ 473-440-9512: Werkstatt und Verkaufsraum; hier werden Kunsthandwerk und Schmuckstücke vor Ihren Augen gefertigt. **Sea Change Bookstore,** The Carenage, St. George's: Bücher, Zeitungen aus USA und Großbritannien, Postkarten, ordentliche Auswahl. **Spice Island Perfumes,** The Carenage, St. George's, ✆ 473-440-2006: Inseleigene Duftmischungen werden auch individuell zusammengestellt. **Tikal**, Young St., St. George's, ✆ 473-440-2310: Geschnitztes, Geflochtenes, Bilder aus Grenada, vom Künstler selbst verkauft sowie weitere Reisemitbringsel. **Turbo Charge Record & Tapes,** St. John's St., St. George's, ✆ 473-440-0586: gute Auswahl an aktueller karibischer Musik. **White Cane Industries,** The Carenage, St. George's, ✆ 473-444-2014: preisgünstige Flechtwaren, Stoffe und handgewebte Teppiche aus einer Behindertenwerkstatt. **Yellow Poui Art Gallery,** Cross St., St. George's, ✆ 473-440-3001: Kunsthandwerk und Kunst aus Grenada sowie von anderen Karibikinseln, auch alte Stiche und Drucke.

 Golf
Grenada Golf Course & Country

Club, Woodlands nahe Grand Anse, ✆ 473-444-4128: Greens Fees kosten für die 9-Loch-Anlage 12 US-$.

Segeln

Club Mariner, Moorings Watersports Center, nahe Secret Harbour Hotel, L'Anse aux Epines, Mt. Hartman Bay an der Südküste, ✆ 4373-444-4439: umfangreiches Angebot an Seglern mit und ohne Crew und Kursen. **Footloose Yacht-charters,** Lagoon Rd., Belmont, ✆ 473-440-7949: Segelschiffe und Motorjachten für Kurz- und Langzeitmieten.

Angeln

Hochseeangler treffen sich in der Wintersaison zur Jagd auf die großen Fische. **Starwind Enterprises,** Lagoon Rd., Belmont, ✆ 473-440-3678: verchartert seine motorstarke Jacht oder nimmt einzelne Angler zu Halbtages- und Tagesausflügen mit.

Tauchen

Taucher können zwischen verschiedenen guten Tauchstationen wählen. **Scuba Express,** beim True Blue Inn, True Blue Bay, ✆ 473-444-2133: sympathische PADI-Station, Kurse und Tauchtrips, zuverlässig. **Sanvics Watersports,** im Grenada Renaissance, Grand Anse Beach, ✆ 473-444-4371, mit Anschluß -638 verbinden lassen: PADI-Kurse, ausgezeichnete Ausrüstung, Vermietung von Segelbooten und Surfbrettern. **Grand Anse Aquatics,** Grand Anse Beach, ✆ 473-444-4129: zuverlässige Tauchstation mit PADI-Lehrer. **Spice Island Divers,** Spice Island Beach Resort, Grand Anse Beach, ✆ 473-444-4258: 1998 eröffnete PADI-Tauchbasis mit allem, was dazugehört, vom Anfängerkurs bis zum Rettungstauchen.

Touren

New Trends Tours, Edyth Leonard, Grand Anse, P. O. Box 797, ✆ 473-444-1236, Fax 473-444-4836: bietet mit Unterstützung des Tourist Board ein People-to-People-Programm an, das Begegnungen, gemeinsames Essen oder Ausflü-

ge mit Bürgern Grenadas ermöglicht. **Sunsation Tours,** 11, Le Marquis Compley, Grand Anse, ✆ 473-444-1594: veranstaltet diverse Halbtages- und Tagestouren sowie Wanderungen auf der Insel. **Telfor Bedeau Hiking Tours,** ✆ 473-442-6201, oder **Arnold's Tours,** ✆ 473-440-0531: organisieren beide Wandertouren durch die Wälder und zu Seen, Wasserfällen und Berggipfeln. **Selwyn Maxwell Island Expeditions,** Spice Island Marine, St. George's, ✆ 473-444-1653: arrangiert individuelle Inseltouren mit seinem Minibus, auch zu den Seven Sisters Falls. **Rhum Runner,** c/o Best of Grenada, The Carenage, St. George's, ✆ 473-440-4386: feuchtfröhliche Halbtagestrips die Küste entlang, inklusive Rumdrinks.

 Grand Anse Beach: südlich von St. George's, sichelförmiger, mehr als 3 km langer Traumstrand. **Morne Rouge Beach:** südlich von Grand Anse, kleine halbkreisförmige Bucht mit weichem Sand. **Sagesse Beach:** ruhiger Puderstrand im Naturschutzgelände.

 In St. George's: **Barclays Bank,** Ecke Church St./Halifax St., ✆ 473-440-3232. **Scotia Bank,** Halifax St., ✆ 473-440-3274. **Grenada Bank of Commerce,** Ecke Halifax St./Cross St., ✆ 473-440-3521.

 Hauptpostamt, The Pier, St. George's, Mo–Fr 8.30–15.30 Uhr.

 Notruf für Polizei, Ambulanz und Feuerwehr, ✆ 911.

 Notruf für Ambulanz, ✆ 434. **St. George's Hospital,** ✆ 473-440-2051: mit chirurgischer Abteilung. Komplizierte Fälle werden nach Trinidad, Caracas oder Barbados ausgeflogen. **Gitten's Pharmacy,** Halifax St., St. George's, ✆ 473-440-2165. **Gitten's Drug-**

An der Grand Anse Bay im Südwesten

mart, Main Rd., Grand Anse, ✆ 473-444-4954.

✈ Verbindung zwischen Grenada und Carriacou: **SVG Air,** ✆ 784-457-5124, Fax 784-457-5077, svgair.com.

🚌 **Minivans** sind das preisgünstigste Verkehrsmittel auf Grenada. Sie kosten je nach Strecke 1–6 EC-$. Bushaltestellen in St. George's: Market Square und Esplanade.

🚕 Taxigebühren werden von der Regierung festgelegt. Eine Fahrt vom Point Salines Airport in die Innenstadt kostet etwa 12 US-$, zu den Hotels von Grand Anse und L'Anse aux Epines etwa 10 US-$. Zwischen 18 Uhr abends und 6 Uhr morgens gilt ein Nachtzuschlag von einem Drittel. Es ist sinnvoll, vor der Fahrt den Preis zu klären.

🚗 Eine zeitweilige Fahrerlaubnis (Kosten 30 EC-$) vermittelt das Mietwagenunternehmen oder ist direkt beim Trafic Department, Carenage, zu erhalten. Es genügt der deutsche Führerschein, ein internationaler Führerschein erleichtert die Prozedur. Mietwagen kosten je nach Wagentyp ab 45 US-$ pro Tag mit unbegrenzten Kilometern. Achtung: Auf Grenada herrscht Linksverkehr! **Avis,** Shell-Tankstelle, Lagoon Rd., Belmont, ✆ 437-440-3936: stellt bei rechtzeitiger Vorbestellung das Fahrzeug am Airport bereit. **David's,** ✆ 473-444-3399: mit Stationen am Point Salines Airport, am Grenada Renaissance Resort, dem Rex Grenadian Hotel und dem Limes in Grand Anse.

🚲 **Ride Grenada,** L'Anse aux Epines, ✆ 473-444-1157: verleiht gut gewartete Mountainbikes.

🚢 Zwischen dem Hafen von St. George's und Grand Anse pendeln Wassertaxis für etwa 4 EC-$. Der **Osprey Express,** ✆ 473-407-0470, Fax 473-440-8126, zischt in 2 Std. von St. George's nach Carriacou und Petit Martinique. Die Katamarane von **Lexiana Jet Express,** ✆ 473-443-7179, sind noch schneller. Kombinierte Fracht-/Passagierschiffe brauchen 4 Std. von Grenada nach Carriacou, einige fahren nach Petit Martinique weiter.

Felsenküste, Strände und tropischer Regenwald – rund um die Insel

Die mit US-Geldern überwiegend gut ausgebaute Küstenstraße führt von St. George's nach Norden. Der ausgedehnte **Queen's Park** nördlich des Ortszentrums, kurz hinter der Brücke über den St. John's River, wurde 1887 zum 50. Jahrestag der Krönung von Königin Viktoria eingeweiht. Auf dem ebenen Gelände des Race Track galoppieren in der Wintersaison Rennpferde um Platz und Sieg. Hier finden Cricketspiele und Leichtathletikwettkämpfe statt. Im Sommer treffen sich die Karnevalsumzüge zur großen, ausgelassenen Fete auf den Rasenflächen.

Kleine Dörfer, die Grand Mal, Happy Hill oder Beauséjour heißen, drängen sich zwischen Berghänge und Meer. Die Bay von **Halifax Harbour,** in die zwei Bäche münden,

Muskat, Vanille, Zimt

Gewürz- und Kräutergarten Grenada

Sie wird Gewürzinsel genannt, Spice Island, und tatsächlich versorgt Grenada die Küchen der Welt mit einer Vielfalt würziger Zutaten, ohne die viele Gerichte fade schmecken würden. Fruchtbarer vulkanischer Boden und genügend Feuchtigkeit durch reiche Niederschläge an den Berghängen, dazu ganzjährig Temperaturen um die 25° Celsius lassen es allenthalben sprießen und wachsen. Eine Fülle verschiedener Früchte wächst in der freien Natur, auf Plantagen und in den Gärten von Kleinbauern. Der eigentliche Schatz des kleinen Eilands sind jedoch seine Kräuter und Gewürze. Muskatnüsse bilden dabei die pikante Spitze der Appetitanreger, zu denen sich Lorbeer, Vanille, Thymian, Zimt, Gewürznelken, Pimento, Turmerik (unechter Safran), außerdem Pfeffer, Chili und Ingwer gesellen. Hinzu kommen zahlreiche Kräuter und Rinden mit heilenden und anregenden Kräften.

Mehr als ein Viertel des weltweiten Bedarfs an Muskatnüssen deckt Grenada mit seinem wichtigsten landwirtschaftlichen Exportprodukt, nur Indonesien kann noch größere Mengen absetzen. Erst 1843 führten die Engländer den bis zu 20 m hochwachsenden Muskatnußbaum (lat. *myristica fragans*) aus Asien ein, weil sich viele der großen Zukkerrohrplantagen nach der Sklavenbefreiung nicht mehr rentierten. Mit knapp 40 % sind heute die Niederlande der wichtigste Abnehmer, gefolgt von Deutschland mit 20 % und den USA mit knapp 15 %. Etwa 7000 Bauern sind Mitglieder der Muskatnußkooperativen von Grenada. Sie liefern ihre Ernte zu Verarbeitungsbetrieben, wie bei Gouyave an der Westküste, in denen sich wohlriechend gefüllte Säkke bis unter die Decke stapeln.

gehört zu den wenigen Buchten im Nordwesten von Grenada, die Seglern einen ruhigen Ankerplatz auch bei schwerer See und Nordwind versprechen.

Bei Concord zweigt eine schmale Straße an die Küste zur Black Bay ab, deren Namen sich von dem wei-chen, schwarzen Lavastrand ableitet. Richtung Osten geht es ins Concord Valley, bis nach knapp 14 km holperiger, steiler Fahrtstrecke vorbei an Wäldern mit Muskatnußbäumen die unteren der **Concord Falls** erreicht sind. Das Wasser des Black River stürzt sich über dunkle Lava-

Das reife, weiche, einem Pfirsich ähnelnde Fruchtfleisch wird zu Süßspeisen, Sirup oder köstlichen Marmeladen und Gelees verarbeitet. Der kräftig rote, faserige Samenmantel, der den Fruchtkern umgibt, muß auf großen Gestellen in der Sonne getrocknet werden. Sein feiner Geschmack dient als Würze für Fleisch, auch als Basis für pharmazeutische und kosmetische Produkte. Für einen Preis von 15 000 US-$ pro Tonne wird dieses Muskatblüte oder Mazis genannte Nebenprodukt vor allem nach Europa exportiert. Die eigentliche Nuß steckt in einer harten Kapsel, die geknackt und als Mulch auf Gartenbeete gestreut dort die Feuchtigkeit hält. Muskatnüsse sind beliebt als Gewürz für Kuchen oder Gemüse, in der Medizin finden sie als Aromatikum, als Stimulanz und Magenmittel Verwendung. Größeren Mengen werden halluzinogene Folgen zugeschrieben.

Die anregenden Wirkungen der zahlreichen Kräutermischungen, die McLeish ›Pappy‹ Langaigne für seine Kunden bereithält, kennt er genau. Die meisten der Säfte, Relishes, Weine und Pülverchen aus dem großen Angebot enthalten zumindest eine Prise Nutmeg, Muskatnuß, auf deren Kraft Pappy unbedingt schwört. Sein luftiges Etablissement ist halb Bar, halb Laden und liegt in der Nähe von Concord nördlich von St. George's. Creme de Menthe, als Mixgetränk mit Rum, soll angeblich bei Magenproblemen helfen, der Wonders of the World Tea mit Blättern vom Bitterfence-Busch lindert Erkältungen, ein Salat mit den fleischigen Blättern des Prickly-Pear-Kaktus nimmt Frauen die schlimmsten Schmerzen während der Geburt, weiß Pappy zu erzählen. Als Verkaufsschlager hat sich allerdings ein Wein aus der Rinde des Baumes *Bois bande* erwiesen, dem nicht nur Linderung von Gliederschmerzen, sondern gleichzeitig Wunderwirkungen als Aphrodisiakum nachgesagt werden. Auch auf der Insel St. Lucia vertraut man auf *Bois bande*, dort wird es dem Rum beigemixt. »Ich trinke selbst jeden Tag ein Gläschen«, sagt der muntere Pappy, »damit nichts schiefgehen kann«.

felsen in die Tiefe. Da die Straße zu den unteren Fällen auch für Tourbusse befahrbar ist, kann es vor allem dann etwas voller werden, wenn ein Kreuzfahrtschiff im Hafen von St. George's angelegt hat. Die beiden spektakuläreren der Serie von drei Wasserfällen sind nur nach einer 45minütigen Wanderung nahe dem Ufer des Black River durch die üppige Tropenvegetation zu erreichen.

Wer über eine gute Kondition verfügt, kann seinen Ausflug in weiteren drei Stunden bis zum 765 m hohen **Fédon's Camp** in den Belvidere

Mountains nahe dem Gipfel des Mount Qua Qua fortsetzen. Ein herrlicher Ausblick entschädigt für die Mühen. In diesem schwer zugänglichen Hochland verteidigten Julian Fédon und seine Anhänger während eines 14monatigen Sklavenaufstandes 1795/96 lange ihre Stellungen gegen eine britische Übermacht. Es ist besser, die Tour in die Berge, die noch mit einem zwei Stunden dauernden Abstieg zum Grand Etang Lake fortgesetzt werden könnte, mit einem örtlichen Führer zu unternehmen.

Wer statt der Bergwanderungen zur Küstenstraße zurückkehrt, erreicht unmittelbar südlich vom Ort Gouyave (franz. für Guave) die Gewürzplantage des **Dougaldston Spice Estate** (Mo–Fr 9–16 Uhr). In der gemütlich-altmodischen Anla-

Handarbeit in einer Muskatnußfabrik

wird die Verarbeitung der Gewürzpflanzen gern erläutert und demon-
striert. Die Frauen verkaufen kleine
Beutel mit einer Zusammenstellung
verschiedener Gewürze für einen
minimalen Betrag.

Im von der Sonne gebleichten
Lager und Verarbeitungsgebäude der
Gouyave-Muskatnuß-Kooperative
(Gouyave, ☎ 473-444-8337, Mo–Fr
10–13 und 14–16 Uhr) begreift
man endlich, warum Grenada eine
Muskatnuß in der Nationalflagge
führt. Den drei Kooperativen auf der
Insel sind 7000 Muskatfarmer angeschlossen. Etwa 1500 t Muskatnüsse
werden hier pro Jahr verarbeitet und
zum Export fertiggestellt. Mit un-
glaublich schnellen und geschick-
ten Handbewegungen sortieren
überwiegend Frauen die Nüsse
nach Qualität und Größe. Die frisch
gesammelten Nüsse, eigentlich Ker-
ne einer fleischigen Frucht, müssen
zuvor den Schwimmtest absolvieren. Nüsse, die auf der Wasseroberfläche bleiben, sind taub und werden sofort ausgesondert. Aus den
qualitativ weniger wertvollen Nüs-
sen gewinnt man Muskatöl, das in
der Küche oder der Pharmazie verwendet wird und auch als Rheuma-
mittel Wunder vollbringen soll.
Nach einer etwa 30minütigen Führung zu den verschiedenen Verar-
beitungsstufen bleibt der würzig be-
lebende Duft von Muskat noch
lange in der Nase zurück.

ge, die schon bessere Zeiten gesehen hat, verlesen Frauen von Hand
die verschiedenen Gewürze – Muskatnuß, Muskatblüten, Zimt oder
Gewürznelken – von Hand und
breiten sie auf großflächigen, pfan-
nenartigen Rosten in der Sonne zum
Trocknen aus. Droht Regen, werden
diese wie Schubladen auf Rollen
schnell unter ein schützendes Dach
geschoben. Für ein kleines Trinkgeld

Abends ziehen die Fischer ihre bunt bemalten Boote an den Lance genannten Strand nördlich von **Gouyave.** Ihr Fang, vorwiegend Yellowfin-Thunfisch, wird gleich in einem Kühlhaus eingelagert. Er findet sich, appetitlich zubereitet, schon kurze Zeit später meist auf den Tellern nordamerikanischer Restaurants wieder. Ende Juni feiert der ganze Ort den Fisherman's Birthday, mit Segnung der Fischerboote und der Netze sowie anschließendem Straßenfest. Einen Eindruck von der harten Arbeit der Fischer erhält man beim Besuch des kleinen Fisherman's Museum unmittelbar südlich von Gouyave (Mabouya, Western Main Rd., Mo–Sa 9–16 Uhr), in dem Mr. Joseph gern die Ausstellung erläutert.

Ein Wagen mit Vierradantrieb macht es etwas leichter, sich auf die spektakulärste Fahrtstrecke zu begeben, die Grenada zu bieten hat. Sie führt von Gouyave direkt nach Grenville im Osten, über einen Sattel zwischen dem 840 m hohen Mount St. Catherine im Norden und den 770 m hohen Mount Qua Qua sowie dem 685 m hohen Mount Granby im Süden. Entlang der Strecke wachsen viele der Nutzpflanzen von Grenada, Muskatnuß- und Brotfruchtbäume, Kakaobüsche und Citrusfrüchte. Bei Rosemont gabelt sich die Straße, die nördliche Clozier Road ist landschaftlich reizvoller, die Belvedere Road mit ebenfalls schönen Ausblicken auf die Berge in besserem Zustand. Auf der Plantage von Rosemont kann man eine bequeme Rast einlegen und sich mit preiswerter westindischer Küche und köstlichem, frischgepreßtem Saft tropischer Früchte stärken.

Wer statt dessen auf der Küstenstraße nach Norden weiterfährt, gelangt bald nach **Victoria,** einem größeren Fischerdorf. Unmittelbar nördlich vom Ortsausgang lassen sich abseits der Straße auf Felsen an der Seeseite Petroglyphen der Arawak erkennen.

Ganz im Norden der Insel, westlich von Sauteurs, liegt **Mount Rodney Estate,** eine restaurierte Plantagenvilla aus dem Jahr 1880 (☎ 473-442-9420). Sie bietet sich mit westindischer Küche – Kürbissuppe, Ingwer-Hühnchen oder Fliegendem Fisch – für einen Lunch an. Die Terrasse der Pflanzenvilla gewährt einen fantastischen Blick auf die südlichen Grenadineninseln.

Bei **Sauteurs,** einem ruhigen Fischerort an der sanft geschwungenen gleichnamigen Bucht im Norden, haben die Kariben auf Grenada 1651 ihre letzte Schlacht geschlagen. Nach einigen vergeblichen Kolonisierungsversuchen von Engländern und Franzosen ließ der französische Gouverneur von Martinique, du Parquet, dem Karibenhäuptling Kairoune einige Beile, Messer, Glasperlen und zwei Flaschen Schnaps überreichen für das Recht, auf der Insel zu siedeln. Die kämpferischen Kariben merkten jedoch recht schnell, auf was sie sich da eingelassen hatten, und versuchten die Franzosen wieder von ihrer Insel zu vertreiben. Die Kolonisten schafften nun zusätzliche Truppen und schwere Waffen nach Grenada. Ein Angriff von 800 Kariben auf Fort Royale beim heutigen St. George's endete 1651 mit einem Blutbad unter den Indianern. Die französischen Soldaten verfolgten die flüchtenden Kariben quer über die Insel. Die letzte größere Gruppe sah sich bei einer Klippe über der Bucht von Sauteurs eingekreist. Ihre Freiheit konnten sie nicht mehr erlangen, die Franzosen machten keine Gefangenen. So stürzten sich die Kariben von dem 30 m hohen, steilen Felsen selbst in den Tod. Le Morne des Sauteurs, Hügel der Springer, hieß der Ort fortan bei den Franzosen, Caribs' Leap oder Leapers' Hill nann-

In der River Antoine Rum Distillery

ten ihn später die Engländer. An dem historischen Platz hinter der katholischen Schule St. Patrick und dem Friedhof der Kirche erinnert heute wenig an die dramatischen Ereignisse und die Verzweiflungstat der einstigen Inselbewohner.

Ein mehr als 200 ha großes Terrain an der Nordostspitze der Insel zwischen Levera Bay und Grenada Bay – mit Stränden, Mangrovenwäldern und dem von Eisvögeln, Reihern und anderen Wasservögeln belebten Levera Pond – wurde 1994 zum **Levera National Park and Bird Sanctuary** erklärt (Interpretation Center, ✆ 473-442-1018). Die Naturstände von Levera Beach und Bathway Beach werden von den Resten eines küstennahen Riffs vom Atlantik abgeschirmt. Sie gehören am Wochenende zu den beliebtesten Badeplätzen auf Grenada. Familien

kommen sogar aus St. George's hierher und packen ihre Picknickkörbe aus. Es wird Ball gespielt, und am Strand und an der Küstenstraße sind schnell einige Stöcke für ein Cricketspiel aufgebaut. Vom Bedford Point, an dem man noch die Überreste eines britischen Forts erkennen kann, hat man den besten Blick auf die drei vorgelagerten privaten Inseln Sugar Loaf, Green Island und Sandy Island, auf denen zwar keine Menschen, aber Tausende von Seevögeln leben.

Wie der Levera Pond ist auch der fast kreisrunde, etwa 65 000 m² große **Lake Antoine** wenig weiter im Süden der mit Regenwasser gefüllte Krater eines längst erloschenen Vulkans. In der weniger als zwei Kilometer entfernten **River Antoine Rum Distillery** (River Antoine Estate, ☎ 473-442-7109, geführte Touren Mo–Fr 9–16 Uhr) haben sich die Produktionsabläufe seit fast 200 Jahren nicht geändert. In der musealen Rumbrennerei aus dem frühen 19. Jh. ächzt nach wie vor das Wasserrad der Mühle, in der das Zuckerrohr zerkleinert wird. Der weiße Overproof Rum von River Antoine gehört zu den stärksten und beliebtesten Sorten auf Grenada.

Bevor die mit kubanischer Hilfe begonnene große Start- und Landebahn im äußersten Südwesten der Insel fertiggestellt wurde, war der **Pearls Airport** nördlich von Grenville der Flugplatz von Grenada. Heute veranstalten Jugendliche am Wochenende Rennen auf der verwaisten Piste. Neben der Rollbahn

rosten noch immer ein sowjetischer Doppeldecker und eine kubanische Propellermaschine vor sich hin, die nach der Invasion der US-Amerikaner 1983 nicht schnell genug gestartet werden konnten.

Nördlich vom Flughafen wurden viele Tonscherben und Überreste von Steinwerkzeugen gefunden, die auf eine größere Siedlung und einen wichtigen Begräbnisplatz der Arawak-Indianer schließen lassen. Die Fundstätten von Pearls und auch die eingeritzten Felszeichnungen von Werkzeugen und Waffen beim Dorf Mt. Rich am Flußufer des St. Patrick's River weiter im Norden erlauben den Schluß, das Grenada um die Zeitenwende bereits recht dicht von den Arawak besiedelt war.

Grenville, zu französischen Kolonialzeiten schlicht La Baye genannt, liegt an einer weiten, von Korallenriffen gesäumten Bucht. Die zweitgrößte Stadt der Insel ist Sammel- und Umschlagplatz für Kakao, Bananen, Muskatnüsse. Die Ernte wird von hier auf Lastwagen nach St. George's transportiert. Auf den fruchtbaren Feldern der Umgebung wachsen Gemüse und Früchte. Der Samstagsmarkt hinter dem Gerichtsgebäude mit seinem überreichen Angebot steht dem in der Hauptstadt wenig nach. Ähnlich wie in Gouyave bietet die **Grenville Nutmeg Association** (☎ 473-442-7241) Führungen durch ihren Verarbeitungsbetrieb für Muskatnüsse an. Zum Village Festival in der ersten Augusthälfte kommen Besucher aus allen Teilen der Insel nach Gren-

Mona Monkeys
kann man noch im
Grand Etang Forest
Reserve sehen

ville, zu Kultur- und Tanzveranstaltungen sowie Ausstellungen örtlicher Künstler.

Die Grand Etang Road windet sich von Grenville durch das zentrale, etwa 700 m hohe Bergland von Grenada. Vom Nordhang des Mt. Sinai läßt sich bereits die nur sieben Kilometer entfernte Hauptstadt St. George's ausmachen. Etwa zwei Kilometer nördlich vom Visitor Center

des **Grand Etang Forest Reserve** (✆ 473-440-6160, 8.30–16 Uhr) zweigt auf der Strecke nach St. Margaret eine kleine Stichstraße nach Süden ab. Hier lohnt ein etwa einstündiger Wanderweg zu den Kaskaden und Badepools der Seven Sisters Falls. Für die reizvolle, teilweise etwas morastige Strecke kann man im Besucherzentrum auch einen Führer anheuern.

Der Naturpark schützt einen artenreichen tropischen Regenwald um den ovalen, 530 m hoch gelegenen Kratersee des Grand Etang, der nicht weit von der Durchgangsstraße entfernt liegt. Das kobaltblaue, unergründlich erscheinende Gewässer ist Ausgangspunkt von Spazierwegen und Wanderstrecken durch tropisches Grün, Nadelhölzer und Palmen, Wälder von riesigen Baumfarnen und 20 m aufragenden Bambushainen. Wer etwas Glück hat, wird winzige Kolibris zu den Blüten von Orchideen und Heliconien tanzen sehen oder einige der langschwänzigen Mona Monkeys. Es sind Nachkommen von aus Afrika stammenden Affen, die einst auf den Sklavenschiffen über den Atlantik kamen.

Die 15 m hohen Kaskaden der **Annandale Falls** erreicht man nach kurzer Fahrt auf einer Abzweigung von der Hauptstraße beim Dörfchen Constantine. Die inmitten einer tropischen Dschungellandschaft gelegenen Wasserfälle sind vor allem in der regnerischen Saison sehenswert, wenn sich das Wasser in vollem Schwung in einen blaugrünen Pool des Beausejour River stürzt, in dem es sich herrlich baden läßt (Visitor Center, ✆ 473-440-2452, 9–17 Uhr). Die Inselhauptstadt St. George's ist von hier nur noch 15 Minuten Autofahrt entfernt.

 Morne Fendue Plantation House ($–$$), Morne Fendue, südlich von Sauteurs, ✆ 473-442-9330: Lunchbuffet mit traditionellen In-

selgerichten in Plantagenvilla von 1900 (Anmeldung sinnvoll). **Victoria Hotel** ($), Queen St., Victoria, ✆ 473-444-9367, Fax 473-444-8104: schlichter, sauberer Gasthof im Ortszentrum, preisgünstiges Restaurant mit westindischer Küche.

 Levera Beach: gemütlicher Naturstrand an der Nordspitze, wird von einem vorgelagerten Korallenriff geschützt, am Wochenende beliebtes Ausflugsziel.

 Barclays Bank, Grenville, ✆ 473-442-7733.

 Notruf, ✆ 911.

 Notruf für Ambulanz an der Ostküste, ✆ 434. **Hospital** von Mirabeau, Ostküste, ✆ 473-442-7251. **Parris' Pharmacy,** Victoria St., Grenville, ✆ 473-442-7330.

Die südlichen Grenadinen

Die Inselkette der Grenadinen erstreckt sich zwischen Grenada im Süden und St. Vincent im Norden. Die meisten der größeren Inseln gehören zu St. Vincent; von den zwei Dutzend südlichen, zu Grenada zählenden Eilanden sind nur vier bewohnt. Insgesamt 20 Insulaner leben mit einigen Ziegen an der Südküste der Felseninsel Ronde Island

Die südlichen Grenadinen

ST. VINCENT UND
DIE GRENADINEN

Chatham
Bay

Union Island

Clifton

Ashton

Palm Island

Martinique Channel

GRENADA

Petit St. Vincent

Windward

Petit
Martinique

Hillsborough

Grand
Bay

Tyrrel Bay

Carriacou

Karibisches Meer

Saline Island

Frigate Island

Large Island

Bonaparte
Rocks

Kick'em
Jenny

Les Tantes

Ronde
Island

Caille Island

London
Bridge

Atlantischer

Sauteurs

Green Island

Ozean

Black Rock

Grenada

N

Grenville

0

10 km

Marquis Island

Wer zweifelt bei den Grenadineninseln an der Wasserqualität?

und auf der winzigen Caille Island auf halber Strecke zwischen Carriacou und der 30 km entfernten Nordspitze von Grenada.

Carriacou und Petit Martinique

Carriacou hieß in der Sprache der Kariben »Insel der Riffe«. In der Tat, vor ihrer Nordwestküste und um die vorgelagerten Inseln, bei Frigate Island im Süden sowie entlang der Ostküste verlaufen zum Vergnügen der Taucher und Schnorchler abwechslungsreiche Korallenriffe. Die mit 34 km^2 Ausdehnung größte Grenadineninsel verdankt ihre Existenz Vulkanen, deren Vulkankegel sich bereits vor etwa 26 Mio. Jahren formten. Mit weniger als 300 m Höhe erinnern die Hügel im Inselinneren heute nicht mehr an die noch aktiven Vulkane auf anderen Karibikinseln. Etwa 5000 Einwohner leben auf Carriacou, freundliche Menschen, die nur dann bitterböse reagieren, wenn die Obrigkeit im fernen Grenada ihren ›freien, ungebundenen Handel mit Gütern in der Region‹, was anderorts gelegentlich als Schmuggel bezeichnet wird, unterbinden will.

Afrikanische Traditionen sind wegen der Abgeschiedenheit der Insel weit lebendiger als anderswo. Bei Geburten, Heiraten und dem Tod von Bewohnern werden Gesänge, Getrommel und Tänze zelebriert. Sie finden Parallelen zu Tänzen verschiedener westafrikanischer Stämme, wie dem Kromantin-Tanz aus der Region des heutigen Ghana, der Geister der Ahnen beschwört und sie um Kraft und Unterstützung anfleht. Die in der Karibik bekannte Folkloregruppe »Big Drum Dance«

aus Carriacou tritt auch beim Karneval auf, der eine ganze Woche im Februar gefeiert wird.

In der Inselhauptstadt **Hillsborough** leben 600 Einwohner in relaxter Atmosphäre. Es gibt einen Flugplatz, Ankerplätze für Jachten in der Bucht, einen Pier, Läden, Restaurants und eine Menge Rumshops. Das Museum der Historical Society (Patterson St., Hillsborough,

Mo–Fr 9.30–16, Sa 10–16 Uhr) befindet sich in einem Gebäude, in dem früher Baumwolle verarbeitet wurde. Hier sind Zeugnisse früher indianischer Besiedlung und der jüngeren, durch Sklavenarbeit und Zuckerrohrplantagen geprägten Inselgeschichte ausgestellt.

Auch bei ungemütlichen Nordstürmen bietet die tief eingeschnittene **Tyrrel Bay** im Südwesten Seglern ausreichenden Schutz. Die Bucht wird von einigen Sandstränden, vor allem aber von Mangrovendickicht gesäumt. An ihren Wurzeln reifen tausende Austern, die von Gourmets geschätzten Tree Oysters, heran.

Im gemütlichen Dorf **Harvey Vale** leben Fischer und einige Bootsbauer, die Segelschiffe noch in traditioneller Holzbauweise konstruieren. Auch in **Windward** im Nordosten von Carriacou sind Bootsbauer zu Hause, deren deutlich hellere Hautfarbe die Vorfahren aus dem schottischen Glasgow erahnen lassen – ein ähnliches Phänomen, wie auf Bequia, der nördlichen, zu St. Vincent gehörigen Grenadineninsel.

Anse la Roche in einer halbrunden Bucht im Nordwesten halten viele für den schönsten Badestrand der Insel. Um nicht zum abgelegenen Strand wandern zu müssen, kann man in Hillsborough auch an Bord eines Wassertaxis hüpfen.

Sandy Island liegt neben einigen anderen winzigen Inselchen vor der Westküste von Carriacou. Wer auf die große Sandbank mit einigen Schatten spendenden Palmen übersetzt, muß sich die traumhafte Badeinsel meist nur mit einigen Pelikanen teilen.

Petit Martinique, häufig knapp PM genannt, liegt vier Kilometer nordöstlich von Carriacou. Die knapp 2 km^2 kleine und von einem 225 m hohen Hügel gekrönte Insel ist nur wenige hundert Meter von Petit St. Vincent, dem südlichsten Eiland der zu St. Vincent gehörenden Grenadinen, entfernt. Auf dem na-

hezu runden PM geht das Leben einen ruhigen Gang. Die knapp 800 Bewohner leben vom Fischen, vom Bootsbau sowie von gelegentlichen Reparaturen an den Seglern, die zwischen der Inselkette der Grenadinen kreuzen und hier auch Proviant aufnehmen. Gerüchten zufolge sollen auch kleine Schmuggelgeschäfte das schmale Einkommen zuweilen aufbessern.

Tourist Office, Patterson St., Hillsborough, Carriacou, ✆ 473-443-7948.

Caribee Inn ($$$), Prospekt, Carriacou, ✆ 473-443-7380, Fax 473-443-8142: Zimmer und Suiten am Strand und auf dem Hügel, perfekt für Hochzeitsreisende, kreolisches Restaurant. **Silver Beach Resort** ($$), Silver Beach, Beausejour Bay, Carriacou, ✆ 473-443-7337, Fax 473-443-7165: komfortable Räume mit Meerblick, einen kurzen Spaziergang vom Anleger in Hillsborough entfernt, Tauchbasis am Strand, Restaurant mit herzhafter Küche. **Millie's Apartments** ($), Main St., Hillsborough, Carriacou, ✆ 473-443-8207: Mini-Apartments und Zimmer, ordentlich und günstig. **Hope's Inn** ($), L'Esterre Bay, Carriacou, ✆ 473-443-7457: kleine Apartments mit Selbstverpflegung direkt bei der Paradise Beach. **Seaside View Holiday Cottages** ($), Petit Martinique, ✆ 473-443-9210, Fax 473-443-9113: einfache Apartments mit Hafenblick.

Callaloo Restaurant & Bar ($$), Main St., Hillsborough, Carriacou, ✆ 473-443-8004: frisch zubereiteter Fisch und Hummer, hervorragende Callaloo-Suppe. **Palm Beach Restaurant & Bar** ($$), Petit Martinique, ✆ 473-443-9103: frischer Fisch und Schalentiere, unter Pal-

mendächern am Meer. **Scraper's** ($–$$),
Tyrrel Bay, Carriacou, ✆ 473-443-7403:
Fisch, Muscheln und Hummer ohne un-
nötige Verzierungen, gelegentlich Calypso-Musik, einige Apartments. **Poivre et
Sel** ($–$$), Tyrrel Bay, Carriacou, ✆ 473-
443-8390: französisch-italienische Küche mit karibischer Note. **Cassada Bay
Resort** ($$), Manchineel Bay, Carriacou,
✆ 473-443-7494: gutes Restaurant mit
Bar, beliebt zum Sonnenuntergang.

After Ours', Tyrrel Bay, Carriacou,
✆ 473-443-6159: DJs und gele-
gentliche Live-Bands.

Canute Calliste Gallery, L'Esterre,
Carriacou: Aquarelle des bekann-
ten, hier lebenden naiven Künstlers er-
hält man auch im Historischen Museum
von Carriacou.

Wassersport
Carriacou Yacht Charters, Tyrrel
Bay, ✆ 473-443-8599: vermietet seine
76 ft.-Ketch für Tages- oder Wochentrips.
Carriacou Silver Diving, Main St., Hills-
borough, ✆ 473-443-7882: PADI-Tauch-
station, vermietet auch Windsurfbretter.
Tanki's Watersport Paradise, L'Esterre
Bay, Carriacou, ✆ 473-443-8406: mit so-
lider PADI-Tauchstation. Auf **Petit Marti-
nique** gibt es Tauchausrüstung und volle
Sauerstoffflaschen beim Sunset View Su-
permarkt zu mieten.

Touren
Eine ausführliche, vierstündige Tour
durch Carriacou mit einem gecharterten
Minibus läßt sich für etwa 60 US-$ aus-
handeln.

Anse la Roche: nach einem klei-
nen Spaziergang von Prospekt im
Norden von Carriacou erreicht man
den herrlich weichen Badestrand. **Sandy
Island:** schon der Name sagt alles – eini-
ge Palmen, ein Riff und ein Bilderbuch-

strand auf der kleinen Insel vor Hills-
borough, auch schon in der Werbung
vermarktet.

Barclays Bank, Ecke Main
St./Brunswick St., Hillsborough,
Carriacou, ✆ 473-443-7733.

Postamt Hillsborough, am Pier,
Carriacou, Mo–Fr 8–12 und
13–16 Uhr.

Notruf, ✆ 911.

Notruf für Ambulanz, ✆ 774. **Car-
riacou Hospital,** Hillsborough, ✆
473-443-7400. **Vena Bullen Pharmacy,**
Main St., Hillsborough, Carriacou, ✆
473-443-7468.

SVG Air, ✆ 784-457-5124, Fax
784-457-5077, svgair.com.

Auf Carriacou verkehren **Minibus-
se** zwischen Hillsborough, Harvey
Vale und Windward, Fahrtosten 2–4
EC-$.

Eine Fahrt vom Lauriston Airport
von Carriacou zur Hauptstadt
Hillsborough kostet etwa 4 US-$. **Barba's
Auto Rentals,** beim Supermarkt, Tyrrel
Bay, Carriacou, ✆ 473-443-7454, Fax
473-443-8167.

Der **Osprey Express,** Hillsbo-
rough, ✆ 473-407-0470, Fax 473-
443-9041, erreicht täglich Carriacou und
Petit Martinique von St. George's. Die
Katamarane von **Lexiana Jet Express,** ✆
473-443-7179 zischen ebenfalls täglich
von St. George's nach Carriacou. Ein
Postschiff pendelt Mo, Mi, Fr zwischen
Hillsborough auf Carriacou und Petit
Martinique, Informationen am Pier von
Hillsborough.

TIPS & ADRESSEN

Alle wichtigen
Informationen rund
ums Reisen – von
Anreise bis Zoll –
auf einen Blick.

Urlaubsaktivitäten
und Tips, wie man
auf und zwischen
den Inseln weiter-
kommt.

Ein zusätzlicher
Sprachführer hält die
wichtigsten Vokabeln
griffbereit.

INHALT

REISEVORBEREITUNG UND ANREISE

Informationsstellen

Fremdenverkehrsamt Barbados
Neue Mainzer Straße 22
D-60311 Frankfurt
✆ 0 69/24 26 96 30, Fax 23 00 77
barbados.org
St. Lucia Tourist Board
421 a Finchley Road
London NW3 6HJ, Großbritannien
✆ 00 44/20/74 31 36 75
Fax 74 31 79 20, stlucia.org
St. Vincent & The Grenadines Tourist Office
10 Kensington Court
London W8 5DL, Großbritannien
✆ 00 44/20/79 37 65 70
Fax 79 37 36 11, svgtourism.com
Grenada Board of Tourism
Uhlandstr. 30
D-53340 Meckenheim
✆ 0 22 25/94 75 07
Fax 94 75 08, grenada.org

Im Internet außerdem die Homepages der einzelnen Inselstaaten: funbarbados.com, st-lucia.com, vincy.com, grenadaexplorer.com und für die gesamte Inselgruppe der zu St. Vincent und Grenada gehörenden Grenadinen die Website: grenadines.net.

Diplomatische Vertretungen

Barbados
… für Deutschland und die Schweiz:
Botschaft von Barbados
78 Av. Général Lartique
B-1200 Brüssel
✆ 00 32/2/7 32 17 37, Fax 7 32 32 66

… für Österreich:
Generalkonsulat von Barbados
Brucknerstr. 4
A-1040 Wien
✆ 01/5 05 74 55
Fax 50 48 79 74
St. Lucia
Embassy of St. Lucia at the High Commission for the Eastern Caribbean States
10 Kensington Court
London, W8 5DL, Großbritannien
✆ 00 44/20/79 37 95 22
Fax 79 37 55 14
St. Vincent und die Grenadinen
Embassy of St. Vincent and the Grenadines at the High Commission for the Eastern Caribbean States
Adresse und ✆ s. St. Lucia
Grenada
Ambassade de Grenada
Rue de Laeken 123
B-1050 Brüssel
✆ 00 32/2/2 23 73 03
Fax 2 23 73 07

Gesundheitsvorsorge

Bei Einreise aus Europa sind keine Impfungen vorgeschrieben. Allerdings sollte man vor einer Reise in die Tropen den allgemeinen Impfschutz (Tetanus, Polio) überprüfen. Auch kleine Wunden sollten sorgfältig desinfiziert und vor Verschmutzung geschützt werden.

Vor allem zu Beginn der Reise ist es besser, sich der direkten Sonneneinstrahlung nur kurz auszusetzen. Eine Kopfbedeckung, Sonnenbrille mit gutem UV-Schutz sowie ein Sonnenschutzmittel mit einem hohen Lichtschutzfaktor (mindestens 8) mindern die Gefahr von Sonnenbrand und Hitzschlag. Beim längeren Baden und Schnorcheln ist zusätzlich unbedingt ein T-Shirt zu tragen.

Bei ungeschützten sexuellen Kontakten besteht grundsätzlich und unabhängig vom Urlaubsort die Gefahr schwerwiegender Infektionen. Die Aids-Rate ist wesentlich höher als in Deutschland.

Prüfen Sie Ihren Krankenversicherungsschutz. Im Zweifelsfall leistet eine private Reisekrankenversicherung mit Rückholservice gute Dienste und erspart hohe Aufwendungen vor Ort.

Klima und Reisezeit

Die Karibischen Inseln haben tropisches Klima. Beständige Passatwinde mindern drückende Temperaturen und sorgen ganzjährig für nur geringe Temperaturschwankungen von ca. 5° Celsius. Im Jahresdurchschnitt beträgt die Tagestemperatur etwa 28° Celsius. Die Temperatur sinkt nachts um etwa 5–8°, die Wassertemperatur beträgt ganzjährig ungefähr 25–26° Celsius. Insofern eignen sich die Inseln als ganzjähriges Reiseziel.

Barbados kennt keine ausgesprochene Regenzeit. Die Wahrscheinlichkeit für tropische Schauer ist zwischen Juni und September am höchsten, im Februar und März fällt der geringste Niederschlag. Auf St. Lucia sowie St. Vincent muß von August bis November regelmäßig mit kräftigen Regengüssen gerechnet werden. Auf Grenada regnet es zwischen Juni und Dezember täglich meist einmal. Die relative Luftfeuchtigkeit bewegt sich zwischen 75–85 %. Die Hauptsaison reicht von Dezember bis April. Hotels verlangen in dieser Zeit deutliche Zuschläge.

Reisekleidung

Atmungsaktive Sommerbekleidung ist das ganze Jahr über angebracht. In wenigen Restaurants der gehobenen Klasse werden abends Jackett oder Krawatte verlangt, meist sind kurzärmelige Hemden duchaus passend. Badekleidung ist nur am Strand oder im Poolbereich angebracht. FKK ist unüblich. Für Wanderungen ist festes Schuhzeug notwendig sowie leichte Regenbekleidung sinnvoll. Für die Zeit zwischen Dezember und März kann abends eine leichte Jacke angenehm sein.

Reisen mit Kindern

Die südlichen Karibikinseln sind kein klassisches Urlaubsziel für Familien mit Kindern. Doch die breiten Strände von Barbados und das flache Wasser in Küstennähe können auch kleine Kinder erfreuen. Einige Hotels auch auf den anderen Inseln haben sich auf Kinder eingestellt und bieten Studios mit Kochnische an oder lassen Kinder im Zimmer der Eltern kostenfrei übernachten. Sind die Kinder bereits etwas größer und finden Spaß daran, mit einer Unterwasserbrille zu schnorcheln, eröffnet sich ihnen plötzlich eine neue, farbige und aufregende Welt (T-Shirt gegen Sonnenbrand!).

Reisen für Behinderte

Von den beschriebenen Inseln kommt Barbados Reisenden mit körperlichen Behinderungen noch am ehesten entgegen. Nicht allzu viele Hotels verfügen über rollstuhlgerechte Zimmer und Restaurants, nur wenige der Sehenswürdigkeiten auf den Inseln sind für Menschen mit körperlichen Behinderungen einfach zugänglich. Pauschalreiseveranstalter können vorab Auskunft geben, ob eine Anlage geeignet ist. Auch die Bundesarbeitsgemeinschaft Hilfe für Behinderte e. V., Kirchfeldstr. 149, 40215 Düsseldorf, ☏ 02 11/3 10 06-0, hält Informationen zu Urlaubsregionen und -angeboten bereit.

Literarische Reisevorbereitung

Derek Walcott: Das Königreich des Sternapfels. Hanser Verlag, München 1992. Der bedeutendste karibische Autor beschreibt Geographie und Bewohner der Karibischen Inseln in einfühlsamen Gedichten. Vom Nobelpreisträger für Literatur 1992.
Derek Walcott: Erzählungen von den Inseln. Hanser Verlag, München 1993. Sammlung kraftvoller Gedichte und Erzählungen über Leben und Schicksal der Menschen in der südlichen Karibik.
Derek Walcott: Omeros. Hanser Verlag, München 1995. Wortgewaltige Versdichtung; Odyssee der Karibik, in der die Schicksale der Menschen sich mit dem Strom der Weltgeschichte verknüpfen.
Jean Rhys: Sargassomeer. dtv, München 1993. Roman um den Niedergang der weißen Elite und vom Schicksal einer von der Männergesellschaft grausam bestraften Frau zur Zeit der Sklavenbefreiung in der Karibik.
James A. Michener: Karibik. Bastei Lübbe Verlag, Bergisch-Gladbach o. J. Die Geschichte eines blühenden Paradieses, das mit Ankunft der Europäer sein Gesicht verändert. Die geschilderten Episoden, Schicksale und Entwicklungen umfassen die Epoche von der Ankunft der Arawak-Indianer und der Kariben bis zur heutigen Zeit.
Julia Albrecht u. a. (Hrsg.): Karibische Erkundungen. Verlag Volk und Welt, Berlin 1996. Zwanzig Erzähler aus Barbados, Trinidad und anderen Karibischen Inseln erzählen heitere, nachdenkliche und ironische Geschichten.
Felix Karlinger und Johannes Pögl: Märchen aus der Karibik. Rowohlt Taschenbuchverlag, Reinbek 1995. Sammlung der schönsten Geschichten von afrikanischen und karibischen Kobolden.
Peter-Paul Zahl: Geheimnisse der karibischen Küche, Geschichte, Gegenwart, Genuß. Rotbuch Verlag, Hamburg 1998. Heiße und würzige Gerichte und Geschichten aus St. Lucia, Grenada und anderen Karibischen Inseln.

Einreise- und Zollbestimmungen

Staatsangehörige von Deutschland, Österreich und der Schweiz benötigen für einen touristischen Aufenthalt auf Barbados von maximal 6 Monaten, auf St. Lucia für höchstens 28

Tage nur einen über das Reiseende hinaus gültigen Reisepaß. Für einen visafreien touristischen Aufenthalt von maximal drei Monaten ist auf St. Vincent ein mindestens einen Monat über das Reiseende gültiger Reisepaß erforderlich. Auf Grenada ist für die visafreie Einreise und einen touristischen Aufenthalt von nicht mehr als 90 Tagen ein mindestens noch 6 Monate gültiger Reisepaß notwendig.

Gegenstände für den persönlichen Bedarf sind vom Zoll befreit. Darüber hinaus dürfen über 18 Jahre alte Reisende nach Barbados 200 Zigaretten oder 100 Zigarren oder 230 g Tabak zollfrei einführen, dazu einen Liter Spirituosen (keinen Rum) oder Wein und etwas Parfüm, dazu Geschenke im Wert von 100 BDS-$. Die Einfuhr von Lebensmitteln ist nicht erlaubt. Für St. Lucia, St. Vincent und Grenada liegen die zollfreien Höchstmengen bei 200 Zigaretten oder 50 Zigarren oder 230 g Tabak, dazu 1 Liter Spirituosen oder Wein und etwas Parfüm.

Anreise

… mit dem Flugzeug
Barbados
Am Grantley Adams International Airport, 18 km südöstlich von Bridgetown, kommen alle Urlauber an, die nicht per Schiff reisen. British Airways fliegt ab London mehrmals pro Woche, auch der Überschalljet Concorde landet regelmäßig auf Barbados. Die Condor verbindet mit Anschlüssen von mehreren deutschen Flughäfen Frankfurt mit Barbados, die Martinair fliegt ab Amsterdam. Reisende über 12 Jahre müssen beim Verlassen von Barbados eine Ausreisesteuer von 25 BDS-$ am Flughafen bezahlen.

St. Lucia
Der Hewanorra International Airport liegt ca. 64 km südlich von Castries. Die Condor fliegt noch einmal pro Woche ab Frankfurt. Mit der British Airways erreicht man die Insel vier Mal pro Woche via London/Gatwick. Flüge zu anderen Karibischen Inseln starten und landen häufig am Vigie Airport bei Castries. Beim Abflug wird für Reisende über 12 Jahre eine Fluggastgebühr von 40 EC-$ erhoben.

St. Vincent und die Grenadinen
Eine Verbindung zum E. T. Joshua Airport südlich von Kingstown ist nicht direkt, sondern nur über Grenada, Barbados, St. Lucia und andere Karibische Inseln möglich. Die Fluggastgebühr bei Abreise beträgt 20 EC-$ für Reisende über 12 Jahre.

Grenada
British Airways fliegt dreimal pro Woche via London/Gatwick zum Point Salines Airport, 10 km südlich von St. George's. Ansonsten gibt es eine Verbindung im Winter mit der Condor sowie Umsteigeverbindungen über Barbados oder Trinidad. Gebühr bei Ausreise für Fluggäste von 5–11 Jahren 17,50 EC-$, ab 12 Jahren 50 EC-$.

Verschiedene Airlines, wie BWIA (✆ 246-426-2111), LIAT (✆ 246-434-5428), Air Jamaica (✆ 246-420-1956), Air Martinique (✆ 246-431-0540) oder TIA (✆ 246-428-1654), stellen Verbindungen zwischen den Karibischen Inseln her (Tel.-Nummern alle von den Büros auf Barbados). LIAT und BWIA bieten Airpässe für mehrere Flüge innerhalb der Karibik an, aktuelle Bedingungen und Preise im Reisebüro.

… mit dem Schiff

Kreuzfahrtschiffe steuern Barbados, St. Lucia und Grenada an. Gelegentlich besteht die Möglichkeit, auf Frachtschiffen als Passagier über den Atlantik mitzureisen. Informationen über Spezialagenturen im Reisebüro. Windward Lines Ltd., eine Frachtlinie, die auch Passagiere mitnimmt, verkehrt regelmäßig zwischen Venezuela (Guiria und Isla de Margarita), Trinidad (Port of Spain), St. Vincent (Kingstown), Barbados (Bridgetown), St. Lucia (Castries). Informationen über den genauen Fahrplan und Preise gibt es bei Windward Agencies, 7 James Fort, Hincks St., Bridgetown, Barbados, ✆ 246-431-0449, Fax 246-431-0452.

UNTERWEGS AUF DEN INSELN

… mit dem Mietwagen

Auf allen Inseln herrscht Linksverkehr. Eine örtliche Fahrerlaubnis, Visitor's Driver's License, wird gegen Gebühr bei der Polizei ausgestellt. Mietwagenunternehmen helfen bei der Beschaffung. Kosten auf Barbados ca. 10 BDS-$, auf St. Lucia ca. 32 EC-$, auf St. Vincent ca. 40 EC-$, auf Grenada ca. 30 EC-$.

Barbados verfügt über ein gutes Straßennetz. Mietwagenpreise 70–90 US-$ pro Tag, inkl. Versicherung, je nach Wagentyp. Auf St. Lucia ist die Küstenstraße passabel ausgebaut, Nebenstrecken sind teilweise in sehr schlechtem Zustand. Mietwagenpreise 40–60 US-$ pro Tag, ohne km-Begrenzung. Die Straßen auf St. Vincent entlang der Ost- und der Westküste sind in unterschiedlichem Zustand. Ins Inselinnere führen wenige Stichstraßen – oft ungeteert, kurvenreich und schmal. Mietwagenpreise ab ca. 50 US-$ pro Tag, ohne km-Begrenzung. Die Küstenstraße rund um Grenada ist in ordentlichem Zustand, Nebenstraßen und Querverbindungen haben unterschiedliche Qualität. Mietwagen ab ca. 45 US-$ pro Tag, ohne km-Begrenzung.

… mit dem Flugzeug

Von Kingstown auf St. Vincent bestehen Linienflugverbindungen zu kleineren Grenadineninseln, wie Bequia, Canouan, Mustique oder Union Island.

Von St. George's auf Grenada besteht eine Linienflugverbindung nach Carriacou.

… mit dem Schiff

Von St. Vincent lassen sich die Grenadineninseln mit Fähre und Postschiff ansteuern, Informationen in Kingstown. Zwischen St. George's, der Hauptstadt von Grenada, und Carriacou wie Petit Martinique besteht eine regelmäßige Fährverbindung.

… mit dem Bus

Regelmäßiger Busverkehr mit staatlichen Bussen (blau mit gelben Streifen) und privaten Linien (gelb mit blauen Streifen) verbindet Bridgetown mit allen wichtigen Orten auf Barbados. Auf St. Lucia wird der Omnibusverkehr mit Minibussen *(Jitneys)* abgewickelt. Diese erreichen Castries meist morgens und fahren nachmittags wieder in die verschiedenen Inselregionen. Zwischen Castries und Gros Islet besteht regelmäßiger Busverkehr. Auf St. Vincent verkehren Minibusse, die von Kingstown zu den wichtigsten Orten entlang der Küste fahren. Sie halten auf Handzeichen. Auf Grenada fahren Busse und Minibusse vom Market Square in St. George's zu allen wichtigen Inselorten, mit Einschränkung abends und an Wochenenden.

… mit dem Taxi

Es sind ausreichend Taxen auf Barbados, St. Lucia, St. Vincent und Grenada vorhanden. Die Tarife sind staatlich fixiert, viele Hotels verfügen über eine Preisliste für Streckenbeispiele. Die Fahrzeuge haben keinen Taxameter. Es ist sinnvoll, vor der Fahrt den Preis zu vereinbaren. Taxen können auch stundenweise oder für Inselrundfahrten gemietet werden.

Fahren per Anhalter

Viele auf einen Bus wartende Einheimische versuchen schon bevor dieser kommt, per Anhalter mitgenommen zu werden. Für Europäer ist die Reiseform auf den Inseln die Ausnahme. Sie birgt natürlich immer ein Risiko, das schwer abgeschätzt werden kann.

Organisierte Touren

Auf allen vier Inseln bieten gute Veranstalter eine breite Palette von Rundfahrten entlang der touristischen Highlights bis zu Wanderungen im tropischen Regenwald. Sie sind unter den Tips der jeweiligen Insel aufgeführt.

Kreuzfahrten und Jachten

Die Karibik gehört zu den beliebtesten Kreuzfahrt- und Segelrevieren der Welt. Alle großen US-Cruise Liner sowie die europäischen Hotelschiffe kreuzen in der Wintersaison durch die südliche Karibik. Zusätzlich haben sich in den letzten Jahren High-Tech-Segelkreuzer und Viermast-Clipper etabliert, die mehr als 100 Passagieren gleichermaßen Kreuzfahrt und Segelromantik bieten. Grenada, St. Lucia und Barbados gehören zu den beliebtesten Ankerplätzen. Ausführliche Informationen findet man in einschlägigen Katalogen der heimischen Reisebüros.

Bareboat (nur das Boot) oder *Crewed Charter* (mit Crew), beides ist in der Karibik möglich. Große Vermittlungsagenturen operieren weltweit, auch im deutschsprachigen Raum. Die meisten unterhalten Büros in den Jachtzentren der Windward Islands: Sunsail, Rodney Bay Marina, St. Lucia, ☎ 758-452-8648. Trade Wind, Blue Lagoon, St. Vincent, ☎ 784-456-9736. Sun Yacht, Clifton, Union Island, St. Vincent and the

Grenadines, ☎ 784-458-8581. Catamaran Charters, Secret Harbour, St. George's, Grenada, ☎ 473-444-4924.

Wer einfach nur mal von einer Insel zur anderen mitsegeln möchte, kann sich an den Pinwänden der Jachtzentren erkundigen, was gerade frei ist und was vom Mitsegler erwartet wird (Kostenbeteiligung und/oder Crew-Arbeit).

UNTERKUNFT

Für die genannten Unterkünfte gelten folgende Preiskategorien, jeweils für ein Doppelzimmer ohne Verpflegung:

$	– bis 50 US-Dollar
$$	– bis 100 US-Dollar
$$$	– bis 150 US-Dollar
$$$$	– bis 250 US-Dollar
$$$$$	– über 250 US-Dollar

Die Preisspanne zwischen Neben- und Hauptsaison ist gekennzeichnet, z. B. $$–$$$.

Hotels

Die großen Inseln der Windward Islands stellen den Gästen Unterkünfte in allen Preiskategorien zur Verfügung, auf einigen der Grenadineninseln findet man jedoch nur wenige, dafür eher luxuriöse Resorts. Auf Barbados gibt es die meisten Hotelzimmer, einfach oder mit allen Annehmlichkeiten ausgestattet. In der Hauptsaison (vorwiegend zwischen Mitte Dezember bis Mitte April) liegen die Preise der Hotels mit internationalen Gästen meist deutlich über den Nebensaisonpreisen.

Ferienwohnungen

Die Fremdenverkehrsbüros der vier Staaten geben englischsprachige Broschüren heraus mit vielen Unterkünften, die bezüglich Preis und Qualität überprüft sind. Hier sind auch Apartments und Villen aufgelistet, für viele Familien oder gemeinsam reisende Erwachsene eine interessante Alternative zu Hotelunterkünften.

All-Inclusive-Resorts

Vor allem auf Barbados, St. Lucia und einigen der kleinen Grenadineninseln hat das Konzept der All-Inclusive-Resorts Fuß gefaßt. In diesen Resorts sind neben der Unterkunft alle Mahlzeiten, Drinks an der Bar oder Sportangebote bereits im Preis enthalten.

Camping

Camping ist auf den Inseln unüblich. Einige private Campgrounds sind von unterschiedlicher Qualität, freies Campen am Strand oder im Inselinneren ist entweder nicht erlaubt oder nicht zu empfehlen.

ESSEN & TRINKEN

Für die genannten Restaurants gelten folgende Preiskategorien, jeweils für eine Mahlzeit ohne Getränke:

$ – bis 8 US-Dollar
$$ – bis 15 US-Dollar
$$$ – bis 25 US-Dollar
$$$$ – über 25 US-Dollar

Die würzige westindische Küche der südlichen Karibik verbindet indianische, afrikanische und europäische Traditionen. Einwanderer aus Asien haben zusätzliche Geschmacksnoten hinzugefügt. In vielen Hotelrestaurants ist man inzwischen davon abgekommen, eine gesichtslose internationale Küche aufzutischen. Man präsentiert jetzt inseltypische Gerichte, häufig leicht dem Geschmack der nordamerikanischen und europäischen Gäste angepaßt. Besonders Liebhaber von Fischen, Muscheln und Krustentieren kommen auf ihre Kosten. Sie werden nach vielen Rezepten gebraten, gebacken, gekocht oder mariniert. Auch in kleinen Garküchen und einfachen Lokalen brutzelt und köchelt Köstliches aus frischen Zutaten von den Inselmärkten: Dorade, Schnapper, Thun- und Schwertfisch, Fliegender und Tintenfisch, Lambi-Muscheln, Hummer oder Garnelen schwimmen fast an den Bratpfannen und Töpfen der Köche vorbei.

KLEINER SPRACHFÜHRER

(P = *Patois*)

Allrait	In Ordnung
Ben mwen	Gib mir … (P)
Bonjou	Guten Tag (P)
Breadfruit	Brotfrucht, kohlehydrathaltig, wird wie Kartoffeln zubereitet
Callaloo	Blattgemüse der Taro-Frucht, schmeckt ähnlich wie Spinat, auch als Suppe zubereitet
Calypso	Rhythmische Tanzmusik mit anspielungsreichen Texten
Cuttlass	Machete
Doudou	Schätzchen (P)
Escoveitch	Fisch, auf portugiesische Art in Essig und Öl mariniert
Fire a grog	Rum trinken
Ginger	Ingwerwurzel
Jelly Water	Köstlich erfrischendes Fruchtwasser der jungen Kokosnuß
J'ouvert	Karnevalsmontag
Jump Up	Tanzveranstaltung, Fete
Ka ou fé?	Wie geht's? (P)
Lambi	Conch-Muschel, wird zu verschiedenen Gerichten verarbeitet

Limin'	Mit Freunden herumhängen und über alles mögliche plauschen	Patties	Mit Gemüse oder Fleisch gefüllte Teigtaschen
Mauby	Bittersüßes Getränk aus der Rinde des Mauby-Baumes, wird häufig mit Rohrzucker und Gewürzen gesüßt	Paw Paw	Papaya, süße tropische Frucht für Säfte, Salate
No Problem	Alles klar, auch wenn nicht alles klar ist	Plantain	Kochbanane
		Sa ka marché	Es läuft gut (P)
		Si au plé	Bitte (P)
Nutmeg	Muskatnuß	Soon soon	Sehr bald
Pa ni problem	kein Problem, alles ok (P)	Sweet sweet	Sehr süß
		Ti moune	Kinder (P)
Parish	Verwaltungsbezirk, eigentlich Pfarrbezirk, Kirchensprengel	Trade Wind	Passatwind
		Wail	Tanzen
		Yams	Stärkehaltige Knollenfrucht

URLAUBSAKTIVITÄTEN

Cricket

Der Nationalsport der englischsprachigen Karibikstaaten wird nicht nur von Profis in vornehmem weißen Dress gespielt. Auch Straßenmannschaften und Jugendliche nutzen freie Plätze oder Strandabschnitte zum Spiel. Bei den komplizierten Regeln erübrigt sich allerdings der Wunsch mitzuspielen.

Golf

Wo Briten Urlaub machen, wird auch Golf gespielt. Diese schlichte Regel bewahrheitet sich genauso auf Barbados und den tropischen Windward Islands. So findet man auf allen Inselstaaten mindestens einen Golfplatz:

den schönsten mit dem 18-Loch-Kurs des Royal Westmoreland Golf & Country Club auf Barbados, den exklusivsten mit der 18-Loch-Anlage des Carenage Bay Resort & Golf Club auf der kleinen Grenadineninsel Canouan südlich von St. Vincent.

Hochseeangeln

Zur Jagd auf die großen Fische muß man eine kräftige Angel und eine dikke Brieftasche haben. Mit PS-starken Motorjachten werden dann auf Halbtages- oder Tagestrips Marlin, Wahoo, Yellow Tuna oder Schwertfisch aufgespürt. Bei diversen Angelwettbewerben sind schon Fische mit mehreren Zentnern Gewicht aus dem Wasser geholt worden.

Reiten

Auf Barbados und St. Lucia bieten Reitställe das besondere Vergnügen, die Inseln auf geführten Ausritten zu erkunden. Nach einem Ausflug über Hügel und Täler geht es häufig zum Abschluß an einen Strand, zum Bad für Pferd und Reiter.

Schnorcheln und Tauchen

Paradiesische Korallenriffe, spektakuläre Schiffswracks oder submarine Felswände haben die südliche Karibik zu einem der beliebtesten Tauch- und Schnorchelreviere der Welt gemacht. Tauchreiseveranstalter, Hotels- und Tauchstationen an vielen Stränden bieten qualifizierte Kurse für Anfänger und aufregende Tauchabenteuer für Fortgeschrittene an.

Segeln

In der Wintersaison geben sich die Jachten in der südlichen Karibik ein Stelldichein. Die Inselkette der Grenadinen im türkisblauen, warmen Wasser der Karibischen See zwischen St. Vincent im Norden und Grenada im Süden gehört zu den schönsten Segelrevieren der Welt. Das Angebot ist groß: Jachten mit und ohne Crew, einzelne Plätze an Bord von Segeltörns oder kurze Tagestrips.

Surfen

Barbados liegt exponiert am Rande des Atlantischen Ozeans. An der Ost-

küste bei Bathsheba, haben die ›echten‹ Surfer, die auf dem Kamm der Wellen reiten, ihr Hauptquartier aufgeschlagen. Die übrigen Inseln sind wegen der schwächeren Brandung für Wellenreiten ungeeignet.

Tennis

Die Jagd nach dem weißen Ball gilt nicht als der klassische Tropensport. Dennoch bieten viele Hotels auf hauseigenen Plätzen nicht nur ihren Gästen die Möglichkeit, dem schweißtreibenden Vergnügen nachzugehen.

Wandern

Die Mischung aus Sport, Freizeitvergnügen und Lehrveranstaltungen kommt immer mehr in Mode. Auf allen Inseln sind Wanderwege entlang der Küste oder quer durchs Land angelegt. Geführte Wanderungen durch die tropischen Regenwälder von St. Lucia, St. Vincent und Grenada gehören sicherlich zu den besonders eindrucksvollen Urlaubserlebnissen.

Windsurfen

Der leichte Passatwind, das warme Wasser und die nicht zu schwere See schaffen oft ideale Bedingungen für Windsurfer. Die Sportart hat sich in den letzten Jahren von den Karibikinseln Guadeloupe und Martinique nach Süden verbreitet. Inzwischen kann man an den bekanntesten und mit Hotels besetzten Stränden Bretter mieten oder lernen, mit Brett und Segel durchs Wasser zu pflügen.

REISEINFORMATIONEN VON A BIS Z

Alkohol

An den Bars der Karibik regiert der Rum. Jede der ehemaligen Zuckerinseln destilliert ihre eigenen Marken, die meist mit einem Rum-Importverbot gegen unerwünschte Konkurrenz abgeschirmt werden. Da nicht mehr überall genug Zuckerrohr angebaut wird, führen einige Rumdestillerien, wie auf Grenada, Melasse von anderen Inseln ein. Der klare Overproof-Rum mit einem Alkoholgehalt von mindestens 60 Prozent wird pur getrunken und mit einem Schluck Wasser nachgespült oder gleich verdünnt. Der dunkle Rum erhält seine Farbe von Zutaten, wie Vanille oder anderen Gewürzen, und von meist mehrjähriger Lagerung in Eichenfässern. Barmixer vermischen den hochprozentigen Stoff mit Fruchtsaft oder weiteren Spirituosen zum wohlschmeckenden, aber in seiner Wirkung oft verheerenden Rumpunsch. Auf St. Lucia und Grenada geben Gewürzmischungen dem Getränk häufig eine pikante Geschmacksnote.

Neben einigen Importbieren meist aus den Niederlanden oder Deutschland werden vor allem heimische Durstlöscher getrunken. Der Alkoholgehalt der Inselbiere Carib, Hairoun, Banks oder Piton ist nicht sehr hoch, der Geschmack erfrischend.

Apotheken

In den größeren Inselorten führen Apotheken *(Pharmacies)* oder besondere Abteilungen in größeren Supermärkten *(Prescriptions)* ein Standardsortiment an verschreibungspflichtigen Medikamenten. Wer spezielle Medikamente benötigt, sollte diese vorsichtshalber mitbringen. Ansonsten kann der (mehrsprachige) Beipackzettel einem Arzt oder Apotheker Aufschluß über die Zusammensetzung des benötigten Medikaments geben.

Ärztliche Versorgung

In allen vier Inselstaaten besteht eine ordentliche medizinische Grundversorgung mit Ambulanzen, Ärzten und Hospitälern. Nach Barbados, der größten und am besten entwickelten Insel, werden sogar komplizierte Fälle der kleineren ostkaribischen Staaten ausgeflogen. Außer einer kostengünstigen öffentlichen Gesundheitsversorgung gibt es Allgemein- und Fachärzte, die ihre Dienste privat abrechnen. Bei sehr schwierigen Behandlungen werden Patienten mit Flugzeugen in Kliniken von Caracas oder Miami transportiert.

Als Decompression Sickness (DCS) bezeichnet man eine Krankheit, die durch zu schnelles Auftauchen und den damit verbundenen rapiden Druckwechsel verursacht wird. Blasiges Blut bewirkt eine Unterversorgung von Gliedmaßen, inneren Organen und vor allem des Gehirns mit Sauerstoff. Drei Rekompressionskammern in der südlichen Karibik versuchen, künstlich den

Druck größerer Wassertiefen wiederherzustellen und den Körper dann langsam an die Druckbedingungen der Oberfläche zu gewöhnen – eine langwierige und schmerzhafte Maßnahme, bei der meist einige Schäden oder Empfindlichkeiten zurückbleiben. Neben dem Le Meynard Hospital auf Martinique (Service d'Urgence Hyperbare, ☎ 596-552200) und dem Mount Hope Hospital in Trinidad (☎ 868-625-1691) verfügt auch die Barbados Defence Force über eine Rekompressionskammer (BDF Medical Unit, ☎ 246-436-6185). Sie hilft etwa 30 Unfallopfern im Jahr, ungefähr die Hälfte von ihnen sind unerfahrene Sporttaucher.

Auskunft

Barbados Tourism Authority
Harbour Rd., Bridgetown,
☎ 246-427-2623, Fax 246-426-4080
St. Lucia Tourist Board
Pointe Seraphine, Castries,
☎ 758-452-5968, Fax 758-453-1121
Department of Tourism St. Vincent and the Grenadines
Egmont St., Kingstown,
☎ 784-457-1502, Fax 784-456-2610
Grenada Board of Tourism
The Carenage, St. George's,
☎ 473-440-2001, Fax 473-440-6637

Banken

Neben nationalen Banken (Barbados National Bank, National Commercial Bank of St. Lucia, National Commercial Bank of St. Vincent, Commercial Bank of Grenada) sind vor allem britische (Barclays Bank) und einige kanadische Geldinstitute (Bank of Nova Scotia, Royal Bank of Canada) auf den Inseln mit Filialen vertreten. Bei ihnen kann man Traveller-Schecks oder Geld wechseln oder sich bei Bedarf von der heimischen Bank Bargeld anweisen lassen.

Die Öffnungszeiten von Wechselstuben an den Airports richten sich nach den Ankunfts- und Abflugzeiten der Flugzeuge. Die Filiale der Barbados National Bank am Flughafen ist täglich geöffnet, solange Flugbetrieb herrscht.

Generelle Öffnungszeiten der Banken:
Barbados: Mo–Do 9–15, Fr 9–13, 15–17 Uhr
St. Lucia: Mo–Do 8–15, Fr 8–17 Uhr
St. Vincent: Mo–Do 8–12, Fr 8–12, 15–17 Uhr
Grenada: Mo–Do 8–12 (oder 14), Fr 8–12, 14.30–17 Uhr

Diplomatische Vertretungen auf den Inseln

… von Deutschland
Embassy of the Federal Republic of Germany
7–9 Marli St., P.O.Box 828,
Port-of-Spain, Trinidad, W. I.,
☎ 868-628-1630, Fax 868-628-5278
(für Barbados, St. Lucia, St. Vincent und die Grenadinen, Grenada)
Honorary Consul
P.O.Box 17 B, Brittons Hill, St. Michael, Barbados,
☎ 246-427-1876, Fax 246-427-8127
Honorary Consul
Care Service Building, Massade Industrial Estate, P.O.Box 2025,
Gros Islet, St. Lucia,
☎ 758-450-8050, Fax 758-450-0255

Honorary Consul
P. O. Box 848, Indian Bay, St. Vincent,
✆ 784-458-4092, Fax 784-457-4887
Honorary Consul
New Westerhall Point, P.O.Box 814,
St. George's, Grenada,
✆ 473-443-2156, Fax 473-443-2155

… von Österreich
Embajada de Austria
Avenida la Estancia, Edificio Torre las Mercedes, piso 4, Chuao,
Caracas 1060, Venezuela,
✆ 0 05 82-91 38 63, Fax 0 05 82-9 93 27 53 (für Barbados, St. Lucia, St. Vincent und die Grenadinen, Grenada)

… von der Schweiz
Embajada de Suiza
Edificio Polar, piso 6, Plaza Venezuela, Los Caobos,
Caracas 1060 A, Venezuela,
✆ 0 05 82-7 93 16 08, Fax 0 05 82-7 93 14 19 (für Barbados, St. Lucia, St. Vincent und die Grenadinen, Grenada)

Drogen

Leider nimmt das Angebot an Drogen auf den Inseln langsam, aber sicher zu. Internationalen Drogendealern geht es weniger um Marihuana, das auf versteckten Feldern im Dschungel angebaut wird, sie nutzen die Inseln eher als Umschlagplatz für die harten Drogen aus Kolumbien und anderen Regionen Lateinamerikas. Verdeckt operierende Beamte der US-amerikanischen DEA (Drug Enforcement Agency) sind inzwischen im Einsatz, um den Stoff sicherzustel-len, bevor er den Bestimmungsmarkt erreicht, und um Mittelsmänner dingfest zu machen. Wer seinen Urlaub nicht in einem karibischen Gefängnis beenden möchte, sollte sich unter keinen Umständen auf irgendwelche Drogengeschäfte einlassen.

Einkaufen

Es gibt auf allen großen Inseln Supermärkte, in denen sich auch die Crews der Segeljachten mit Nachschub versorgen. Geradezu unvergleichlich ist dagegen die Atmosphäre auf den Inselmärkten, allen voran in Kingstown, St. Vincent, und in St. George's, Grenada, mit ihrer Fülle an tropischen Früchten und Gemüsesorten. Kleine Geschäfte in den Lobbys internationaler Hotels versorgen mit Bademode, Souvenirs, Süßigkeiten, Literatur oder Drogerieartikeln, liegen jedoch deutlich über dem sonst inselüblichen Preisniveau.

Elektrizität

Die Stromspannung auf Barbados und Petit St. Vincent beträgt 110 Volt, 50 Hz. Elektrogeräte sollten umschaltbar sein. Ein Adapter für amerikanische Blattstecker ist notwendig. Die Stromspannung auf St. Lucia, St. Vincent und Grenada beträgt 220 Volt, 50 Hz. Ein Adapter für britische, dreipolige Stecker ist notwendig.

Feiertage

(B) = Barbados, (L) = St. Lucia,
(V) = St. Vincent, (G) = Grenada

1. 1.	Neujahrstag
2. 1.	New Years Holiday (L)
21. 1.	Errol Barrow Day (B)
22. 1.	St. Vincent & the Grenadines Day, Nationalfeiertag (V)
7. 2.	Unabhängigkeitstag (G)
22. 2.	Unabhängigkeitstag (L)
Karfreitag	Good Friday, beweglich
Ostermontag	Easter Monday, beweglich
1. 5.	May Day, Maifeiertag (B, L, G)
1. Mo im Mai	May Day, Maifeiertag (V)
Himmelfahrt	Ascension Day, beweglich (B)
Pfingstmontag	White Monday, beweglich
Fronleichnam	Corpus Christi, beweglich (L, G)
29. 6.	St. Peter und Paul, Schutzpatron der Fischer (G)
Karneval Mo/Di	Carnival Days, beweglich (V)
1. Mo im August	Kadooment Day, Crop Over Festival (B) Emancipation Day, Tag der Sklavenbefreiung (L, V, G)
1. Di im August	Zweiter Feiertag der Emancipation Days (G)
1. Mo im Oktober	Thanksgiving, Erntedankfest (L) Tag der Vereinten Nationen (B)
25. 10.	Thanksgiving, Erntedankfest (G)
27. 10.	Unabhängigkeitstag (V)
30. 11.	Unabhängigkeitstag (B)
13. 12.	St. Lucia-Tag, Nationalfeiertag (L)
25. 12.	Christmas Day
26. 12.	Boxing Day

Feste und Festivals

Januar

Am 22. Januar soll Kolumbus St. Vincent gesichtet haben. Zum St. Vincent & the Grenadines Day gibt es inselweit Straßen- und Strandfeste.

Das Spice Island Game Fishing Tournament auf Grenada zieht Sportfischer selbst aus Nord- und Südamerika an.

Februar

Das Holetown Festival auf Barbados erinnert an die Landung der ersten britischen Siedler vor mehr als 350 Jahren.

Auf Carriacou wird der Karneval traditionell im Februar gefeiert.

Zum National Music Festival in Kingstown, St. Vincent, treffen sich Ende Februar/Anfang März die besten Musiker des Inselstaates zu einer Festwoche, die die ganze Vielfalt der karibischen Musik widerspiegelt.

März

In Sauteurs, der Hauptstadt des Pfarrbezirks St. Patrick im Norden von Grenada, wird zu Ehren des Heiligen eine Woche lang die St. Patrick's Day Fiesta gefeiert, mit Ausstellungen, Konzerten und Tanzveranstaltungen.

Zur Oster-Segelregatta Ende März/Anfang April auf Bequia treten Fischer und Modellbauer mit ihren Schiffen an.

Die große Oster-Segelregatta von Trinidad nach Grenada bildet den sportlichen Höhepunkt des Jahres.

Easterval heißt das österliche Festwochenende auf Union Island mit Wettrennen, Regatten, der Wahl einer Schönheitskönigin und Musikveranstaltungen, darunter einem afrikanisch-karibischen Big Drum Dance.

Zum Oistins Fish Festival zu Ostern verdoppeln die Fischbratereien ihre Anstrengungen, leckeren Fliegenden Fisch zu brutzeln. Veranstaltungen erinnern an die Unterzeichnung der Charta of Barbados im Jahr 1652, die der Insel Sonderrechte zubilligte.

April

Zur Holders Season, einem dreiwöchigen Kulturfestival auf Barbados, treten auch weltberühmte Opernstars auf einer Freilichtbühne nahe Holetown auf.

Mai

Zum traditionellen St. Lucia Jazzfestival, dessen Konzerte in verschiedenen Orten der Inseln aufgeführt werden, kommen Musiker aus der ganzen Welt.

Auf Grenada findet das Spice Jazz Festival statt.

Auf Bequia treffen sich die besten Trommler der Karibik zum Big Drum Festival.

Juni

Am Ende des Monats feiern (nicht nur) die Fischer den Fisherman's Birthday, St. Peter und Paul, in Gouyave und anderen Orten auf Grenada.

Ende Juni bis Anfang Juli zelebriert St. Vincent seinen zehntägigen Karneval *Vincy Mas* mit Paraden, Musik, Tanz und ausgelassener Stimmung.

Juli

Auf St. Lucia findet der Karneval im Sommer statt, mit *Jump Up*, Paraden, Calypso-Wettbewerben und der Wahl der Carnival Queen.

August

Gleich am ersten Wochenende trifft sich die Seglerelite zur renommierten Carriacou-Regatta, zusätzlich gibt es diverse andere Sportwettkämpfe und ein Straßenfest.

Am Kadooment Day am ersten Montag im August kulminiert das Crop Over Festival auf Barbados zum Saisonhöhepunkt, mit einem riesigen Fest, einem Calypso-Wettbewerb sowie der Krönung von Erntekönig und -königin.

Auf Grenada schlägt die Lebensfreude am zweiten Wochenende zum Höhepunkt des Inselkarnevals Purzelbäume.

Der letzte Mittwoch im August steht auf dem Markt von Castries im Zeichen eines bunten Market Feast, zu Ehren der Schutzpatronin, der Heiligen Cecilia.

Oktober

Beim St. Lucia Billfishing Tournament holen Sportangler aus dem karibischen Raum und aus Nordamerika die großen Angelruten heraus, um Blue Marlin und Thunfisch zu jagen.

Auf St. Lucia und in anderen *Créole* sprechenden Ländern wird der International Creole Day, *Jounen Kweyol*, begangen, mit Musik, Dichtung, gutem Essen und bester Stimmung.

November

Zum National Independence Festival of Creative Arts auf Barbados zeigen Talente der darstellenden und bildenden Künste in verschiedenen Altersgruppen die Ergebnisse ihrer Arbeit.

Die besten Wellenreiter der Karibik treffen sich zur Caribbean Surfing Championship in Bathsheba an der Atlantikküste von Barbados.

Dezember
Hochseejachten, die Ende November zur Atlantic Rallye for Cruisers von Las Palmas auf Gran Canaria gestartet sind, werden in der Rodney Bay Marina von St. Lucia erwartet.

Foto und Video

Filme, meist Kodak oder Fuji, sind auf den Inseln erhältlich, aber teurer als in Europa. Die hohen Temperaturen und eine nicht unerhebliche Luftfeuchtigkeit können den Filmen schaden. Diese sollten daher, wenn möglich, kühl aufbewahrt bleiben. Es ist nicht nur aus Sicherheitsgründen frevelhaft, Kamera und Filme im schnell aufgeheizten Auto zurückzulassen.

Die Inseln bieten eine Fülle reizvoller Motive. Wer Menschen fotografieren will, sollte diese vorher um Erlaubnis fragen. Auf den Märkten kann ein vorheriger Kauf die Zustimmung von Marktfrauen zu einem Foto erleichtern.

Freunde von Urlaubsvideos sollten ausreichend Leerkassetten mitbringen. Sie sind auf den Inseln nicht überall und nur recht teuer zu erwerben.

Frauen allein auf den Inseln

Alleinreisende Frauen sind hier noch immer die Ausnahme. Einige Männer fühlen sich durch weibliche Unabhängigkeit zu plumper Anmache aufgefordert. Es ist sinnvoll, dieses Verhalten nicht durch knappe Bekleidung zu unterstützen. Vermeiden Sie Situationen, in denen Sie sich ohne Aussicht auf Unterstützung mit provokativem Macho-Gehabe auseinandersetzen müssen, wie z. B. einsame Wanderungen oder Strandspaziergänge nach Einbruch der Dunkelheit.

Geld

Der Barbados Dollar BDS-$ teilt sich in 100 Cent. Es sind Banknoten zu 5, 10, 20 und 100 $ in Umlauf, Münzen zu 1, 5, 10, 25c und 1 $. Ein BDS-$ ist z. Zt. etwa 0,46 € (= 0,90 DM = 6,30 ÖS) = 0,70 SF wert. Die Ausfuhr der Landeswährung ist verboten.

Der Eastern Caribbean Dollar gilt als Landeswährung auf St. Lucia, St. Vincent und Grenada. Er teilt sich in 100 Cent. Es gibt Banknoten zu 5, 10, 20 und 100 $ sowie Münzen zu 1, 5, 10, 25c und 1 $. Ein EC-$ kostet gegenwärtig ca. 0,62 € (= 1,22 DM = 8,60 ÖS) = 0,95 SF. Der EC-$ ist mit einer festen Rate an den US-Dollar gekoppelt (1 US-$ = 2,67 EC-$),

Auf Barbados, St. Lucia, St. Vincent und Grenada gilt der US-Dollar als inoffizielle Zweitwährung, der von vielen Geschäften als Zahlungsmittel akzeptiert wird. Das Wechselgeld erhält man zumeist in der Landeswährung. Sollte ein leiser Zweifel auftauchen, klären Sie vor einem Kauf, ob statt EC-$ oder BDS-$ nicht etwa US-$ gemeint sind. Kreditkarten, vor allem Visa und Eurocard, sind in Hotels, vielen Restaurants und Geschäften gebräuchlich. Euroschecks werden nicht akzeptiert.

Hochzeit

Exotische Orte nicht nur für die Hochzeitsreise, sondern auch für die Heirat werden immer beliebter. Reiseveranstalter haben den Trend erkannt und bieten nicht nur romantische Hotels an, sondern helfen dabei, die notwendigen Formalitäten zu arrangieren. Heiratswillige müssen beglaubigte Abschriften der Geburtsurkunde – bei Geschiedenen eines Scheidungsurteils, bei Witwe(r) einer Sterbebescheinigung des früheren Lebenspartners – dabei haben. Bis zum Termin dauert es ca. eine Woche. Die Unterlagen werden später zur Eintragung dem heimischen Standesamt zugestellt, das auch etwaige Namensänderungen vornimmt. Informationen über Adressen und Gebühren bei den Fremdenverkehrsämtern oder Reiseveranstaltern.

Karten

In den Fremdenverkehrsbüros, auch in einigen Hotels oder bei örtlichen Reisebüros liegen kostenlose Übersichtskarten aus, deren Druck mit Werbung finanziert wird. Wer häufiger auf den Inseln Touren unternimmt, sollte sich schon vor der Reise in einer guten Reisebuchhandlung eine Straßenkarte im Maßstab 1:50 000 beschaffen.

Maße, Gewichte und Temperaturen

Die Maßeinheiten werden recht langsam auf das metrische System umgestellt.

1 inch (in.)	= 2,54 cm
1 foot (ft.)	= 30,48 cm
1 yard (yd.)	= 91,44 cm
1 mile (mi.)	= 1,609 km
1 ounce (oz.)	= 28,35 g
1 pound (lb.)	= 453,59 g
1 pint (pt.)	= 0,47 l
1 quart (qt.)	= 0,95 l
1 gallon (gal.)	= 3,79 l

Die Temperaturen in Fahrenheit können nach folgender Formel auf Celsius umgerechnet werden: Wert in Fahrenheit minus 32, mit 5 multipliziert, dividiert durch 9 = Wert in Celsius. Als Anhaltspunkte: 32° F = 0° C, 68° F = 20° C, 86° F = 30° C.

Notruf

Barbados
Notfall: ☎ 119. Polizei: ☎ 112. Feuerwehr: ☎ 113. Ambulanz: ☎ 115. Central Emergency Relief Organization, ☎ 246-427-8513: hilft Touristen in Not rund um die Uhr weiter.
St. Lucia
Polizei, Feuerwehr, Ambulanz: ☎ 999. Seenotrettung: ☎ 758-452-2894.
St. Vincent
Polizei, Feuerwehr, Ambulanz: ☎ 999. Küstenwache: ☎ 784-457-4578.
Grenada
Polizei und Feuerwehr: ☎ 911. Ambulanz in St. George's und dem Südosten: ☎ 434, im Parish St. Andrew: ☎ 724, auf Carriacou: ☎ 774. Küstenwache: ☎ 399.

Öffnungszeiten

Supermärkte haben auf Barbados meist Mo–Mi 8–18, Do/Fr 8–20 und

Sa 8–13 Uhr geöffnet. Auf St. Lucia haben die meisten Geschäfte Mo–Do 8–15, Fr 8–17, dazu Sa vormittags geöffnet, einige machen eine Stunde Mittagspause oder schließen Mittwochnachmittag. Läden haben auf St. Vincent häufig Mo–Fr 8–12 und 13–16 sowie Sa 8.30–12 Uhr geöffnet. In Grenada öffnen viele Läden Mo–Fr 8–12 und 13–16, Sa 8–12 Uhr.

Post

Etwa 200 Postämter – und noch mehr Briefkästen – sind in den wichtigen Orten der Inseln zu finden. Sie sind meist wochentags von 8–15 Uhr geöffnet. Die Adressen der Hauptpostämter sind bei den jeweiligen Hauptstädten der vier Inselstaaten aufgelistet.

Postkarten und Luftpostbriefe nach Deutschland sind 10–21 Tage unterwegs. Eine Postkarte von Barbados kostet 70c, ein Brief 1,10 BDS-$, von Grenada 35c und 75c, von St. Lucia 85c und 95c, von St. Vincent 90c und 1,80 EC-$.

Preise

In den Geschäften sind die Preise meist festgelegt, auf den Märkten oder bei längeren Ausflugstouren mit dem Taxi gehört etwas Handeln, *bargaining,* dazu. Das geht meist freundlich und locker zu. Wird der Ton zu rauh, sollte man den Kauf besser abbrechen.

Radio und Fernsehen

Die vier Inselstaaten verfügen über eigene Radiostationen, die mit einer Mi-schung aus Nachrichten und Musik zumindest einige Stunden am Tag senden. Auf Barbados, der größten und wirtschaftlich am weitesten entwickelten Insel, senden neben der TV-Station der Caribbean Broadcasting Corporation mehrere Radiosender.

Viele Hotels verfügen über Kabelanschluß oder eine Satellitenschüssel und übertragen das TV-Programm einiger US-Sender.

Sicherheit

Auf den Inseln muß man kein erhöhtes Sicherheitsrisiko fürchten. Dennoch sollte man es vermeiden, abends in unbekannten und unbeleuchteten Gegenden spazierenzugehen. Wertvolles, wie Schmuck, gehört nicht ins Zimmer, sondern in den Hotelsafe! Besser wäre es, dergleichen überhaupt zuhause zu lassen. Wer zu einem *Jump Up* oder anderen Tanzveranstaltungen aufbricht, sollte möglichst kein Bargeld in die hintere Hosentasche stecken.

Souvenirs

Wo Kreuzschiffe anlegen, sind klimatisierte Duty Free Shops nicht weit, die Schweizer Edeluhren, kolumbianische Smaragde, exquisite französische Duftwässerchen, japanische Kameras oder Designer-Unterwäsche aus den USA anbieten. Sie benötigen Ihren Paß, das Flugticket oder ein Dokument des Kreuzfahrtschiffes, um als Kunde akzeptiert zu werden.

Bei der Hitliste der Urlaubsmitbringsel steht der Rum ganz obenan. Jede Insel kann mit sehr guten Destillaten aufwarten, die edlen Sorten von Barbados gelten neben den jamaikanischen als die besten der Welt. Musikinstrumente, wie Rasseln aus ausgehöhlten, mit Samenkörnern gefüllten Kürbisfrüchten, oder Steelpans, die auch als Spielzeugversionen für wenige Dollars zu haben sind, und natürlich Kassetten und CDs mit Musikaufnahmen lokaler Calypso-, Reggae- oder Soca-Gruppen erinnern mit ihren Klängen noch lange an die Karibik. Auf fast allen Inseln entwerfen örtliche Designer geschmackvolle Mode mit karibischen Motiven. Ob Batik oder Seidendrucke, die von Hand gefertigten Stücke sind originell und meist von guter Qualität. Der betörende Duft von Orchideen ist in Parfüms eingefangen, die auf St. Lucia und anderen Inseln hergestellt werden. Auf Grenada wird man sicherlich auch einen kleinen Beutel mit Muskatnüssen und anderen würzigen Inhalten erwerben, die auf den Gewürzfarmen und Märkten für nur wenige Dollar feilgeboten werden. Kunst und Kunsthandwerk gibt es in Arts and Crafts Shops, Galerien und selbst von fliegenden Händlern zu kaufen. Das Angebot reicht von Bildern naiver Maler, geschnitzten Masken, geflochtenen Kopfbedeckungen, Körben auch T-Shirts oder Tischdecken bis zur Massenimportware aus Taiwan. Kunst und Kitsch liegen oft nah beieinander. Schmuckstücke und Dekorationsobjekte aus Korallen ebenso wie Panzer von Wasserschildkröten werden zwar immer wieder angeboten. Der Handel ist jedoch, wenn es sich um heimische Produkte handelt, illegal, da er den Raubbau an den sensiblen Korallenriffen fördert.

Sprache

Englisch wird auf allen Inseln gesprochen und verstanden. Der besonderen Mundart auf Barbados und den *Patois*-Dialekten auf St. Lucia, St. Vincent und Grenada mit ihrem französischen Zungenschlag läßt sich schon schwerer folgen. Einige Begriffe und Bezeichnungen sind im Kleinen Sprachführer aufgeführt.

Steuern

Barbados: Hotelsteuer 7,5 %, Restaurantsteuer 15 %
Grenada: Hotelsteuer 8 %, Restaurantsteuer 10 %
St. Lucia: Hotelsteuer 8 %
St. Vincent: Hotelsteuer 7 %
Hotelsteuer entfällt bei Pauschalreisen.

Telefon und Telefax

Die vier Inselstaaten sind an das nordamerikanische Telefonnetz angeschlossen. Die Ländervorwahl lautet wie nach den USA ✆ 001. Jeder Inselstaat hat vor kurzem zusätzlich eine eigene Vorwahl (area code) erhalten. Barbados erreicht man mit der Vorwahl 246, St. Lucia mit 758, St. Vincent mit 784, Grenada mit 473.

Von Hotels (Vorsicht, nach Aufschlägen erkundigen!) und öffentlichen Telefonen lassen sich Nah- und Ferngespräche im Selbstwählverfahren führen. Es gibt Telefone mit Münzen und nur für Telefonkarten. Diese kann man in vielen Geschäften erwerben oder in den Büros von Cable & Wireless, dem amerikanisch-britischen Kommunikationskonzern. Mit der Vorwahl 813 eröffnet ein in deutscher Sprache geführtes Menu Besitzern von Visa oder Eurocard die Möglichkeit, das Telefonat mit der Kreditkarte zu zahlen. Ein Operator der Telefongesellschaft Cable & Wireless hilft, wenn man 808 anwählt.

Viele Hotels verfügen über Telefaxgeräte, die gegen Gebühr auch von Gästen genutzt werden können. Dies ist ebenfalls in den Hauptpostämtern der Inselhauptstädte möglich.

Wer auf den Inseln mobil erreichbar sein will (muß), benötigt ein Tri-band Handy sowie eine Telefongesellschaft mit örtlichem Roamimg-Partner. Ansonsten läßt sich beim Inselbüro von Cable & Wireless ein Handy mieten.

Trinkgeld

Auf allen vier Inseln ist es üblich, z. B. in Restaurants etwa 10 % des Rechnungsbetrages als Trinkgeld *(Tip)* zu geben.

Wasser

Das vorzügliche Trinkwasser auf Barbados kommt aus riesigen Kavernen im Kalksteinuntergrund der Insel. Auf St. Lucia gilt das Leitungswasser als gefahrlos. Da nicht alles Wasser auf St. Vincent chloriert ist und dieses auch nicht allzu gut schmeckt, sollte man auf Trinkwasser aus Flaschen ausweichen. Auf Grenada ist es sicherer, das Leitungswasser abzukochen oder Trinkwasser aus Flaschen zu kaufen.

Zeit

In der östlichen Karibik gilt die Atlantic Standard Time (mitteleuropäische Zeit minus 5 Stunden). Während der europäischen Sommerzeit erhöht sich diese Differenz auf 6 Stunden.

Zeitungen

Auf Barbados gibt es zwei einheimische Tageszeitungen, den »Barbados Advocate« und »The Nation«, die nur wenig Überblick über das Weltgeschehen bieten. Für Urlauber liegen in Hotels und Restaurants kostenlose Anzeigenblätter mit allerlei touristischen Informationen aus, z. B. der »Sunseeker«.

Auf St. Lucia heißt die wichtigste einheimische Zeitung »The Voice«, die dreimal wöchentlich erscheint. Besucher können Anzeigenblättern, wie dem »Tropical Traveller« entnehmen, wo was los ist. Außerdem informiert das Fremdenverkehrsamt in seiner kostenlosen Broschüre »Visions« über touristische Attraktionen, Hotels, Restaurants und Geschäfte.

Zwei Lokalzeitungen informieren auf St. Vincent vor allem über Ereignisse auf der Insel. Touristen finden in der kleinformatigen Broschüre »Discover St. Vincent« oder in dem repräsentativen »Magazin Escape« – das von der Hotelvereinigung von St. Vincent herausgegeben wird – eine Fülle von Anregungen.

Auf Grenada informieren einige kleine Blätter über das Tagesgeschehen. Für Urlauber erscheinen Broschüren, wie »Greeting« oder »Discover Grenada« mit Informationen zu Attraktionen und Restauranttips.

In internationalen Hotels, an Flughäfen und in einigen Buchhandlungen und Geschäften der Hauptstädte kann man gelegentlich US-amerikanische Zeitungen, wie »USA Today«, oder einige britische Blätter erstehen.

Zoll

Wer von den Inseln nach Deutschland zurückkehrt, darf folgende Waren zollfrei einführen:

200 Zigaretten oder 100 Zigarillos oder 50 Zigarren oder 250 g Tabak; 1 l Spirituosen über 22 % oder 2 l Liköre bzw. Sekt; 2 l Wein; 50 g Parfüm sowie 0,25 l Eau de Toilette; 500 g Bohnenkaffee; erlaubt ist die Einfuhr von Waren und Geschenken im Wert von max. rund 180 €.

Es dürfen jedoch keinerlei Rauschgifte, Waffen sowie Tiere und Pflanzen eingeführt werden, die durch das Washingtoner Artenschutzabkommen geschützt sind.

ABBILDUNGSNACHWEIS

REGISTER

Personenregister

Orts- und Sachregister

(B) = Barbados
(L) = St. Lucia
(V) = St. Vincent
(G) = Grenada

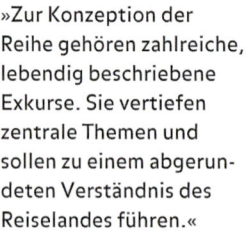

DUMONT

RICHTIG-REISEN

»Den äußerst attraktiven Mittelweg zwischen kunsthistorisch orientiertem Sightseeing und touristischem Freilauf geht die inzwischen sehr umfangreich gewordene, blendend bebilderte Reihe ›Richtig Reisen‹. Die Bücher haben fast schon Bildbandqualität, sind nicht nur zum Nachschlagen, sondern auch zum Durchlesen konzipiert. Meist vorbildlich der Versuch, auch jenseits der ›Drei-Sterne-Attraktionen‹ auf versteckte Sehenswürdigkeiten hinzuweisen, die zum eigenständigen Entdecken anregen.«

Abendzeitung, München

»Zum einen bieten die Bände dem Leser eine vorzügliche Einstimmung, zum anderen eignen sie sich in hohem Maß als Wegweiser, die den Touristen auf der Reise selbst begleiten.«

Neue Zürcher Zeitung